인간을 다시 묻는다

인문학 공동연구 총서 01

인간을 다시 묻는다

초판 1쇄 발행 2020년 6월 30일
초판 3쇄 발행 2023년 2월 22일

편 자 서울대학교 인문대학
편집책임 정병설

펴낸곳 서울대학교출판문화원
주소 08826 서울 관악구 관악로 1
도서주문 02-889-4424, 02-880-7995
홈페이지 www.snupress.com
페이스북 @snupress1947
인스타그램 @snupress
이메일 snubook@snu.ac.kr
출판등록 제15-3호

ISBN 978-89-521-2946-8 04800
978-89-521-2945-1 (세트)

인간을 다시 묻는다

서울대학교 인문대학 편

서울대학교출판문화원

발간사

21세기에 들어와서 디지털과 인터넷 기반이 확대되고 스마트폰이 널리 보급되면서 인간 삶의 양상이 크게 달라졌다. 또 유전자 공학과 인공지능 기술이 비약적으로 성장하면서 이른바 4차 산업혁명 또는 포스트휴먼 시대로 진입했다. 세계가 환경적·기술적 변화에 직면하면서 인간이 무엇인가, 어떻게 살아가야 할 것인가 하는 인간의 존엄과 가치를 근본부터 되묻게 되었다. 이러한 시대적 물음에 우리 인문대학은 대답할 책무가 있다.

서울대학교 인문대학에는 학부생, 대학원생, 연구원, 강사, 교수를 합쳐서 근 3천 명에 이르는 대식구가 있다. 연구 인력의 수나 수준, 그 밖의 여러 지표를 보더라도 한국의 인문학을 대표한다고 말할 수 있다. 우리 구성원 개개인은 문학, 언어, 역사, 철학의 여러 분야를 깊이 탐색하고 있고 또 분야를 넘어 소통하고 융합하기도 하지만, 인문대학은 아직 이들 전체를 포괄하는 대형 프로젝트를 기획하지 못했다. 누구나 필요성은 인정하지만 감히 시도할 엄두를 내지 못했던 것이다. 환경의 변화는 더 이상 우리를 현재의 위치에 머물러 두게 하지 않는다. 이에 혁명적 변화에 맞추어, 거대한 응전을 위해, 과감히 인문대학 차원의 인문학 주제 탐구 프로젝트를 시작한다.

인간, 대학, 폭력, 재난, 인공지능, 유전학, 전염병, 법질서 등등 21세기 세계의 주요 관심사가 우리의 주제가 될 것이다. 인간의 삶과 관련된 가장 중요한 문제를 인문학적으로 접근하는 세계 최고 수준의 콘퍼런스를 개최하고 그 결과물을 다듬어서 책으로 펴낼 것이다. 문사철은 하나하나 다루어도 얻을 것이 적지 않겠지만, 영역을 가로질러 경계를 넘어 소통하고, 나아가 사회과학, 자연과학, 경영학, 법학 그리고 심지어 공학과 의학까지 아우르는 넓은 시각을 지니면, 우리 인간과 사회를 이해하고 개조하는 강력한 수단이 될 수 있을 것이다. 이 기획의 진행을 위해 노고를 아끼지 않으신 우리 인문대학 교수님과 교직원, 그리고 출판을 위해 애쓰신 서울대학교출판문화원에 거듭 감사를 표한다.

2020. 6

서울대학교 인문대학 학장

차례

8 서설 정병설

인간의 정체성

25 **인공지능과 인간** 나수호
'두 문화'의 공존을 위하여

43 **복제인간의 전사** 이영목
데카르트에서 켐펠렌까지

55 **원효에게 인간을 묻다** 남동신
중생과 보살

69 **누가 인간이고, 인간이 아닌가** 최윤영
'인간'의 경계: 유럽 유대인의 경우

인간의 영혼과 의식

91 **인간은 종교적인 존재인가** 성해영
세속적 신비주의

111 **영혼은 어디에 있나** 김헌
고대 그리스의 인간

131 **인간은 왜 꿈을 꾸는가** 변현태
체르니솁스키와 도스토옙스키의 논쟁

인간의 욕망과 좌절

153 **부귀의 지향과 억압** 주경철
중세의 청빈에서 근대의 부로

171 **인간의 몸은 어떻게 재현되는가** 박정호
엘 그레코와 누드

191 **행복 감응력** 손영주
멜랑콜리와 에로스

인간의 본성과 자격

217 **선악과 인간 본성** 이정환
맹자의 사고실험

237 **무엇이 인간을 인간답게 하는가** 이석재
도덕적 존재의 조건

255 **법 앞의 인간** 김도균
'법적 주체'와 '사람' 사이

279 **언어를 통해 본 인간의 창조성** 권재일

296 찾아보기

서설

정병설

나는 누구이며, 어떤 존재인가? 어디에서 왔으며 어디로 가는가? 무엇을 위해 살고 있으며, 무엇을 위해 살아야 하는가? 나는 아무것도 모르고 태어나 어디로 가는지도 모른 채 살다가 무의미한 삶을 끝내는 존재인가? 무의미하고 무가치한 삶에 의미를 부여하는 것은 무엇인가?

우리는 자신에 대한 물음을 끊임없이 던지지만, 언제나 아무런 명확한 결론을 내리지 못하고 흐지부지 생각의 문을 닫게 된다. 이런 질문을 단단히 각오하고 끈질기게 던진 철학자 데카르트도 결국 생각하고 있는 자기 자신만을 볼 뿐이었으니 애당초 정답을 기대하기는 어렵지 않을까. 그러나 지금까지 그래 왔던 것처럼 우리는 인생을 살아가는 한 이 질문을 계속 되뇌지 않을 수 없다. 나는 누구인가? 인간은 무엇인가? 질문을 던지는 한 무의미한 인생에 의미의 실마리라도 잡을 수 있기 때문이다.

인간이 무엇인가 하는 물음은 어느 시대에나 가장 중요한 질문이었지만, 21세기에는 더욱 중요한 의미를 지니게 되었다. 인공지능이 어떤 부분에서는 인간의 능력을 뛰어넘게 되었고, 유전공학은 인간의 독특한 요소로 생각되었던 영혼, 감정 그리고 자유의지와 같은 부분들이 물질적 알고리듬의 결과임을 보여 주고 있다. 인간과 기계의 차이라고 할 부분을 점점 더 찾기 어렵게 되면서 다시 인간다움이란 무엇인가 묻게 된 것이다.

우리 서울대학교 인문대학에는 교수만 2백 명 가까이 있고, 학부 학생과 대학원생, 연구원까지 치면 3천 명 가까운 대인원이 인간다움이 무엇인지 물으며 인문학을 연구하고 있다. 문학, 언어학, 역사, 철학 등에서 각자가 자기의 전문 분야를 힘을 다해 천착하고 있으며, 간간이 분야를 넘어서서 소통을 하기도 하지만, 아직 인문학 전체를 아우르는 큰 학술의 장은 열지 못했다. 해당 분야의 연구를 심화하는 것도 필요하지만, 분야 간에 소통하면서 전체적인 시각을 재점검하는 일도 필요하다. 문제를 넓게 보면 새로운 연구 지평을 열 수 있다.

이번 첫 번째 인문대학 연합 학술대회의 주제는 대회 준비위원이 따로 의견을 조율할 것도 없이 '인간'으로 합의했다. 인간의 다양한 측면을 고려하여 여러 분야의 의견을 들을 수 있도록 발표자를 추천받았으며, 필요한 경우에는 인문학 외부의 전문가도 모셨는데, 특히 논평자는 사회과학, 자연과학, 공학, 의학 등 타 분야에서 모셨다. 이 책에 실은 열네 분의 글은 두 차례에 걸친 학술대회에서 발표되었고, 논평자로는 종교학의 윤원철 교수, 심리학의 최인철 교수, 정치학의 김영민 교수, 과학사의 장대익 교수, 건축학의 서현 교수, 의학의 유성호 교수를 모셔서 유익한 말씀을 들었다. 학술대회 사전 모임과 본 발표의 토론 과정을 거치면서 수정된 원고를 한자리에 모은 것이 이 책이다. 열네 분의 글이 한 사람의 손에서 나온 것처럼 될 수는 없으니 의견은 물론 표현에도 통일성을 기하기 어려울 것은 당연하지만, 한 편 한 편의 글이 해당 분야에서 가장 높은 수준을 보여 준다는 것에는 동의하지 않을 수 없을 것이다. 이것이 본서가 지닌 최대의 특장特長이다. 물론 짧은 글이라 저자 개개인의 사유를 온전히 보여 줄 수 없겠지만, 명필의 글씨는 한 자만 봐도 알아볼 수 있지 않겠는가.

이 책은 인간에 대한 질문을 크게 네 영역으로 나누었는데, 첫 번째 꼭지는 인간의 정체성에 대한 것이다. 인간이 기계와 어떻게 다른지, 인공지능은 또 인간과 어떻게 다른지 묻는 것에서 논의를 시작한다. 가장 극단적인 사고는 인간과 기계가 근본적으로 알고리듬의 체계라는 점에서 다를 바 없다는 것이다. 인간과 동물을 비교하여 인간을 우위에 두는 영혼이니 자유의지니 하는 것이 모두 알고리듬의 일부라면, 근본적으로 인간과 동물이 차이가 없고, 나아가 인간과 기계도 차이가 없다는 것이다. 이런 질문은 동물에게 불성이 있느냐 없느냐, 인성과 물성이 같으냐 다르냐는 불교와 유교에서 던진 물음을 떠올리게 한다. 인간만이 동물이나 다른 유기체와 구별되는 독특한 본성을 지녔다고 보아야 깨달음도 오직 인간만이 할 수 있는 일이 될 것이다.

나수호Charles La Shure 교수는 인공지능의 발달사를 설명하면서 인공지능 시대 인간의 위치에 대해 정리했다. 인공지능이 인간의 독특한 영역을 계속 허물어 가고 있지만, 인간 본연의 영역은 여전히 남아 있고 오히려 인공지능을 통해 그것을 더욱 발전시켜 갈 것으로 믿고 있다. 21세기 새 시대의 인간관에 대한 훌륭한 서론이 될 이 글은 원래부터 한글로 쓴 것임을 밝혀 둔다. 미국인으로 서울대학교에서 대학원 과정을 마친 나수호 교수는 내가 아는 한 한국어를 가장 잘 구사하는 외국인이다.

이어지는 글로 이영목 교수는 인공지능의 전사前史를 정리했다. 인간이 무엇인지 심도 깊은 질문을 던진 데카르트는 인간을 신이 잘 만든 기계 정도로 생각했는데, 그것이 데카르트가 정교한 자동인형인 프랑신을 만들었다는 소문으로 연결되었다. 18세기 프랑스에 인간을 흉내 낸 정밀 인형이 등장해서 기계가 인간에 도전하는 상황이 되었지만, 아직 인간의 지능에 도전하기는 턱없이 부족했다. 20세기 중반에야 나타난 체스 두는 인공지능의 모형이 이미 그때 나왔지만 결국 사기극으로 밝혀지고 말았다. 그렇지만 지금 각광을 받으며 실험되고 있는 로봇이나 인공지능이 2백여 년 전에 벌써 관심을 끌었다는 사실이 놀라울 따름이다. 지금은 먼 이야기처럼 받아들여지는 많은 신기술도 머지않아 눈앞에 구현될 것을 미루어 짐작할 수 있다.

인간과 기계를 나누어 보는 지점에서는 별 문제가 되지 않았던 것이 인간과 동물, 인간과 인간 사이를 나누어 보는 상황에 이르면 큰 문제가 되는 부분이 있다. 바로 생명이다. 고장이라는 '기계의 사망'에 인간이 공감하는 상황도 존재하지만 그것은 아직 문학이나 영화에서나 그려지는 문제이고, 현실에서는 대개 로봇이나 사이버 캐릭터와의 공감을 착각으로 여기고 있다. 그러나 동물의 고통에 공감하고 생명권을 존중하는 철학은 꾸준히 더 큰 힘을 얻어나가고 있다. 이영목 교수의 글에 의하면 동물을 기계로 여긴 18세기 프랑스 학자들은 동물 생체 해부를 전혀 꺼리지 않았고 동물의 비명 소리를 오르간 줄을 건드릴 때 나는 소리 정도로 여겼다고 한다. 하지만 20세기 후반의 일부 철학자들은 동물의 고통을 인간의 것과 달리 보지 않았고, 그것이 크게 공감을 얻어서 법제화에까지 이르고 있다. 스위스는 2018년 3월부터 살아 있는 바닷가재를 끓는 물에 바로 넣어 삶는 조리법을 금지하는 동물보호법을 시행했다. 바닷가재가 고통을 느낀다는 사실을 안 이상 이런 가혹하고 극심한 고통을 주는 조리법을 허용할 수 없다는 것이다. 동물의 생명에 공감한 것은 불교도 다를 바 없으나 공감에 이르는 논리는 같지 않다. 살생을 금지하는 불교의 사상이 철저한 채식을 주장하는 현대의 비건vegan들과 상통하는 것은 흥미로운 부분이다.

불교가 살생을 금지하는 것은 인간이라도 억만 겁의 윤회 과정에서 동물로 태어날 수 있고 동물도 또한 인간이 될 수 있기 때문이다. 인간으로 태어난 것은 전생 업의 결과이고, 현생의 삶의 결과로 동물로 태어날 수 있다. 내가 동물이 되고 동물이 사람이 되어 태어나는 마당에 어떻게 마음 편히 동족을 죽이고 먹을 수 있겠는가. 진리 앞에서 모든 인간은 평등하다는 불교의 진보적 사상도 윤회와 연결지어 보면 자연스러운 논리가 된다. 지금 높은 위치에 있는 사람이 전생에는 동물이었을 수 있고 후생에 동물이 될 수도 있으니, 어떻게 낮은 사람을 차별하며 동물을 함부로 대할 수 있겠는가. 그러니 문제는 지금의 지위가 아니라 지금 어떻게 하느냐이다. 덕업을 쌓고 깨달음에 이르는 것이 최선이라 할 수 있다. 그 최고 경지가 부처이다. 그런데 소승불교에서는 석가모니 외에는 현생에서 성불할 수 없고 중생은 아라한에 그친다고 믿었고, 대승불교에 이르러서야 인간은 누구나 성불하여 부처가 될 수 있다고 보았다. 소승이든 대승이든 사람은 모두 평등하게 아라한이든 부처든 일정 수준의 깨달음에 이를 수 있다는 것이다. 신라 고승 원효는 부처가 될 수 있지만 거기에 이르기를 유보하고 중생과 함께 깨달음에 이르기 위해 노력했는데 그런 존재로서 보살의 삶을 살아갔다. 그가 짚신장수, 화전민, 푸주한 등과 같은 비천한 사람들과 어울린 것도 이런 인간관을 적극 실천한 결과라고 할 수 있다. 남동신 교수는 불교와 원효의 인간관을 요령을 잡아 잘 정리했다.

불교에서는 현세의 인간을 평등하게 바라보았지만 현실은 그렇지 않았다. 동물의 생명과 고통에 공감하지 못하는 것은 물론, 인간에게조차도 공감하지 못하는 것이 흔한 일이었다. 계급과 신분으로 나누어 보고, 종교로 나누어 보고, 인종과 종족으로 나누어 보며 차별, 적대와 멸시가 세계 도처에서 나타났다. 사회적 불만이 누적되면 불안 심리 등의 부정적 감정이 발생하고, 그것이 혐오로 연결되는 일이 종종 있었다. 최윤영 교수는 그 대표적인 예로 유럽 유대인을 살폈다. 18세기부터 20세기까지 독일에서 유대인을 대하는 사상과 태도는 크게 요동을 쳤는데, 그전에 선입견과 편견으로 차별을 받던 유대인들이 18세기 계몽주의와 프랑스 대혁명의 영향 속에서 시민권을 부여받았지만, 새로운 사상은 종전의 편견을 넘지 못하고, 잠재된 차별과 혐오가 히틀러에 의해 반유대인의 정치 이념과 정책으로 전면화하면서, 다시 벌레만도 못한 존재로 인식되어 생명권까지 박탈당해 제노사이드에 이르게 되었다. 차별과 혐오의 인간관의 극단을 보여 준 이 사건은 특이한 한 가지 예가 아니라 '인종 청소' 등의 이름으로 세계 도처에서 나타나는 현상이며, 한국에서는 동족을 상대로 한 대규모 학살로 나타나기도 했다. 소설가 김정한은 6.25전쟁 중 한 학살의 현장에서 동네 사람이 모두 죽고 남은 자리에 개 한 마리가 살아남은 젖먹이에게 젖을 물렸다는 얘기를 전해 듣고 '차라리 개가 사람보다 낫다'고 절규했다. 인간이 인간을 차별하고 증오하며 적대하고 학살하는 일은 아직도 세계 곳곳에서 일어나고 있음을 명심할 필요가 있다.

두 번째 꼭지에는 인간을 기계나 동물과 달리 보게 만드는 핵심적 요소인 영혼과 의식, 꿈과 이상에 대해 쓴 글을 모았다. 먼저 성해영 교수는 많은 사람들이 종교를 버린 현대 사회에서도 비일상적인 신비주의적 체험이 보고되고 있음에 주목하여 인간의 종교성 또는 영성을 보고자 했다. 무신론자나 유물론자들은 신비 체험을 인간의 뇌가 만들어 내는 생물학적 현상, 뇌의 오작동, 주관적 기대나 망상으로 여기기도 하지만, 체험 당사자들에게 그것은 너무도 절실하여 종전에 유물론자였던 사람마저 자신의 신념을 버리기 일쑤이다. 자기 의식의 특이한 작동이라는 생각을 넘어서서 그 현현 자체의 실제성을 확신하는 것이다. 전에 비해 많이 줄긴 했지만 아직도 인간은 육체와 의식을 넘어선 지배적인 무엇이 실재한다는 종교적 사유에 끌리고 있다.

인간의 가시권을 벗어난 어떤 초월적 세계와 존재가 있다는 믿음은 고대부터 있었다. 김헌 교수는 고대 그리스에서 인간의 위상을 정리했는데, 고대 그리스인들은 신과 영웅, 그리고 인간이 섞여 사는 세계를 상상했다. 여기서 영웅은 부모 중 한쪽은 신, 한쪽은 인간인 존재로, 신적인 능력을 지니지만 신처럼 불멸의 존재가 되지 못하고 인간처럼 한계에 부딪쳐 죽음에 이르는 존재이다. 죽음 이후 저승으로 가게 된 영웅이나 인간은 비록 높은 명성을 남기고 죽었다 해도, 시궁창에 살지라도 이승의 삶이 더 낫다며 현세를 동경하는 모습을 보여 주었다. 고대 그리스 문학이 보여 준 신인神人 혼성의 세계와 현세 중심주의는 전근대 한국에서도 볼 수 있다. 〈숙향전〉 등 여러 문학 작품에서 현세 중심주의는 말할 것도 없고 신선이나 진인眞人들이 인간 세계에서 인간들과 섞여 사는 모습을 보여 준다. 어쩌면 우리가 사는 세상에도 누군가 신선이라는 정체를 감추고 우리와 함께 살아가고 있는지 모른다는 생각이 있었던 것이다. 이렇게 이승을 동경하면서 저승을 암울한 허깨비의 집합소로 그린 고대 그리스 문학의 저승관은 플라톤에 의해 부정되었다. 플라톤은 저승을 태양이 비추듯 찬란한 진리가 있는 참된 존재의 세계, 곧 이데아의 세계로 상상했다.

인간 세계를 넘어선 초월 세계가 실재하건 그렇지 않건, 인간에게 육체를 넘어선 영혼이 있는지 여부에 상관없이, 현실에서 인간 세계 너머의 상상을 가장 빈번하고 분명하게 드러내는 부분이 꿈이다. 꿈은 인간 의식 활동의 독립성을 가장 구체적으로 보여 준다. 그래서 당장은 실현할 수 없는, 어쩌면 영구히 실현되지 못할, 언젠가는 이루어졌으면 하는 기대와 전망을 모두 '꿈'이라는 이름으로 풀어내기도 한다. 꿈은 현실에서 벗어나고자 하는 욕망을 보여 주는 것으로, 인간의 이상 지향과 연결되어 있다. 이상을 지향하는 인간은 한 끼 식사로 배고픔을 면하는 것에 만족하지 않으며, 때로는 하루 이틀을 굶기도 하고, 심지어 죽음을 불사하기도 한다. 어쩌면 꿈과 이상이 있기에 인간이 동물과 다른 존재가 될 수 있었는지도 모른다.

변현태 교수는 인간의 꿈 문제를 19세기 러시아의 두 작품을 통해 설명했다. 체르니솁스키의 『무엇을 할 것인가』(1863)와 도스토옙스키의 『지하로부터의 수기』(1864)이다. 두 작품은 모두 1861년 알렉산드르 2세가 단행한 농노해방령의 여파로 태어났다. 농노해방령은 중세적 러시아 사회에 새로운 사회의 이상에 대한 꿈을 꾸게 했고, 그것은 구체적으로 인민주의자들과 사회민주주의자들의 탄생으로 이어졌다. 두 작품은 동일한 계기로 탄생했지만 상반된 반응을 보였는데, 전자는 유물론자의 진보에 대한 무한한 신념을 보여 준 반면 후자는 관념론자의 삶의 불합리성에 대한 주장을 드러냈다. 후자가 전자에 대해 논쟁적 성격을 지니고 있다는 것이 선행연구의 통설이다. 『무엇을 할 것인가』가 보여 준 새로운 사회를 갈망하는 인간의 꿈은 『지하로부터의 수기』에서는 무기력한 몽상가의 헛된 꿈이 되었다. 꿈이 어떤 면에서는 현실의 반영일 수 있듯이 두 작가의 꿈은 모두 그가 가진 현실관의 연속일 수 있다. 낙관주의든 비관주의든 꿈은 기계와 동물을 넘어서서 인간을 인간답게 하는 요소이다.

세 번째 꼭지는 현실적·물질적 존재로서 인간의 욕망과 관계된 내용을 다룬다. 인간의 가장 큰 욕망은 다른 동물과 마찬가지로 먹고사는 일이다. 다만 인간은 동물과 달리 배부르다고 해서 멈추는 그런 절제가 없다. 부자는 자기가 평생 먹고살 정도의 충분한 돈을 가지고도 더 많은 돈을 벌기 위해 온갖 일을 한다. 인간의 무한한 욕망은 결국 다른 인간들과 충돌하게 하고, 그것은 당사자는 물론 사회의 화근이 된다. 그래서인지 대개의 기성 종교들은 욕망의 절제를 앞세우며 부에 대해 부정적 관념을 드러낸다. 적어도 이념적으로는 부자보다 빈자를 높이고 청빈을 지향 가치로 삼는다.

주경철 교수는 중세에서 근대까지 서양 사회에서 부富에 대한 관념이 어떻게 바뀌어 왔는지 추적했다. 서양 사회의 도덕적 기반이었던 기독교는 부자가 하느님의 나라에 들어가기가 낙타가 바늘귀로 들어가는 것보다 어렵다고 했고 또 가난한 자는 복이 있다고 했다. 그런데 이런 관념은 현실 교회에서는 온전히 적용되기 어려웠다. 게으르고 타락한 빈자도 있고 성실하고 신실한 부자도 있으며, 또 교회가 부자들의 물질에 의존하지 않을 수 없었기 때문이다. 고리대금업처럼 정당한 노동의 대가로 보기 어려운 것에 대해서는 기본적으로 부정적 태도를 취했지만 그것이 가진 순기능까지 무시할 수는 없었다. 급전의 수요에 응하고 투자를 장려하는 은행의 순기능을 인정하지 않을 수 없었던 것이다. 서양 사회는 부에 대한 부정적 인식을 '장미에는 가시가 있다'는 식의 논법으로 약간씩 고쳐가면서 자본주의에 근접해 나갔다.

부와 짝을 이루는 인간의 중요한 욕망이 성性이다. 성 또한 기성의 도덕이나 종교에서 절제를 요구받는 금기의 대상이었는데, 박정호 교수는 서양 미술사의 영역에서 기독교가 인간의 나체를 어떻게 대했는지 엘 그레코의 종교화를 통해 보여 주었다. 16-17세기 이탈리아와 스페인에서 활동한 엘 그레코는 종교화에 나체와 반나체의 인물을 많이 그려 넣었는데, 심지어 예수 형상까지 나체로 표현하여 어떤 면에서는 불경스럽게 보이게도 했다. 예수를 나체로 표현한 것을 예수가 인간을 넘어선 영적 지위에 있음을 나타낸 것으로 해석하는 의견도 있지만, 이런 상징적 해석법보다는 르네상스 미술가들이 인체에 대해 공유하던 미적 관심을 계승한 결과로 이해하는 것이 적절하다고 보았다. 엘 그레코는 교회의 통제와 검열이 강화되는 상황에서는 누드 표현을 약화했다가 그것이 느슨해지자 자신의 표현 욕구와 기량을 발휘하여 누드를 그렸다.

나체를 그대로 표현하는 것은 화가와 감상자의 성적 욕망의 또 다른 출로일 수 있다.

돈과 성이라는 즉물적 욕망을 훌쩍 넘어선 곳에, 인간이 추구하는 가치의 최종 지향점인 행복이 있다. 돈을 충분히 가져도, 성적 욕구를 만족시키고도, 도달할 수 없는 곳에 있는 궁극의 쾌락이 행복이다. 애덤 스미스는 돈과 건강을 행복의 필수 요건이라고 했거니와, 행복에는 그것보다도 더 많은 충분조건이 필요하다. 손영주 교수는 멜랑콜리와 에로스의 두 감정 범주를 통해 행복론을 시도했다. 유명한 뒤러의 판화 〈멜랑콜리아 1〉에는 우수에 찬 천사 옆에 에로스가 그려져 있다. 우리가 갈망하는 무엇인가를 잃어버리거나 거기로부터 소외됨으로써 생기는 우울과 분노는 불행감의 한 방식이라고 말할 수 있을 것인데, 그 곁에 삶에 대한 사랑을 상징하는 에로스가 있다. 18세기의 선구적인 페미니스트인 메리 울스턴크래프트의 사상과 19세기 말 스코틀랜드의 작가 로버트 루이스 스티븐슨의 『지킬 박사와 하이드 씨의 이상한 사례』(1886), 그리고 최근 개봉한 영화 〈조커〉의 주인공에 이르기까지, 이들에게서 보이는 멜랑콜리가 삶을 향한 뜨거운 사랑과 얽혀 있다는 것이 손영주 교수의 분석이다. 멜랑콜리 곁에 놓인 에로스를 보아야 정동 소외자affect alien에서 벗어날 수 있다고 보았다.

네 번째 꼭지에는 인간의 본성과 자격에 대한 논의를 묶었다. 본성의 핵심적 지점은 도덕성과 창조성이며, 자격은 법적 주체를 다룬다. 먼저 도덕성이 어디에 근원을 두고 있으며 어떻게 발현하는지 묻고 있는데, 이정환 교수는 성선설을 낳은 맹자의 유명한 사고실험을 면밀히 분석했다. 어린아이가 우물에 빠지려고 하는 것을 본다면 누구나 깜짝 놀라며 측은해하지 않겠느냐며 여기에서 인간의 근본적 도덕성을 찾을 수 있다는 맹자의 견해에 대한 비판적 성찰이다. 이정환 교수는 맹자의 설명이 임의적인 것으로 보편성을 획득할 수 없다고 보았다. 결국 맹자는 도덕성의 근원에 대한 보편적 원리를 찾기보다 인의예지에 기반한 문화와 정치를 설득하기 위한 신념 체계의 형성을 위해 논리를 만들었다는 것이다. 인간의 도덕성이 어디에서 나오며 인간이 왜 도덕적이어야 하는가 하는 질문은 더욱 단단한 논리가 필요하다.

인간 도덕성의 본질에 관한 치밀한 논리는 이석재 교수가 제출했다. 도덕성의 바탕으로 우선 자유의지를 거론하면서, 자발성이나 자유의지가 보이지 않는 행위나 존재에게 도덕성을 묻기 어려울 것처럼 보이지만 물을 수 있다는 견해도 적지 않다고 했다. 그러니 도덕의 근본을 다른 데서 찾을 필요가 있다고 하면서 이타주의적 태도를 거론했다. 이타주의의 핵심에는 타인이 나와 동등한 지위를 가진다는 생각이 자리한다고 보았는데, 이는 자신은 물론 타인까지도 수단이 아니라 목적으로 대해야 한다는 칸트의 '목적의 나라'와 상통하는 개념이다. 사고 방식과 표현 방법이 다르긴 하지만 인간을 대하는 근본적인 태도에서 보면 이타주의는 맹자가 말한 '측은지심'과도 이어져 있다. 근본에서 바라보면 동서양의 도덕은 다르지 않다.

법철학자인 김도균 교수는 인간 본성에 대한 논의를 현실적인 법의 지형 속에서 풀어냈다. 인간이 법적 주체가 될 수 있다는 것은 공동체 내에서 적법한 권리를 가지는 것이다. 흔히 모든 인간이 법적 주체가 될 수 있는 것으로 생각하지만, 이런 생각은 실상 그리

오래되지 않은 것일 뿐만 아니라, 현실적으로 거기에 속하지 못한 사람도 적지 않다. 난민이나 망명자가 그렇거니와 나치 치하의 유대인처럼 법적 지위를 박탈당한 경우도 있다. 로마법에서는 신앙이든 인종이든, 설혹 이방인이라 하더라도, 다른 것은 묻지 않고 인간이라는 이유만으로도 살해당하지 않을 권리가 있음을 인정했다. 이 정도만 해도 인류 사상의 대단한 진보라고 할 수 있겠지만, 모든 인간이 목적으로 대우받아야 한다는 칸트의 사상은 법적 주체의 이상적 수준을 보여 준다.

그런데 사상에서와 달리 현실에서는 법적 주체가 이상적으로 취급되는 경우가 오히려 드물다. 한나 아렌트가 "전체주의 지배로 향하는 첫걸음은 바로 사람에게서 법적 주체성을 살해하는 것이다."라고 말한 것처럼, 법적 주체는 특정한 사회·정치 체제 속에서 늘 위협을 받아 왔다. 조선시대에 임금은 초법적 지위에 있었고 다른 사람들 역시 귀천의 신분에 따라 현실적인 법적 지위가 크게 달랐는데, 법의 기본과 이상이 완전히 바뀌었음에도 불구하고 아직도 준초법적 지위를 누리는 사람들이 있고 법의 사각지대에서 부당한 대우를 받는 사람들이 존재한다. 법적 주체의 상태와 수준에 대해서는 시민사회가 늘 눈을 크게 뜨고 감시해야 할 것이다.

마지막으로 권재일 교수는 인간의 또 다른 본성으로 창조성을 들면서 이를 언어에서 찾았다. 인간이 처한 상황과 필요에 따라 언어가 끊임없이 변화하는 것에서 인간의 창조성을 읽어냈다. 인간은 인간들 사이의 동시대적 협력을 통해서, 또 선대에 이룬 것을 이어받아 후대로 전하는 계기적인 과정을 통해서, 그 속에서 창조성을 발휘하며 인류 문명을 발전시켜 왔다고 보았다.

인간이 어떤 존재인지 앞의 열네 분 교수께서 던진 질문들은 이 책을 다 읽고도 여전히 의문으로 남을 것이다. 다만 현대인들이 처한 외적 상황이 어떠하며, 인간에 대해 어떤 사상이 부각되고 있는지, 전통적으로는 인간을 어떻게 봐왔으며 아직 남은 문제가 무엇인지, 21세기라는 전에 없이 크게 변한 시대를 사는 우리에게 울림을 주는 부분들이 적지 않을 것이다.

죽비로 치는 듯 깨우침을 주는 좋은 글을 제출해 주신 열네 분의 교수님들과 학술대회 논평자 교수님들께 다시 감사드린다. 그리고 학술대회를 함께 조직하고 운영한 최윤영 교수님께 감사드린다. 또 대규모 학술대회와 저술 출간을 적극적으로 지원한 서울대학교 인문대학, 특히 이재영 학장님께 감사드리며, 여러 가지 복잡한 일들을 세심히 챙겨 주신 유요한 부학장님과 인문대학 기획실 관계자, 강나래, 조소혜 조교에게도 감사를 표한다.

인간의 정체성

인공지능과 인간 – '두 문화'의 공존을 위하여
복제인간의 전사 – 데카르트에서 켐펠렌까지
원효에게 인간을 묻다 – 중생과 보살
누가 인간이고, 인간이 아닌가 – '인간'의 경계: 유럽 유대인의 경우

인공지능과 인간
— '두 문화'의 공존을 위하여

나수호Charles La Shure

1959년 영국 케임브리지대학에서 소설가이자 화학자인 스노우C. P. Snow가 '두 문화'라는 제목의 유명한 강연을 했는데, 여기서 그는 '자연과학자'와 '문학적 지식인' 사이의 격차를 한탄한 바 있다.[1] 과학자는 천성적으로 미래 지향적인 반면 문학적 지식인은 전통 문화를 중요시하기 때문에 과거 지향적이라고 하면서 이 두 문화의 접점이 없어 보인다는 것이다. 60년이나 지난 오늘날에는 그 격차가 많이 좁아졌으리라 생각하지만, 아직도 인문학적 시각으로 인공지능과 같은 과학적인 주제를 다루는 것을 생소하게 여기는 사람이 없지 않을 것이다.

문학이나 영화와 같은 예술 분야에서는 오래전부터 인간의 미래를 다뤄 왔다. 19세기 초 셸리Mary Shelley가 『프랑켄슈타인』을 쓰면서 공상과학 장르를 탄생시킨 이후, 베른Jules Verne이나 웰스H. G. Wells 등의 작가는 그 유산을 계승하여 과학을 매개로 인간의 상상력과 창의력을 탐구하고 넓혀 나갔다. 공상과학 문학에서 탐구한 주제 중에는 물론 인공지능도 포함된다. 〈터미네이터〉(1984)나 〈매트릭스〉(1999)와 같은 영화에서는 기계가 단순한 지능을 넘어서서

의식까지 얻어 세계를 정복하고 인간을 지배하게 되는 디스토피아적인 미래를 상상하기도 했다. 그러나 이 짧은 글에서 탐구하려고 하는 주제는 그렇게 먼 미래의 일이 아니다. 인공지능은 우리의 삶에 자리 잡아 이미 큰 영향을 미치고 있다. 따라서 현재 당면한 문제를 해결하지 않으면 공상과학 문학의 작가들이 상상해 온 미래는커녕 우리의 오늘도 암울하다.

기계와 한판 승부 겨루기

스노우가 케임브리지에서 강연을 하기 3년 전인 1956년 미국의 다트머스대학에 수학자, 심리학자, 전기공학자 등 지능을 가진 기계에 대해 관심이 있는 학자들이 모였다.[2] 물론 이전에도 학자들이 지능기계를 연구해 왔고 이 회의에서 개최자들이 기대했던 돌파구가 마련된 것도 아니지만 이로부터 인공지능이라는 학문 분야가 탄생했다.

다트머스 회의에서 학자들이 고민한 문제 중 하나는 체스를 둘 수 있는 기계를 만드는 것이었다. 체스가 인공지능 연구자에게 매력적인 이유는 목적이 뚜렷하고, 규칙이 단순하며, 숨겨진 정보가 없고, 포지션을 수학적으로 표현하기 쉬운 게임이기 때문이다. 물론 체스 기계는 인공지능 연구의 일부에 불과하지만 인공지능의 변천사를 간명하게 설명하게 하며, 또한 인공지능에 대한 인간의 인식과 반응을 볼 수 있는 좋은 예이다.

1960년대부터 인간을 상대로 체스를 둘 수 있는 기계가 만들어졌지만 아직 초보적인 수준이었고, 20세기 말이 되어서야 최고 실력을 가진 인간을 이길 수 있었다.[3] 1988년에 딥소트Deep Thought라

카스파로프와 체스 프로그램 딥블루의 대결

는 체스 프로그램이 덴마크의 그랜드마스터 라르센Bent Larsen을 이겼으나, 이듬해 세계 챔피언 카스파로프Garry Kasparov에게는 쉽게 승리를 내주고 말았다. 아이비엠IBM은 딥소트 개발자들을 고용하여 딥블루Deep Blue를 개발했고 1996년에 카스파로프에게 대결을 청했다. 이 대결에서 카스파로프는 첫 게임을 내줬지만 딥블루를 상대로 최종 승리를 거머쥐었다. 그러나 다음 해에 개최된 재경기에서는 상황이 달랐다. 첫 게임은 카스파로프의 승리로 끝났는데 딥블루의 마지막 수가 황당했다. 상대가 인간이었다면 카스파로프도 별 신경을 쓰지 않았겠지만 컴퓨터는 그런 실수를 할 리가 없기 때문이다. 카스파로프는 나중에 팀원들과 함께 게임을 분석하고는 딥블루가 인간으로선 도저히 이해할 수 없는 많은 수를 계산했기에 벌어진 일이라고 보았다. 자신감이 흔들린 카스파로프는 두 번째 게임에서 무승부가 될 수 있는 상황에서 기권을 했고 1 대 1 동점이 되었다. 이어서 몇 차례에 걸친 무승부 끝에 카스파로프는 마지막 게임에서 치명적인 실수를 범하여 딥블루에게 패하고 말았다. 마침내 기계가 인간을 체스의 왕좌에서 끌어내린 순간이었다.

딥블루의 승리에 대해 다양한 반응이 나왔는데 그중에서 가장 흥미로운 것은 인공지능에 대한 평가였다. 딥블루는 인간의 사고를 재현하지 않았기 때문에 진정한 '지능'이라고 할 수 없다는 것이다. 이와 같은 이유로 아이비엠조차도 딥블루를 설명하면서 '인공지능'이라는 용어 사용을 의도적으로 피했다.[4] 인간을 닮지 않은 지능을 지능이라고 말할 수 있을까 하는 물음은 여기서 다룰 여유가 없으며 핵심적인 문제도 아니지만 이는 인간중심주의를 잘 보여 주는 사례이다.

카스파로프가 패한 지 거의 20년이 지났을 때, 다시 말해 더 이상 체스에서 기계의 우월을 따지는 사람이 없어진 지 오래되었을 때, 인공지능은 또 다른 게임을 정복했다. 바로 바둑이다. 바둑은 패턴 인식, 논리, 직관력을 모두 요구하는 게임으로서 체스보다 인간의 사고능력을 더욱 잘 활용해야 하는 것으로 인식되어 왔다.[5] 그렇기 때문에 인공지능 연구자들은 체스를 정복하고 나자 바둑을 겨냥했고, 마침내 2016년 이세돌과의 대결에서 알파고AlphaGo가 승리를 거두면서 목표를 달성했다. 최근에 은퇴를 선언한 이세돌은 바둑을 둘이서 함께 만드는 예술 작품이라고 하면서 인공지능 시대의 바둑에 과연 그런 예술성을 기대할 수 있을지 아쉬워했다.[6]

카스파로프가 패했던 당시의 '지능'에 대한 논란과 이세돌의 '예술'에 대한 생각은 크게 다르지 않다. 결국 인간이 아닌 존재에 의해 인간 고유의 것이라고 생각했던 '지능'이나 '예술'과 같은 영역을 침략당하게 되니까, 존재감이 흔들리기 시작해 인공지능에게 패했다는 사실을 받아들이지 못한 것이다. 그런 면에서 딥블루와 알파고는 비슷한 존재라고 말할 수 있지만 인공지능의 패러다임에 있어서 둘은 완전히 다르다. 딥블루는 소위 '억지 기법brute force'을 사용한 인공지능이었으며, 컴퓨터의 계산 능력과 데이터베이스를 토대로 카스파로프라는 상대와 대결하기 위해 최적화된 것이었다. 다시 말하면 최고의 체스 게임을 두기 위해서가 아니라 오로지 카스파로프를 이기기 위해 프로그래밍되었다는 것이다. 반면 이세돌을 이긴 알파고는 신세대 기술인 인공신경망artificial neural network을 사용한 기계학습machine learning 인공지능이었다. 쉽게 설명하자면 인간처럼 초보자 수준부터 게임을 배울 수 있는 인공지능이다. 따라서 규칙만 가르쳐 주면 바둑뿐만 아니라 어떤 게임이든 배울 수 있다. 최근 알파고의 후손이라고 할 수 있는 알파제로AlphaZero 역시 체스의 왕좌에 올랐다. 딥블루와 달리 알파제로는 매우 창의적인 인간(아니, 초인간이라고 할 수밖에 없다)처럼 체스를 두어 흥미로운 게임을 선보이고 있다. 그러나 알파고나 알파제로와 같은 기계학습 인공지능은 게임뿐만 아니라 인간 생활에서 중요한 역할을 하고 있고, 앞으로 더욱 큰 역할을 할 것으로 예상되기에 그 가능성과 위험성을 제대로 파악할 필요가 있다. 그렇게 하기 위해서는 알고리듬의 세계로 들어가야 한다.

알고리듬의 세계

인공지능이 신비롭게 보일 수도 있지만 실제로는 알고리듬의 집합에 불과하다. 알고리듬이란 어떤 정보를 가지고 원하는 결과를 내기 위한 일련의 규칙 혹은 명령어이다. 포털 사이트에서 검색할 때, 여행사 사이트에서 비행기 표를 예약할 때, 현금인출기에서 돈을 찾을 때, 스마트폰으로 약속 장소로 가는 길을 검색할 때, 모두 이런 알고리듬을 이용한다. 기계학습 인공지능인 알파고와 알파제로가 사용하는 인공신경망도 결국 알고리듬이다.[7] 알고리듬은 다양하지만 그 간단한 예로 숫자의 집합을 내림차순으로 정렬하면 포털 사이트의 뉴스 기사에 달린 댓글들을 추천 수가 가장 높은 댓글이 맨 위에 나오도록 할 수 있다. 편집자의 손을 거치지 않고 자동으로 댓글이 나열되기 때문에 새벽에 매크로를 이용하여 특정한 댓글의 추천 수를 조작해도 눈치 채기 어려울 수 있다. 2018년에 벌어진 이른바 '드루킹 댓글 조작 사건'이 바로 이런 경우였는데, 조작이 너무 노골적이어서 결국 누군가 눈치 채고 신고했기 때문에 폭로되었지만 실제로 우리가 모르고 지나치는 경우는 매우 많을 것으로 짐작된다.

알고리듬을 악용하는 사람도 있지만 선의로 사용한다 하더라도 알고리듬 자체에 문제가 있다면 파괴적인 결과에 이를 수 있다. 수학자 오닐Cathy O'Neil은 이런 알고리듬을 '수학살상무기weapons of math destruction'라고 명명했다.[8] 수학살상무기는 인간의 편견을 알고리듬에 코드화한 것으로, 이런 알고리듬은 광범위하게 그리고 아무 의심 없이 적용되며 추정을 현실로 만들면서 악순환을 일으키기 때문에 파괴적인 결과를 가져올 수 있다. 일례로 대학교 랭킹 알고리듬이 어떤 학교에 불공정하게 낮은 랭킹을 부여하면 그 학교가 학생을 유치하는 데 어려움을 겪게 되면서 실제로 하위 학교가 되어 버린다. 또 가난한 동네에 사는 어떤 사람이 편견을 수용한 고용 알고리듬 때문에 어떤 채용 공모에서 떨어지면 앞으로도 일자리를 구하기 힘들어질 것이다. 이와 같은 예는 상상이 아니라 이미 벌어지고 있는 일들이다. 최근 미국에서 안면분석 기술을 사용하는 알고리듬인 하이어뷰HireVue가 장애인을 차별한다는 비판을 받은 바 있다.[9]

학교 랭킹 알고리듬이나 고용 알고리듬의 이런 문제는 그 모델의 바탕이 되는 현실을 잘못 이해하고 그 잘못된 인식을 수량화했기 때문에 그 결과로 모델 또한 잘못 설계된 데 따른 것이다. 그런데 주목해야 할 점은 학교 랭킹 알고리듬의 경우 설계자들이 좋은 대학의 특징을 미리 결정하고 그 모델에 따라 순위를 매기기 때문에 그랬다손 치더라도, 인간이 설계한 모델 없이 인공지능이 스스로 설계한 고용 알고리듬의 경우에도 같은 문제가 발생했다는 것이다. 그 이유로는 앞에서 언급한 기계학습을 들 수 있다. 이런 인공지능에게 많은 양의 학습 데이터를 보여 주면 그 데이터에 있는 패턴을 인식하고 스스로 모델을 만든다. 쉽게 말해 수많은 회사가 고용한 사람들의 인사 정보를 검토하여 공통점과 유사성을 찾아서 이상적인 후보에 대한 모델을 만드는 것이다. 이와 같은 기계학습 알고리듬이 잘못될 이유는 두 가지인데, 하나는 학습 데이터에서 중요한 정보가 빠진 경우이고, 다른 하나는 훈련 데이터 그 자체에 편견이 내포되어 있는 경우이다.

첫 번째 문제는 단순한 것 같지만 여파가 클 수 있다. 안면인식 기술이 그 좋은 예이다. 안면인식 알고리듬을 훈련시키려면 사람의 얼굴 사진을 무수히 많이 보여 주면 된다. 수천수만 개의 얼굴 사진을 봄으로써 알고리듬은 사람의 얼굴이 어떻게 생겼는지를 배우게 된다. 그런데 '알고리듬 정의 연맹Algorithmic Justice League'을 설립한 부올람위니Joy Buolamwini가 발견한 바에 따르면, 예를 들어 흑인 얼굴이 학습 데이터 집합에서 빠지면 흑인의 얼굴은 잘 인식되지 않는다고 한다.[10] 이런 알고리듬에서 흑인은 눈에 보이지 않는 인간이 되는 것이다.

두 번째 문제는 보다 복잡하고 바로잡기가 어렵다. 학습 데이터를 잘 수집하더라도 데이터에 편견이 존재한다면 알고리듬에도 편견이 반영되기 마련이다. 2017년의 한 연구에 의하면 여성, 흑인 등에 대해 차별적인 관점을 지닌 텍스트를 학습 데이터로 삼은 알고리듬은 텍스트에 내포된 편견을 이어받는다고 한다.[11] 바로 전해에 마이크로소프트는 의도하지 않게 그 극단적인 예를 보여 준 바 있다. 테이Tay라는 챗봇chatbot을 트위터에서 출시하면서 기존의 챗봇과 달리 기계학습 알고리듬을 사용하여 인간 트위터 사용자와 대화하는 법을 배우도록 했다. 문제는 일부 사용자들이 테이에게 인종차별주의적·여성혐오적·반유대주의적 말을 가르쳐서 테이를 혐오스러운 챗봇으로 변모시켰다는 점이다. 마이크로소프트는 하루도 안 돼서 테이의 계정을 해지했다.[12] 이 경우는 소수 사용자들의 악의적인 행위에 의한 것이지만, 기계학습 인공지능의 잠재적 위험성을 잘 보여 준 사례이다. 몇 달 후 마이크로소프트는 여기서 얻은 교훈을 바탕으로 조Zo라는 새로운 챗봇을 만들었다. 이번에는 모욕적인 발언을 하지 않도록 종교나 정치 등 논쟁을 초래하는 주제에 대한 대화는 아예 거부하도록 설계했다.

이런 사례에서 알 수 있듯이 부주의하게 알고리듬을 사용하면 인간에게 피해를 줄 수도 있다. 피해를 주지 않도록 설계하려면 어떻게 해야 할까? 오닐이 수학살상무기를 해제하는 방법을 논하면서 마련한 지침에 따르면 우선 투명성이 필요하다.[13] 알고리듬에서 어떤 결과가 왜 나오는지 알지 못한다면 문제를 해결할 수 없기 때문이다. 그러나 보다 근본적인 방향은 공정성이다. 대부분 알고리듬의 최종 목적은 효율성이기에 공정성을 고려하지 않는다. 알고리듬의 언어는 수학이며 모든 데이터를 수량화하여 처리할 수밖에 없다. 세상을 수학적으로 보면 객관적이고 공정할 것 같지만 그렇지 않다. 앞에서 보았듯이 데이터에 편견이나 불공정이 내포되어 있으면 결과도 그럴 수밖에 없다. 사회에 소수자에 대한 편견이 있으면 그 사회가 만든 알고리듬에도 편견이 있기 쉬우며, 어떤 사람이 불공정을 겪어 왔으면 알고리듬 때문에 앞으로도 계속해서 불공정을 겪을 가능성이 높다. 알고리듬은 우리의 과거와 현재만 보고 우리의 미래를 예측하려고 하며, 우리가 현 상황을 초월할 수 있다는 가능성을 보지 못하고 그런 기회조차 주지 않는다. 우리는 사람이 숫자에 불과한 존재가 아니라는 점을 인식해야 한다. 그래야만 사회의 불공정을 영구화하지 않고 알고리듬의 도움으로 불공정을 넘어설 수 있다.[14]

인공지능과 인간, '두 문화'의 공존 가능성

인공지능에 대한 우리의 인식과 태도는 아주 복잡하며 때로는 모순되기도 한다. 인공지능을 과연 지능이라고 말할 수 있을까? 그리고 인간과는 어떤 관계인가? 우선 첫 번째 질문을 다루기 위해서 저명한 컴퓨터 과학자 튜링Alan Turing은 1950년에 '튜링 테스트'를 제안했다. 이 테스트는 기계(컴퓨터)와 인간이 대화하는 것을 보

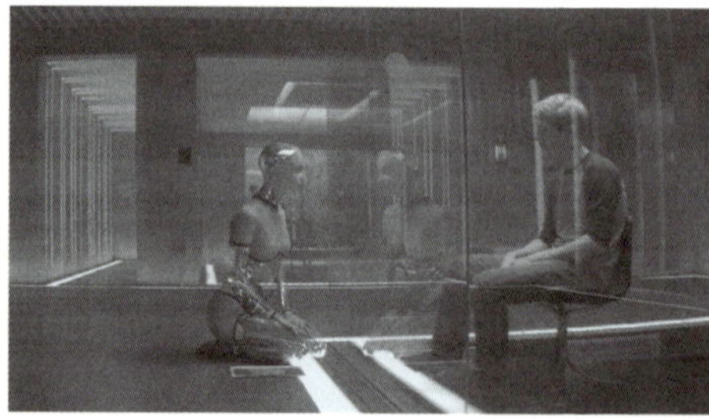

인간과 정서적으로 통하는 인공지능은 가능한가?
영화 〈엑스마키나〉에서 공학자인 네이든은
인공지능 에이바에게 사랑을 느끼게 된다.

고 기계와 인간을 구별하지 못한다면 인간과 비슷한 수준으로 지능적 행위가 가능한 기계라고 할 수 있다는 것이다. 얼핏 어려운 테스트처럼 보이지만 오늘날 우리가 인공지능과 소통하는 것을 보면 그리 어렵지 않은 듯하다. 인공지능이 어느 정도 인간처럼 행동하면 우리가 그것을 인간처럼 대하게 될 수도 있다. 아마존의 인공지능 도우미인 알렉사Alexa를 예로 들 수 있는데, 어릴 때부터 알렉사와 함께 자란 아이들은 이를 유모처럼 여기기도 한다.[15] 아이들뿐만 아니다. 아마존의 최고경영자 베조스Jeff Bezos에 의하면 2017년에 1백만 명이 넘는 사용자들이 알렉사에게 청혼했다고 한다.[16] 물론 알렉사가 실제로 결혼할 수 있는 인간이라고 생각한 사람은 별로 없었겠지만 그만큼 정서적으로 통했다는 뜻이다. 그리고 앞에서 언급한 테이나 조와 같은 챗봇은 사용자들이 인공지능인 것을 알고 대화하는 경우이지만, 그렇지 않은 경우에는 결과가 다를 수 있다. 일례로 인공지능과 챗봇 전문가인 엡스타인Robert Epstein도

챗봇에 반했다고 고백한 적이 있다.[17]

인간이 아닌 인공지능과 마음이 통하게 되는 이유는 무엇일까? 그 이유 중 하나는 인간이 자신의 인간성을 주위에 투영시키는 경향이 있기 때문이다. 인간을 사회적 동물이라고 하는데 이는 원래 다른 인간과 함께 공동체를 이루어 살려는 경향이 있다는 뜻이다. 따라서 우리와 비슷하게 행동하고 생각하는 것처럼 보이는 행위자가 있으면 자연스럽게 그것을 또 다른 인간으로 간주하게 되는 것이다. 그뿐만 아니라 대부분의 사람들은 인공지능에 대해서 근본적으로 오해하고 있어서 인공지능과 인공일반지능artificial general intelligence의 차이를 인식하지 못한다. 후자는 〈터미네이터〉나 〈매트릭스〉와 같은 공상과학 영화에서 나오는 것처럼 인간과 같은 수준의 인지능력과 학습능력을 지니는 기계를 가리키는 것으로, '강한 인공지능' 혹은 '완전 인공지능'이라고 부르기도 한다. 그러나 인공지능(혹은 '약한 인공지능')은 앞에서 설명했듯이 알고리듬일 뿐이다. 의식도 없고 스스로 생각할 수도 없으며 인간을 노예로 만들거나 전멸시킬 위험도 없다.[18] 물론 알렉사가 세계를 정복할 거라고 생각하는 사람은 없겠지만 가끔 인공지능이 행동하는 것을 보면서 소름이 끼칠 때가 있는 것은 사실이다. 그러나 그것이 기계가 스스로 생각하기 때문은 아니다.

이렇게 인공지능을 인간다운 존재로 인식하는 것은 어찌 보면 앞에서 딥블루를 다루면서 언급했던 인간중심주의와 모순되는 입장처럼 보이는데, 실제로도 인공지능에 대한 우리의 인식은 모순적이다. 한편으론 주체성이 있는 존재로 인식할 때도 있지만 다른 한편으로는 완벽히 객관적인 행위자로 인식할 때도 있다. 세계 체스 챔피언 카스파로프도 딥블루에 대해 모순적인 태도를 보여 주었다. 첫 번째 게임이 끝난 후에는 딥블루가 인간이 상상할 수 없는 뛰어난 계산력을 지니고 있다고 생각했지만, 두 번째 게임이 끝난 후에는 딥블루가 인간의 도움을 받았다는 의혹을 제기하며 항의했다. 그런데 딥블루가 그 정도로 뛰어난 능력을 지녔다면 왜 인간의 도움이 필요했을까?[19]

항의는 받아들여지지 않았고 카스파로프는 결국 패배하고 말았지만 이 이야기에 흥미로운 후기가 있다. 첫 게임에서 딥블루가 마지막으로 둔 어이없는 수, 즉 딥블루가 초인간적인 능력을 지녔다고 카스파로프를 감복시켰던 수는 뛰어난 계산력을 증명하는 신의 한 수가 아니라 단순한 오류였을 뿐이라고 한다. 알고리듬에 오류가 있었기 때문에 어떤 수를 둘지 결정하지 못한 딥블루가 무작위로 수를 둔 것이었다. 패턴 인식에 뛰어난 카스파로프는 알고리듬에 오류가 있을 것이라고 상상하지 못하고, 아무런 의미도 없는 수에서 의미를 찾으려고 하다가 결국 자신감이 흔들리고 말았다. 카스파로프가 딥블루의 오류 가능성을 고려하지 않았듯이 우리도 흔히 알고리듬이 수학이니까 객관적일 거라고 생각한다. 계산 오류, 누락된 데이터, 편견이 있는 데이터가 있을 거라는 생각을 잘 하지 않는다. 인터넷에서 뭔가를 검색할 때도 첫 번째 결과가 왜 먼저 노출되는 것인지 모른 채 정당한 논리로 순위가 매겨졌을 거라고 믿곤 한다. 그러나 그 검색 알고리듬 개발자에게는 의도도 있고 편견도 있는 법이기에 알고리듬에 그 의도와 편견이 그대로 반영되기 쉽다.

카스파로프도, 이세돌도 그랬지만 인공지능이 주체성이 있는 존재이든 아니든 인공지능을 경쟁자로 보는 사람이 많다. 특히 공상과학 소설이나 영화를 보면 인간과 인공지능이 충돌하는 것을 소재로 삼는 경우가 많다. 그런 미래가 언젠가 올지도 모르겠지만 당장은 그런 걱정을 하지 않아도 된다.[20] 인공지능은 그저 기술이며 도구이고, 따라서 다른 기술과 도구처럼 생각하면 된다. 도구를 선의로 사용하면 건설적인 것이 되고 악의로 사용하면 파괴적인 것이 된다. 회사가 고용 과정에서 사용하는 알고리듬, 경찰이 범죄를 줄이기 위해서 사용하는 알고리듬 등이 이런 경우이다. 투명하고 사람 중심인 공정한 알고리듬이면 오닐이 경계하는 수학살상무기가 되지 않을 것이다. 또한 새로운 기술이 개발되면 인간 생활도 달라지기 마련인데, 기술의 발달은 대개 유익하지만 그로 인해 피해를 입는 사람도 있다. 기계와 공장이 발달하면서 사람이 직접 손으로 하던 직업이 없어진 것이 그런 사례이며, 또 신재생에너지 부문이 발달하면서 석탄을 채굴하는 광부들이 일자리를 잃는 것도 그렇다. 인공지능이 발달하면 단순 직업 중에 사라질 직업이 적지 않을 것이다.

그러나 창의적인 부문에서는 아직 인간이 할 일이 있다. 이세돌의 말처럼 바둑이 둘이서 만드는 예술 작품이라면 인간과 인공지능이 공동 작업으로 새로운 작품을 만들지 못할 이유가 무엇일까? 체스에 있어서 알파제로는 인간을 쓸모없는 것으로 만들기는커녕 우리에게 체스의 신세계를 보여 주었다. 물론 알파제로와 경쟁하는 것은 불가능하지만 알파제로한테 배울 것이 많다. 즉 체스를 더 잘 둘 수 있게 해주는 도구인 셈이다. 다른 예술 분야도 마찬가지인데, 음악에 있어서 2019년 3월에 바흐의 생일을 축하하기 위해서 구글이 공개한 '두들'이 좋은 예이다.[21] 기존의 두들과 달리 복잡한 알고리듬을 이용하여 사용자가 입력한 선율에 화성和聲을 더함으로써 바흐식 작품을 만들어 주는 것이다. 최근에는 인공지능이 글쓰기에도 도전하여 2019년 2월에는 머스크Elon Musk가 창립한 회사 오픈에이아이OpenAI에서 글을 쓰는 알고리듬 모델을 출시한 바 있다.[22] 사용자가 짤막한 글을 입력하면 문자 예측 알고리듬이 글을 완성시켜 준다. 아직 퓰리처상이나 노벨 문학상을 받기는 어렵겠지만 나름의 매력이 있다. 여태까지 작곡이나 문예창작은 인간의 노고로만 이루어지는 예술 활동으로 여겨져 왔지만, 앞으로 알고리듬을 이용하여 새로운 예술적 지평을 열어 갈 수 있다. 인공지능이 창의적인 인간을 초월하는 것이 아니라 우리를 더욱 창의적인 인간으로 만들어 주는 것이다.

인공지능이 우리를 닮은 것이기 때문에 이를 잘 만들고 활용하려면 우리가 자신의 장점과 단점을 잘 파악해야 한다. 과학자가 인문학적인 질문을 하고 인문학자가 과학에 관심을 가지게 되면 이상적인 인공지능을 개발하는 데 큰 도움이 될 뿐만 아니라 60년 전 스노우가 보았던 갈라진 '두 문화'가 통합을 향해 한 걸음 더 나아갈 수 있지 않을까 생각해 본다.

1. C. P. Snow, *The Two Cultures* (London: Cambridge University Press, 1998), pp. 1-52.

2. 이 회의의 공식 명칭은 '인공지능에 대한 다트머스 여름 연구 프로젝트(Dartmouth Summer Research Project on Artificial Intelligence)'이다. 이 회의에 대한 보다 자세한 설명과 참가자의 회고 등은 Pamela McCorduck, *Machines Who Think* (Natick: A K Peters, 2004), pp. 111-136 참고.

3. 이 대결에 대한 글이 많은데 네이트 실버가 인간과 기계의 '사고방식', 그리고 기계 지능에 대한 인간의 인식을 주로 다루었기에 참고할 만하다. Nate Silver, "Rage Against the Machines", *The Signal and the Noise* (London: The Penguin Press, 2012), pp. 262-293.

4. Richard E. Korf, "Does Deep-Blue Use AI?", *AAAI Technical Report*, WS-97-04 (1997), pp. 1-2.

5. Pamela McCorduck, *Machines Who Think*, p. 482.

6. 오달란, 「이세돌 "인공지능 더는 이길 수 없어 바둑 관뒀다"」, 『서울신문』, 2019. 11. 27.

7. 용어를 보았을 때에 '인공신경망'은 인간의 뇌를 기계로 재현하는 것처럼 들릴 수도 있겠지만 꼭 그런 것은 아니다. 인공신경망이란 어떤 데이터 집합에서 유사성을 찾아 패턴을 인식하는 알고리듬의 일련이다. 그 원리를 완벽하게 이해할 필요는 없지만 인공신경망과 심층학습(deep learning)의 기본을 알고자 하면 다음과 같은 자료를 참고할 만하다. Chris Nicholson, "A Beginner's Guide to Neural Networks and Deep Learning", Pathmind, 2019. https://pathmind.com/wiki/neural-network.

8. Cathy O'Neil, *Weapons of Math Destruction: How Big Data Increases Inequality and Threatens Democracy* (New York: Broadway Books, 2017).

9. Alex Engler, "For some employment algorithms, disability discrimination by default", The Brookings Institution, 2019. 10. 31. https://www.brookings.edu/blog/techtank/2019/10/31/for-some-employment-algorithms-disability-discrimination-by-default/.

10. Algorithmic Justice League (https://www.ajlunited.org/).

11. Aylin Caliskan, Joanna J. Bryson, and Arvind Narayanan, "Semantics derived automatically from language corpora contain human-like biases", *Science*, 356 (2017), pp. 183-186.

12. Oscar Schwartz, "In 2016, Microsoft's Racist Chatbot Revealed the Dangers of Online Conversation", IEEE Spectrum, 2019. 11. 25. https://spectrum.ieee.org/tech-talk/robotics/artificial-intelligence/in-2016-microsofts-racist-chatbot-revealed-the-dangers-of-online-conversation.

13. 알고리듬에 대해 훨씬 긍정적인 입장을 취하는 닉 폴슨과 제임스 스캇 역시 투명성의 중요성을 강조한다. Nick Polson and James Scott, *AIQ: How People and Machines Are Smarter Together* (New York: St. Martin's Press, 2018) 참고.

14. 알고리듬 연구자들이 이미 공정성 연구를 진행한 바 있지만 아직까지 적용된 사례는 많지 않다. Cynthia Dwork et al., "Fairness Through Awareness", *Proceedings of the 3rd Innovations in Theoretical Computer Science Conference*, January 2012, pp. 214-226 참고.

15. 인공지능과 인간의 관계에 대해서는 Tok Thompson, "When Your BFF is an AI: Artificial Intelligence as Folk", *Posthuman Folklore* (Jackson: University Press of Mississippi, 2019) 참고.

16. Paige Leskin, "Over a million people asked Amazon's Alexa to marry them in 2017 and it turned them all down", *Business Insider*, 2018. 10. 11. https://www.businessinsider.com/amazons-alexa-got-over-1-million-marriage-proposals-in-2017-2018-10.

17. Robert Epstein, "From Russia, with Love: How I got fooled (and somewhat humiliated) by a computer", *Scientific American*, 2007. 10. 1. https://www.scientificamerican.com/article/from-russia-with-love/.

18. 여기서 짚고 넘어가야 할 점은 '지능'과 '의식'은 같은 것이 아니며 그 둘의 관계가 어떤 것인지 아직까지도 분명하게 규명된 바가 없다는 것이다. 인공일반지능이 개발되어도 그것이 과연 의식이 있을지는 의문이며, 철학자인 대니얼 데넷의 주장에 따르면 '인공의식행위자'를 개발하는 것 그 자체가 바람직하지 않을 수도 있다. Daniel C. Dennett, "Will AI Achieve Consciousness? Wrong Question", *Wired*, 2019. 2. 19. https://www.wired.com/story/will-ai-achieve-consciousness-wrong-question/ 참고.

19. 카스파로프의 항의가 아예 무리한 것은 아니었다. 그때까지만 해도 체스 컴퓨터가 전술(tactics)에 있어서는 천하무적이지만 전략(strategy)에 있어서는 아직 약하다고 판단되었다.

첫 번째 게임은 카스파로프가 전략적으로 우월했기 때문에 이길 수 있었지만, 두 번째 게임은 딥블루가 전술적인 수를 거절하고 보다 전략적인 수를 두어 치명타를 가했다. 그러나 IBM이 규칙을 어겼다는 증거는 전혀 없었다.

20. 인공지능과 기술이 발달되어 인간과 새로운 관계를 맺는 미래에 대해서는 레이 커즈와일과 막스 테그마크의 글을 참고할 수 있다.
Ray Kurzweil, *The Singularity is Near: When Humans Transcend Biology* (New York: Viking, 2005);
Max Tegmark, *Life 3.0: Being Human in the Age of Artificial Intelligence* (New York: Knopf, 2017).
막스 테그마크는 또한 '생명미래연구소 (Future of Life Institute)'를 설립했다.

21. "Celebrating Johann Sebastian Bach", Google, 2019. 3. 21. https://www.google.com/doodles/celebrating-johann-sebastian-bach.

22. 이 모델을 사용한 웹사이트도 있다. Adam King, "Talk to Transformer", https://talktotransformer.com/ 참고.

복제인간의 전사前史
— 데카르트에서 켐펠렌까지

이영목

리들리 스콧 감독의 1982년 작 〈블레이드 러너〉는 2019년 로스앤젤레스를 배경으로 하고 있다. 영화에서 그린 미래인 2019년이 왔지만 지구는 여전히 그럭저럭 살만하고, 인간은 행성에 식민지를 건설하지도 않았으며, 우리 주위엔 합법적이건 불법적이건 복제인간 '리플리컨트replicant'도 아직 없어 보인다. 그리고 자기 자신이, 또는 내 앞을 지나가는 존재가 인간인지 복제인간인지 심각하게 고민하는 사람도 아직은 매우 드물어 보인다. 그러나 이 평온한 확신을 가끔씩 뒤흔드는 영화와 소설은 꾸준히 큰 인기를 끌고 있으며, 세상에서 바둑을 제일 잘 두는 나라에 산다고 확신했던 우리는 알파고AlphaGo의 승리 앞에서 좌절하면서도 인간 복제와 인공지능의 무한해 보이는 가능성 앞에서 가슴이 설레기도 한다. 이 글에서는 넓은 의미의 '복제인간'이 촉발한 기대, 희망 그리고 두려움의 역사, 그중에서도 그 전사前史라고 할 수 있는 17세기에서 18세기 말까지의 이야기를 간략히 살펴보고 이를 바탕으로 오늘 '인간 다움'을 다시 묻고자 한다.

데카르트와 '프랑신'

인간을 비롯한 동물의 생명 현상을 자동인형 또는 기계장치를 통해 복제하려는 노력은 『모래남자*Der Sandmann*』[1]의 코펠리우스나 스팔란짜니 교수, 또는 프랑켄슈타인 박사[2]와 같은 '미치광이 학자'들에게 국한된 허황된 시도는 아니다. 실제로 자동인형의 역사는 서양 고대까지 거슬러 올라가며, 다빈치Leonardo da Vinci의 몇몇 발명품도 잘 알려져 있다. 다만 근대적인 의미에서의 자동인형 개념에 이론적 근거를 제공한 것은, 즉 동물 및 인간과 기계의 비교를 구체화하고 그 본질적 동일성에 반박할 수 없는 권위를 부여한 것은 바로 데카르트René Descartes이다. 그는 『방법론*Discours de la méthode*』의 5부에서 동물을 복제한 기계장치와 실제 동물 사이의 근본적인 차이를 부정하고, 나아가서는 외관상으로 양자를 구별하는 것이 불가능하리라고 단언한다.

> 만일 원숭이나 이성이 없는 다른 동물의 기관과 외양을 가진 기계가 있다면, 우리는 그 기계가 모든 면에서 그 동물과 같은 본질을 가진 것이 아니라는 것을 알아낼 아무런 방법도 없을 것이다.[3]

다시 말해서, 동물의 내부와 외부를 완벽하게 복제해 낸다면 인간은 기계와 동물의 차이를 결코 인지할 수 없을뿐더러 동물과 기계는 본질적으로 같다는 주장이다. 이와 같은 '동물-기계론'은 "이성이 없는" 동물만이 아니라 인간의 육체에도 적용된다. 즉 인간은 신이라는 완벽한 장인이 만들었으므로 보다 훌륭할 뿐, 본질적으로는 기계장치에 불과하다는 것이다.

> 인간의 기술이 각 동물의 신체 내부에 있는 뼈, 근육, 신경, 혈관, 그리고 다른 모든 부분들의 엄청난 수에 비교할 때 매우 작은 수의 부품만을 사용하여 얼마나 다양한 자동인형, 또는 움직이는 기계를 만들어 낼 수 있는지 아는 사람들은 이 육체[즉, 인간의 육체]를 신의 손이 만들어 냈기 때문에, 인간이 발명 가능한 그 어떤 기계보다도 비교할 수 없이 더 잘 배치되고 더 훌륭히 움직이는 기계로 간주할 것이다.[4]

『방법론』의 5부에서 데카르트가 주된 목적으로 삼은 것은 동물의 생명 현상과 기계장치의 동일성이나 인간과 동물의 동일성 증명이 아니라 신과 영혼의 존재 증명이다. 그가 동물을 기계장치로 환원하는 이유는 그 동일성이 사유하는 존재인 인간이 동물에 대해 가지는 우월성을 보장해 주는 논증 과정의 출발점이 되기 때문이다. 육체로서의 인간은 단순한 기계장치라는 점에서 다른 동물과 별다른 차이점이 없다. 반면에 언어로 표현되는 인간의 사유思惟는 인간 영혼의 존재와 함께 그 영혼을 불어넣어 준 신의 존재를 증명한다. 육체를 가진 존재라는 점에서 인간은 다른 동물들과 함께 물질계에 속하는 동시에, 사유라는 독점물 때문에 다른 동물과는 달리 인간만이 영적인 세계에 속한다.

데카르트의 실제 논증 목표와는 상관없이, 그의 '동물-기계론'은 생명 현상에 대한 기계론적인 해석과 자연과학 연구에 결정적인 영향을 미친다. 포르루아얄Port-Royal의 학자들에 대한 유명한 일화는 이러한 사실과 함께 그 이론이 당시에 누렸던 권위를 예증한다. 그들은 동물에게 매우 무자비하여 살아 있는 동물을 대상으로 생체 해부 실험을 하는 것을 전혀 거리끼지 않았는데, 이는 그들이 동물의 비명 소리를 오르간 줄을 건드릴 때 나는 소리처럼 단순한 기계적 반작용으로 간주했기 때문이라는 것이다. 기계를 분해하거나 파괴할 때, 빡빡한 나사가 내는 마찰음이나 그 기계가 부서지면서 나는 소리가 우리에게 전혀 동정심을 불러일으키지 않는 것과 마찬가지이다. 다른 한편, 인간의 육체와 기계의 비유는 여러 철학자 사이에서 되풀이되었으며, 17세기 후반에서 18세기 초에 이르러서는 일종의 자명성을 획득한다. 예를 들어 라이프니츠Leibniz는 "인간과 동물의 신체 내에서 이루어지는 모든 것은 시계 안에서 이루어지는 것만큼이나 기계적이다."라고 단언한다.[5]

이러한 이론적 기여 외에도, 데카르트는 '자동인형의 아버지'로 유명하다. 오늘날 반복되며 과장되어 가는 일화에 따르면, 데카르트가 항해 중에 늘 선실에 틀어박혀서 누군가와 이야기를 하는 듯이 보였는데, 나중에 알고 보니 그것은 소녀 형상의 자동인형이었고, 그 움직이는 자동인형이 악마의 산물이라고 믿은 뱃사람들은 그것을 바다에 던져 버렸다는 것이다. 어떤 이들은 그 자동인형이 성홍열로 어린 나이에 죽은 데카르트의 딸 프랑신Francine의 대체물이었다고 주장한다.[6] 약 2세기 후 『모래남자』의 스팔란짜니 교수는 자기가 만든 춤추는 자동인형에게 '올림피아'라는 이름을 붙이고 그것을 사람들에게 자기 딸이라고 소개할 것이다. 그리고 불쌍한 주인공 나타나엘은 그녀가 진짜 인간이라는 데 추호도 의심을 품지 않고 그녀를 사랑하게 될 것이다. 인간과 기계 사이의 정체성 혼동은 독특한 정신세계를 지닌 나타나엘에게만 나타나는 현상이 아니다. 이 사건 이후 모든 사람은 자기가 기계가 아닌 진짜 인간이라는 확신을 다소간 잃어버리게 된 것이다.

자동인형에 얽힌 이야기가 그들의 정신을 온통 사로잡았으며, 인간의 겉모습을 믿지 않는 몹쓸 불신풍조가 만연했기 때문입니다. 많은 사람들은 자기가 결코 나무 인형을 사랑하고 있지 않다는 것을 확인하기 위해 애인들에게 약간 박자감 없이 노래하거나 춤추기를 바랐으며, 뭔가를 낭송할 때는 수를 놓거나 뜨개질을 하든지 아니면 강아지와 장난할 것 따위를 요구했습니다. 그러나 무엇보다도 자기 애인이 그저 듣고만 있지 말고 가끔 생각하고 느낀 것을 표현하는 그런 말을 해줄 것을 바랐습니다. (…) 사람들은 차 모임에 가면 의심을 받지 않으려고 한없이 하품을 해대고 재채기는 절대로 하지 않았습니다.[7]

보캉송의 자동인형

데카르트가 실제로 그런 자동인형을 만들었는지, 그리고 그 인형이 어떤 메커니즘을 통해 움직이는지에 관해서는 아무런 '과학적' 증거도 남아 있지 않다. 그러나 18세기에 이르러 기술의 발전과 함께, 그의 '동물-기계론'은 더욱 정교한 기계장치를 통해 눈에 보이는 예를 갖게 된다. 보캉송Jacques Vaucanson이 만든 자동인형들이 그것이다. 프랑스 그르노블 출신으로 장갑 제조인의 아들인 그의 재능은 매우 일찍 꽃을 피운다. 1735년 파리에 머무르며 튈르리 공원에 있는 플루트 연주자의 동상을 보고, 그는 실제로 플루트를 연주하는 자동인형을 만들 생각을 품게 된다. 1.5미터의 키에 사람의 모습을 갖추고 열두 곡을 연주하는 그의 자동인형 '플루트 연주자Joueur de flûte'는 1738년 과학아카데미에 출품된다. 이 자동인형은 실제 플루트를 입에 대고 입술과 손가락, 그리고 혀를 움직여서 소리를 내는 것으로, 단순한 오르골과는 거리가 멀었다. 이어서 보

보캉송의 자동인형들

캉송은 '북 연주자Joueur de tambourin'를 발표한다. '북 연주자'는 생각과는 달리 앞의 자동인형보다 훨씬 복잡한 기계장치를 요구한다. 이 자동인형은 한 손으로는 북을 치지만, 다른 한 손과 입으로는 구멍 세 개짜리 피리를 연주하는데, 이 피리로 소리를 제대로 내기 위해서는 구멍을 절반만 막아야 할 때도 있고, 같은 구멍을 같은 정도로 막은 채 불어넣는 호흡을 달리해서 다른 음정을 낼 필요도 있기 때문이다. 그의 시도는 인간이나 동물의 외적 행동을 모방하는 장치를 고안하는 데 그치지 않는다. 보캉송이 만든 '오리Canard'는 날갯짓을 하고, 걸어 다니고, 때로는 물장구도 치고, 목을 길게 뻗어 모이를 먹을 뿐만 아니라 곡물을 '소화'하여 배설하기까지 한다. 이로써 '동물의 외양'뿐만 아니라 그 '내부 기관을 가진 기계'라는 데카르트의 가설이 현실화된 것이다.

보캉송의 이 세 발명품은 비록 원본이 남아 있지 않지만, 당시 과학아카데미의 학술적 검증을 받은 것들이다. 1751년에 발간된 『백과전서』 1권에서, 디드로Denis Diderot와 함께 이 계몽주의 대표 저작의 책임편집자였던 달랑베르Jean Le Rond d'Alembert는 'Androïde'와 'Automate' 항목에서 이 세 발명품에 대해 상세하게 서술한다. 그리고 디드로는 'Androïde' 항목에 다음과 같이 덧붙인다. "만일 이 항목이 이미 만들어진 기계의 서술이 아니라 앞으로 만들 기계의 계획이라면, 얼마나 많은 사람들이 그것을 공상으로 취급하겠는가?"[8] 하지만 이 기계는 허황된 꿈처럼 보이는 것을 실현했고, 그 역사적 의미를 한 연구자는 다음과 같이 정리한다.

> 매혹적인 거울의 효과. 거기서 기술은 자연을 반영하지만 사람들은 결국 무엇이 무엇을 반영하는지 알지 못하게 된다. 자동인형은 생명체를 흉내내는 것이 아니라, 그것의 **진리**를 드러낸다. 한 세기 반 이전부터 생명체는 기계로 표상되어져 왔기에, 자동인형의 기계장치는 생명체를 모방하는 것이 아니라 그것을 **실현한다**. 바로 그 이유 때문에 자동인형은 살과 뼈로 된 인간을 용수철과 톱니바퀴로 단순히 모방한 것이 아니다. 그토록 오래전부터 생명체는 기계장치라는 끈질긴 주장이 있었기에, 생명체는 기계장치 안에서 그리고 그것을 통해 **모습을 드러낸다**.[9]

기계가 인간을 포함한 모든 동물의 본질이며, 따라서 기계는 동물이나 인간의 모사체가 아니라 그 핵심의 가시적 실현인 것이다.

라메트리의 『인간-기계』

라메트리Julien Offray de La Mettrie는 18세기 기계론적 인간관을 대변하는 학자로 간주된다. 그의 대표작 『인간-기계*L'Homme-Machine*』는 제목부터 의미심장하다. 18세기 프랑스 유물론이 '기계론적 유물론'이라는 별칭을 얻은 데에는 이 책 제목의 역할을 무시할 수 없다. 그러나 실제로 라메트리가 인간과 기계의 동일성을 주장했는지에 대해서는 생각해 볼 여지가 많다. 물론 그가 이 저작에서 인간을 기계에 비유한 부분을 찾아 인용하기는 어렵지 않다. 예를 들어 그는 "인체는 스스로 태엽을 감는 기계"[10]라고 단언하면서 "그러므로 인간은 기계라고 과감하게 결론짓자."[11]라고 제안한다. 그러나 비유는 비유에 지나지 않으며, 인간은 기계라는 그의 언급은 그와는 상이한 철학적 기반을 가진 다른 많은 철학자들에게서도 찾아볼 수 있는 동일한 언급들과 마찬가지로 비유적 의미 이상을 내포하고 있지 않다. 그는 철학자이기 이전에 의사이자 생물학자였으며, 생명 현상의 특수성과 그 특수성이 지닌 철학적 의의에 대해 그 누구보다도 깊이 인식하고 있었다. 그러므로 『인간-기계』에서 라메트리가 사용하는 비유는 무엇보다도 논쟁적으로 해석되어야 한다.

실제로 라메트리가 그의 저작에서 주된 목표 중 하나로 삼은 것은 '동물-기계로서의 인간'과 '영혼을 부여받은 존재로서의 인간'이라는 데카르트의 심신 이원론적 인간관의 전복이다. 라메트리에 따르면 동물과 인간의 질적인 차이는 그리 크지 않다. "인간은 더 고귀한 진흙으로 반죽한 것이 아니다. 자연은 단 하나의 동일한 반죽밖에 사용하지 않았다. 다만 그 효소들을 다양하게 사용했을 뿐이다."[12] 따라서 인간에게 영혼을 인정한다면 동물에게도 어느 정도까지는 그것을 인정해야 하고, 그렇지 않다면 양자 모두에게서 영혼의 존재를 부정해야 한다. 보다 정확히 말하자면, 전통적으로 영혼이라고 일컬어지는 것의 특징으로 간주되는 인간의 모든 정신 활동은 첫째로는 다른 동물에게서도 저급한 형태로나마 관찰되며, 둘째로는 그 자체가 물질의 특수한 형태인 신체의 고유한 기능으로 이해되어야 한다는 것이 라메트리의 견해이다. 자신의 일원론을 증명하기 위해 그는 데카르트가 인간 영혼의 고유한 두 가지 특징으로 보았던 언어 구사 능력과 상황 대처 능력에 도전한다. 오랑우탄에게 언어, 적어도 수화를 가르치려는 그의 시도와 다른 동물에게도—그리고 어쩌면 기계에게도?—상황 대처 능력이 있다는 그의 주장은 앞으로 다른 이들이 계속 되풀이하게 될 것이다.

'체스 두는 터키인'

보캉송은 자신의 '장난감'을 멋지게 자랑한 다음 보다 '진지한' 일에 몰두한다. 그리고 보캉송은 끝까지 양심적인 기술자로 남는다. 그러나 모든 기술자 또는 과학자들이 항상 양심적인 것은 아니다. 켐펠렌Wolfgang von Kempelen이 만든 자동인형 '체스 두는 터키인'은 18세기 말 최대의 사기극 중 하나로 손꼽힐 만하다.

1770년 오스트리아 빈의 쇤브룬 궁전에서 처음 소개된 켐펠렌의 '체스 두는 터키인'은 터키식 옷을 입고 터번을 두른 실제 인간 크기의 머리와 상체를 가진 인형으로, 오른손에는 긴 담뱃대를 들고 있고 왼손은 큰 나무 상자 위에 놓여 있다. 나무상자는 대략 길이 110센티미터, 너비 50센티미터, 높이 75센티미터이고 그 위에

〈체스 두는 터키인〉, 카를 고틀리프 폰 빈디슈의 동판화(1783)

사방 약 50센티미터 크기의 체스판이 올려져 있다. 켐펠렌은 '공연'을 시작하기 전에 나무 상자 앞면에 있는 문을 열어 그 안에는 기계장치들이 있을 뿐, 어떤 속임수도 없다는 것을 과시한다. 그러나 실제로 그것은 눈속임에 불과하고 그 안에 사람이, 보다 정확히 말하자면 꽤 실력 있는 체스꾼이 숨어 있다. 이 '자동인형'은 대부분의 인간 상대자들을 쉽사리 물리쳤을 뿐 아니라, 혹시 상대가 규칙에 어긋나는 수를 두면 그 수를 물릴 줄도 알았다. 이 자동인형은 엄청난 성공을 거두었고, 이어진 유럽 순회공연에서 벤자민 프랭클린Benjamin Franklin과 나폴레옹 황제를 비롯한 많은 적수를 물리쳤다. 이 기계를 상대로 승리를 거둔 몇 안 되는 인간 중에는 18세기 유럽 최고의 체스 고수였던 필리도르François-André Danican Philidor가 있다.

1804년 켐펠렌이 죽자, 이 자동인형은 메트로놈의 발명자로 알려진 멜첼Johann Nepomuk Mälzel의 손에 넘어간다. 멜첼은 이 기계를 미국으로 가져가 거기서도 흥행에 크게 성공한다. 1820년경이면 이 기계의 진실이 몇몇에게는 알려지기 시작하지만, 대중들에게는 비밀이 잘 지켜졌다. 이 자동인형은 1854년 필라델피아 국립극장의 화재로 인해 일부가 파손되었는데, 어떤 이들은 화재 속에서 이 기계가 '장군'이라고 외치는 소리를 들었다고 주장한다. 그것이 사실이건 아니건, 이 자동인형의 '영혼'은 이후 딥블루Deep Blue와 알파고 등 많은 후손을 통해 부활하게 된다.

이제 기계가 인간을 단순히 흉내 내는 것인지, 아니면 기계가 인간의 본질인지 확실하지 않다. 어쩌면 인간의 복제물이 인간의 본질을 인간보다 잘 구현할 수도 있다. 기계와 인간의 잠재적 동일성, 또는 기계와 인간의 통일 가능성이 주는 이러한 기대와 공포는 19세기 이후에는 문학과 여러 예술 장르를 통해 끊임없이 형상화될 것이다. 그리고 이 기대와 공포 역시 인간을 다시 묻는 행위의 정서적 원동력으로 작용할 것이다.

1. 에른스트 호프만, 『모래남자』(라영균 옮김, 사회평론, 2000). '모래 아저씨'라고 번역하는 것이 제일 어울릴 듯한 호프만의 이 작품은 1817년에 처음 출판되었다.

2. 메리 셸리의 『프랑켄슈타인』은 이듬해인 1818년에 출판되었다.

3. René Descartes, *Discours de la méthode* (Paris: Vrin, 2005), p. 120.

4. René Descartes, *Discours de la méthode*, p. 57.

5. Leibniz, *5e Ecrit à Clarke*, § 115-116, *Die philosophischen Schriften von G. W. Leibniz* (Berlin, 1875-90), t. VII, S. 417-418.

6. 이 일화에 관해서는 게이비 우드, 『살아 있는 인형』(김정주 옮김, 이제이북스, 2004), 30-33쪽 참고. 이 일화의 기원과 변형에 관한 보다 학술적인 해석은 Minsoo Kang, "Mechanical Daughter of René Descartes: The origin and history of an intellectual fable", *Modern Intellectual History*, 14-3 (2017), pp. 633-660 참고.

7. 에른스트 호프만, 『모래남자』, 79-80쪽.

8. Diderot et d'Alembert, *Encyclopédie ou Dictionnaire raisonné des sciences, des arts et des métiers* (Paris, 1751-1772), art. 〈Androïde〉, t. I, p. 448.

9. Paul-Laurent Assoun, "Généalogie du thème de l'«Homme-machine»", p. 40. 이 글은 그가 편집한 Julien Offray de La Mettrie, *L'Homme-Machine* (Paris: Denoël/Gonthier, 1981)에 수록되어 있다.

10. La Mettrie, *L'Homme-Machine*, p. 100.

11. La Mettrie, *L'Homme-Machine*, p. 151.

12. La Mettrie, *L'Homme-Machine*, p. 112.

원효에게 인간을 묻다
— 중생과 보살

남동신

> 이 세상에서 오직 나만이 존엄하다(天人中 唯我獨尊)!
>
> –『불본행집경』 권33

위 구절은 히말라야산맥의 남쪽 자락, 지금의 인도와 네팔의 접경지대에 있었던 작은 왕국 카필라의 왕자 고타마 싯다르타[석가모니]가 태어나자마자 처음으로 한 말이라고 전해진다. 곧이곧대로 읽으면 석가모니 자신만이 존엄하다고 해석할 수 있지만, 실은 그때까지의 자연이나 신 중심의 세계관에 맞서 인간의 존엄성 내지 주체성을 천명한 것이다. 불교의 인본주의적 속성을 이처럼 짧으면서도 강력하게 선언한 구절은 없다.

신에서 인간으로

불교는 기원전 6세기경 인도 사회가 직면하고 있던 제반 모순苦을 근원적으로 극복하기 위해 석가모니가 제시한 관념체계이다. 석가모니에 의하면, 인간을 포함한 모든 만물에는 독립적이고 고유한 실체가 따로 있지 아니하며諸法無我, 인간을 둘러싸고 있는 객관

세계 또한 영원불변한 것이 아니라 끊임없이 변화한다諸行無常. 우주 만물이 생성하고 소멸하는 이치가 바로 석가모니가 발견한 연기緣起인 것이다. 그런데 인간은 그러한 변화를 직시하지 못하고 우주 만물이 고정불변인 듯 착각하고 거기에 집착한다. 이처럼 변화하는 객관세계와 변화하지 않으려고 하는 주관 사이에서 모순이 발생하며, 이 모순으로 말미암아 인생[생로병사]이 괴로운 것이다. 더욱이 고정된 실체(자아)가 있다고 집착함으로써, 한평생 갖가지 행위業를 짓게 되는데, 그 업의 축적이 원인이 되어 다음 세상에서의 삶을 결정한다因果應報. 그렇게 해서 중생은 여섯 가지 삶의 길六道[1]을 수레바퀴처럼 영원히 굴러가게 되는데輪廻轉生, 정도의 차이는 있지만 어느 길이든 고통에서 완전히 벗어나지는 못한다.

석가모니는 이 영원한 고통의 사슬을 끊고자 한다면, 신에 대한 제사가 아니라 인간 스스로 집착을 끊고 수행을 통해 지혜를 키우라고 가르쳤다. 수행을 통해 지혜를 완성한 인간을 붓다Buddha: 覺者라 하며, 끝없이 이어지는 고통의 사슬에서 완전히 해방된 경지를 해탈 또는 열반이라고 한다. 열반이란 번뇌의 불꽃이 완전히 꺼진 상태를 의미하므로, 최종적인 열반은 죽음을 의미하게 되었다. 여기서 탄생을 고통의 시작으로 보고 죽음을 고통으로부터의 해방이라고 보는 불교 특유의 인생관이 드러난다.

석가모니는 여든이 되었을 때 가장 좋아하던 도시 바이샬리에서 최후의 하안거夏安居에 들어갔다. 그때 죽음보다 더한 격통이 엄습했으며, 그는 이를 초인적인 의지로 버텨냈다. 그런데 시종하던 아난은 스승이 돌아가실지도 모른다는 두려움에 지금까지 말씀하지 않은 가르침이 있다면 설법해 주기를 간청했다. 그러자 석가모니

는 이렇게 응답했다고 한다.[2]

> 자기를 의지하고 법을 의지하라(自歸依 法歸依).
>
> –『장아함경』 권2 「유행경」

현대인들에게 이 구절은 '자등명 법등명自燈明 法燈明'이란 말로 더 친숙하게 회자되고 있다. 당시 불교 교단은 인적·물적 자원을 전적으로 세속 사회에 의존하고 있었다. 그래서 석가모니는 제자들에게 국왕을 도둑처럼 경계하라고 당부하는 동시에 국왕에게 불법佛法을 수호해 줄 것外護을 특별히 부탁하기도 했다. 그는 출가수행자들이 국왕과 지나치게 가까워지거나, 반대로 국왕이 교단을 장악하려는 어떤 기도에도 반대했다. 심지어 스승인 석가모니 자신조차 숭배하지 말라고 하였다. 위의 구절은 정치적이건 종교적이건 외부의 모든 권위로부터 자유로운 상태에서 오직 수행자 자신과 보편적인 진리法, dhārma만을 믿고 따르라는 유훈이었다.

불교는 진리 앞에서 모든 인간은 평등하다고 보았기 때문에, 교단 내에서의 서열은 세속에서의 출신 성분四姓制과 상관없이 출가한 순서에 따라 정해졌다. 그리고 자신의 자질과 수행에 따라 과보果報가 정해졌다. 당연히 최종적인 과보는 붓다佛였는데, 부파불교部派佛教, 小乘에서는 석가모니만이 현생에서 유일하게 성불成佛한 인간이며, 나머지 모든 수행자들은 그 아래 단계인 아라한Arahan, 阿羅漢까지 도달할 수 있다고 굳게 믿었다.

그런데 기원 전후로 부파불교를 전면적으로 혁신하려는 대승불교운동이 전개되었다. 이들은 붓다에 대한 기존 관념을 뛰어넘는 대담한 주장을 하기 시작했다. 그것은 상반된 두 갈래로 진행되었다. 하나는 역사상 실재했던 인간 석가모니를 신비화하여 신적인 존재로 숭배하는 것이었으며, 또 하나는 다음과 같이 모든 수행자에게 성불의 문호를 완전히 개방하는 것이었다.

> 모든 중생은 다 부처가 될 자질을 가지고 있다(一切衆生 悉有佛性).
> –『대반열반경』 권6「여래성품」

이 구절은 대승불교도들이 『열반경涅槃經』을 새로 편찬하면서 핵심적인 메시지의 하나로 추가한 것으로, 소승 계통의 『열반경』에서는 찾아볼 수 없다. 5세기 초 이 경전이 한역된 직후부터 동아시아불교는 '모든 중생이 성불할 수 있다'라는 선언에 폭발적으로 호응했다. 그 결과 삼장법사 현장玄奘의 증언에 따르면, 7세기 중반 무렵 동아시아불교에서는 누구도 거역하기 어려울 정도의 확고한 신념으로 뿌리내렸다고 한다. 원효元曉의 인간관은 이러한 흐름을 배경으로 형성되었다.

여러 부류의 인간들

원효는 평생 자신의 인격적 완성을 위해 수행했을 뿐 아니라, 동시대 일반 대중의 종교적 구제에도 헌신했다. 그는 당시 동아시아에서 유통되던 대승불교의 주요 경전을 읽고 대략 77종 150여 권에 달하는 방대한 저작을 남겼다. 연구 범위가 폭넓으면서도 질적 수준이 높아서 한국불교는 물론 동아시아불교를 대표하는 사상가로 손꼽힌다.

원효상(『화엄종조사회전』)

아쉽게도 전체 저서 중에서 10퍼센트 남짓만 현재 전해지는데, 이들 현존 저서에서는 직접적으로 '인간이란 무엇인가?'를 질문하고 거기에 답한 글은 보이지 않는다. 후대인들의 저서에서도 인용된 흔적이 없는 것으로 보아, 애초부터 인간을 주제로 전론한 글은 없었던 것으로 추정된다. 따라서 여기에서는 원효의 글에 보이는 인간과 관련한 몇몇 용어를 검토함으로써, 원효 인간관의 윤곽을 파악하고자 한다.

'인간人間'은 중국 고대 문헌에 종종 보이며, 불교 문헌에서는 5세기 초 구마라집鳩摩羅什이 한역漢譯한 경전經典들에서 본격적으로 등

인간과 관련된 불교 용어

<table>
<tr><td rowspan="12">중생, 유정
sattva</td><td>천, 신
deva</td><td colspan="4"></td></tr>
<tr><td rowspan="7">인, 인간
manuṣya
nṛ
puruṣa</td><td>부처
Buddha</td><td colspan="3">석존 Śākya-muni, bhagavat</td></tr>
<tr><td rowspan="4">성인, 성자
ārya-sattva</td><td rowspan="2">보살
Bodhisattva</td><td>출가보살</td><td></td></tr>
<tr><td>재가보살</td><td>거사
gṛha-pati</td></tr>
<tr><td>성문
śrāvaka</td><td colspan="2"></td></tr>
<tr><td>연각, 독각, 벽지불
pratyeka-buddha</td><td colspan="2"></td></tr>
<tr><td>범부
pṛthag-jana</td><td colspan="3"></td></tr>
<tr><td>일천제
icchantika</td><td colspan="3"></td></tr>
<tr><td>아수라</td><td colspan="4"></td></tr>
<tr><td>지옥</td><td colspan="4"></td></tr>
<tr><td>아귀</td><td colspan="4"></td></tr>
<tr><td>축생</td><td colspan="4"></td></tr>
</table>

장한다. 이 말에 대응하는 산스크리트어는 세 가지 정도를 들 수 있다. 첫째는 'manuṣya'로서 '인민' 또는 '인간'으로 번역되며, 『법화경法華經』에서는 육도六道의 하나인 인간세계를 가리킨다. 둘째는 'nṛ'로서 남자 또는 영웅이란 뉘앙스를 띠며, 신 내지 천天에 대한 반대어이자, 역시 육도의 하나를 가리킨다. 셋째는 'puruṣa'로서 영혼이라는 뉘앙스가 강하며 '남자', '장부', '사士' 등 다양하게 번역된다.

원효는 구마라집이 번역한 『법화경』에 대한 주석서를 남겼기 때문에 '인간'이란 말을 알고 있었고, 현존하는 원효의 저서에서도 그 용례가 확인된다. 다만 용례가 총 10회 미만에 불과하며, 그 의미도 주로 생물학적 인간 내지 그러한 인간들이 살아가는 세계로 한정된다. 원효는 인도 이래의 지수화풍地水火風의 4대 요소로 구성되는 유한한 존재인 생물학적 인간에는 그다지 관심을 두지 않은 듯하다.

반면 그는 진리를 추구하는 인간, 즉 종교적 인간에 깊은 관심을 가지고 성찰했다. 그의 저서에서 가장 많이 등장하는 단어는 '중생衆生'이다. 중생은 산스크리트어 'sattva'의 복수형으로서, 생명을 가진 모든 것들을 총칭한다. 'sattva'는 번역가에 따라서는 감정[3]을 가진 모든 생명체라는 뜻의 '유정有情'이라고 번역하기도 한다. 그 경우 번뇌에 사로잡힌 상태를 끝없이 되풀이하는 모든 존재라는 의미도 있다.

'중생' 역시 구마라집이 한역한 『유마경維摩經』에 보이며, '유정'은 현장 이래 신역新譯 불교에서 즐겨 쓰였다. 현존하는 원효의 저서에는 9 대 1 정도의 비율로 '중생'이 압도적으로 사용되었다. 이처럼 'sattva'의 인도 어원은 모든 생명체를 가리키며, 동아시아불교에서 그 번역어인 '중생'과 '유정'은 인간에 대한 범칭으로 사용되었다. 단 원효의 '중생'은 사회적·종교적 약자에 초점이 맞춰지게 된다.

'인간'의 범칭으로서의 '중생'은 불교에서 여러 부류로 세분화된다. 첫 번째는 깨달은 사람覺者이라는 뜻의 붓다Buddha이다. 앞서 언급했듯이 기원 전후로 대승불교가 흥기하면서 붓다는 인간에서 점차 초월적인 존재로 신비화되었으며, 동아시아불교는 그러한 대승불교가 주도하게 된다. 대체로 한역漢譯 경전에서 붓다는 초월적인 존재이며, 불교도들의 절대적 신앙의 대상으로 인식되었다. 한중일 삼국에서 붓다의 번역어 불佚, 佛, 仏은 붓다가 외형상 인간이지만 초월적 능력을 갖춘 존재임을 여실히 보여 준다.

두 번째 부류인 성인聖人은 다시 연각緣覺, 성문聲聞 및 보살菩薩로 나뉜다. 연각은 'pratyeka-buddha辟支佛'의 번역어로 혼자 힘으로 깨달음을 이룬 사람獨覺을 의미한다. 애초에는 스스로 깨닫고 나서 아직 설법하기 이전의 석가모니를 가리켰는데, 대승불교에서는 후자에 초점을 맞추고 이를 이기적이라고 비판했다. 성문은 'śrāvaka'의 번역어로서 석가모니의 가르침을 듣고서 깨달음을 이루었지만 역시 남을 가르치지는 않는 사람을 의미했다. 원래는 출가든 재가든 석가모니의 설법을 들은 사람, 즉 불제자를 가리켰지만, 이 역시 대승불교에서는 자기만의 깨달음을 구하는 데 전념하는 출가자를 의미하게 되었다. 흥미롭게도 동시대의 자이나교에서는 반대로 재가자만을 가리켰다. 연각과 성문을 합쳐서 이승二乘이라고도 하는데, 대승불교에서는 이들이 자기 자신만의 깨달음을 추구하는 자들이라고 비난하는 뜻에서 소승小乘이라고 폄칭하였다.

대신 대승불교의 새로운 인간형으로 제시된 것이 보살이다. 보살菩薩은 'Bodhisattva'의 음사로서 'bodhi'(깨달음)와 'sattva'(중생)의 합성어이다. 원시불교와 부파불교에서는 29세에 출가하고부터 35세에 깨달음을 이루기까지 수행자 시절의 석가모니를 가리켰다. 대승불교에서는 이 개념을 확장해서 자신의 깨달음을 성취할 수 있지만 이를 잠시 보류하고 타인(중생)을 깨달음으로 인도하는 데 헌신하는 존재를 보살이라고 불렀다. 통상 대승불교는 재가신자가 중심이 된 불교혁신운동의 산물이라고 알려져 있는데, 재가신자

중에서도 경제적으로 부유한 사람, 이른바 '거사居士'는 재가보살로서 존경을 받았다.[4]

대승불교의 주인공인 재가보살[거사]의 종교적 사명은 '위로는 깨달음을 추구하고 아래로는 중생을 제도한다上求菩提 下化衆生'라는 말에 집약되어 있다. 이 슬로건은 중생 개념의 초점이 인간에 대한 범칭에서 사회적·종교적 약자로 이동하고 있음을 보여 준다. 대승불교에서 보살이 교화의 주체라면, 그 대상이 되는 중생은 범부凡夫에 가깝다. 범부에 해당하는 산스크리트어 'pṛthag-jana'는 평범한 인간을 의미하는데, 불교에서는 특히 어리석고 미혹한 사람, 또는 번뇌에 얽매여 있는 사람을 뜻한다. 원효는 교화를 매개로 하는 대승불교의 인간관계를 언급할 때는 성인(또는 보살)의 대칭 개념으로 범부를 종종 사용했다.

마지막으로 교화와 관련하여 일천제一闡提, icchantika를 언급해 두고자 한다. 일천제는 인도에서는 쾌락주의자 내지 현세주의자를 의미하는데, 불교에서는 어의가 변해서 선근善根을 끊어 구제받지 못하는 사람, 아무리 수행해도 절대로 깨달을 수 없는 사람이라는 의미를 띠게 되었다. 5세기 초 『열반경』이 전해진 이래로 동아시아 불교도들은 일천제를 포함한 모든 사람은 누구나 다 불성佛性을 갖는다는 일성설一性說을 당연한 진리로 받아들였다. 그런데 7세기 중반 현장에 의하여 불성佛性이 없는 사람도 있다는 오성설五性說이 강력히 제기되었고, 그것을 주요 교리로 하는 종파가 출현하면서 불성을 둘러싼 논쟁은 동아시아불교의 주요 쟁점으로 부상했다.[5]

모든 인간은 진리(법) 앞에서 평등하다는 이상과 깨달음 앞에서 차별적으로 존재하는 현실, 이 양자를 어떻게 조화시킬 것인가? 직접적으로 일천제와 같이 불교를 전혀 믿지 않는 사람들을 어떻게 교화할 것인가는 원효로서도 풀어야 할 중요한 사상사적 과제였다.

이타적 인간관 그리고 중생제도

원효는 동시대의 다른 불교사상가들과 마찬가지로 인간의 몸과 마음을 이분법적으로 이해해서, 더럽고 유한한 인간의 육신을 떠나 청정무구한 마음으로의 회귀 내지 지혜의 완성을 추구했다. 즉 인간의 육신보다는 인간의 내면적 각성을 중시했다.

앞서 언급한 여러 용어 중에서 원효의 저서에 가장 많이 등장하는 것은 보살과 중생이다. 대승불교에서 이 둘은 교화를 매개로 맺어지는 인간관계의 양자이다. 무엇보다도 원효는 이러한 인간관계가 성립하는 철학적 토대를 마련하는 데 집중했다. 그것이 바로 세계와 운명의 주체로서의 인간 정신(마음)에 대한 탐구였으며, 그렇게 해서 원효가 최종적으로 제시한 개념이 '일심一心'(한마음)이었다.

원효에 따르면, 우주 만물의 궁극적인 근원은 일심이다. 객관세계는 인간의 인식 작용을 떠나서 독립적으로 존재하는 것이 아니며三界唯心, 우주 만물은 일심의 유전流轉에 불과하다一切唯心造. 중생도 여기서 예외일 수가 없다. 일심의 유전이라는 점에서 모든 중생은 본질적으로 평등하다. 보살로 대표되는 성인은 청정무구한 일심을 온전히 회복한 사람이며, 범부로 상징되는 중생은 무명無明이나 번뇌에 의해 일심이 가려지거나 왜곡된 사람을 말한다. 여기서 보살은 자신의 깨달음을 잠시 보류하고 중생제도를 다른 모든 가치보다 우선하는 존재이다. 중생은 보살의 교화에 의해 무명과 번뇌를 제거함으로써, 청정한 일심을 회복할 수 있게 된다.

직산의 무덤 속에서 원효가 모든 것이 마음먹기 나름임을 깨닫는 장면
(『화엄종조사회전』)

이처럼 원효는 구성원 상호 간의 관계에 있어서 대립과 갈등보다는 이타적인 인간관에 근거한 보살행菩薩行을 적극 권장했다. 그 스스로 재가보살居士로 돌아가서 지역과 신분과 문화를 달리하지만 본질적으로 평등한 인간의 내면적 각성을 촉구했고, 그렇게 함으로써 새로운 이상사회淨土를 이 땅에서 구현하고자 했다.[6]

한편 원효에게 있어서 '일심'은 '중생심衆生心'과 동의어였다. 『삼국유사三國遺事』는 그가 중생 중에서도 출신 성분이 미천한 사람, 짚신장수와 그 처인 노비, 화전 경작민, 푸줏간 주인 등과 같이 사회·경제적 약자들과 어울린 수많은 일화를 전한다. 그들을 교화하기 위해서는 엄격한 계율을 지켜야 하는 사원에서 나와 그들의 일상

적인 삶 속으로 들어가 함께 어울려야만 했다. 교화의 방식은 그들의 삶만큼이나 다양할 수밖에 없었다. 원효의 또 다른 전기인 『송고승전宋高僧傳』 원효전에서 "사람을 교화함이 일정치 않았다."라고 한 말은 이 점을 지적한 것이다. 실제로 그는 중생제도를 위해서라면 망설임 없이 계율에서 금하는 술집이나 기원棋院을 드나들었다. 그에게 중생제도는 다른 모든 가치보다 고귀한 것이어서 중생제도를 위해서라면 마치 하지 못할 행동이 없다는 듯이 하여, 마침내는 요석공주瑤石公主와의 만남으로 파계 끝에 환속하기에 이르렀다.

원효가 중생을 제도하기 위한 방편으로 제시한 것은 정토淨土신앙이었다. 특히 불교의 이상향인 극락정토로 왕생할 수 있는 요건으로 그가 제시한 것은 '귀로 경명經名을 듣고 입으로 부처의 이름을 외우는 것'이 전부일 정도로 간단명료했다. 또한 그는 삽, 바리때(발우), 삼태기, 춤, 노래 등과 같은 일상적인 물건이나 언어를 즐겨 사용했다. 다만 정토신앙을 받아들이되, 현실과 동떨어져서 별도로 존재하는 정토를 강조하지는 않았다. 그는 "오염된 사바세계穢土와 청정한 극락은 본래 일심(한마음)이다."라고 하여, 정토 역시 인간의 내면에서 찾고자 했다. 그것은 검증할 수 없는 내세의 이상향보다는 현실에서 고뇌하는 중생들의 실존적인 문제를 직시했기 때문이다. 그래서 모든 것을 마음의 문제로 귀일해서, 청정무구한 자신의 일심을 깨달음으로써 현실에서 정토를 구현하고자 했다.

이처럼 원효의 인간관은 인간一心 중심의 세계관에 근거한 이타적 보살행이라고 할 수 있다. 그의 인간관은 삼국 간의 오랜 대립과 전쟁이 종식되고 마침내 통일신라시대로 이행하던 시기에 새로운 사회가 나아가야 할 비전을 제시하고 실천한 의의가 있다. 통일신라시대를 연 중대中代 왕실이 원효와 요석공주의 결합을 인정하고 그 소생인 설총薛聰을 관직에 발탁한 것은, 그의 인간관이 시대정신에 부응했음을 시사한다. 그래서 13세기의 불교사가인 일연一然이 무지몽매한 사람들조차 다들 부처의 이름을 알고 모두 '나무南無'를 칭할 수 있게 된 것은 원효 덕분이라고 하여, 그의 중생제도행을 높이 평가했던 것이다.

이와 같이 원효는 유심론의 관점에서 인간의 내면세계를 탐구하는 데 전력을 기울였다. 반면 인간의 육신이라든가 인간을 둘러싼 자연 환경에 대해서는 별다른 언급을 하지 않았다. 그런 점에서 그의 인간관은 불교 중에서도 교종教宗의 인간관에 해당한다고 볼 수 있다. 인간의 보편적 마음에서 수행자 개개인의 마음으로 무게 중심이 이동하며, 마음과 더불어 몸의 가치를 새롭게 발견하고 육체노동을 수행의 하나로 격상시킨 것은 원효로부터 일이백 년이 지난 선종禪宗에 와서였다.

1. 천(天)·인(人)·아수라(阿修羅)·지옥(地獄)·아귀(餓鬼)·축생(畜生)을 말한다.

2. 성열, 『고따마 붓다: 역사와 설화』 (문화문고, 2008).

3. 희(喜)·노(怒)·애(愛)·락(樂)·애(哀)·오(惡)의 육정(六情)을 말한다.

4. 그중에서도 원효는 불교 역사상 가장 유명한 거사이자 『유마경(維摩經)』의 주인공이기도 한 유마거사(維摩居士)를 자신의 롤 모델로 삼았다. 남동신, 『원효』(새누리, 1999) 참고.

5. 김성철 외, 『동아시아에 있어서 불성·여래장 사상의 수용과 변용』 (씨아이알, 2013) 참고.

6. 원효는 자타가 인정하는 '초지(初地) 보살'이었는데, 경전에 따르면 초지보살은 중생들이 가지고 있는 불성을 눈으로 볼 수 있으며, 자신의 몸을 100개로 분신할 수 있는 신통력을 지녔다고 한다.

누가 인간이고, 인간이 아닌가
ㅡ '인간'의 경계: 유럽 유대인의 경우

최윤영

프랑스 인권선언의 내용은 주지하다시피 모든 인간은 자유롭고 평등하게 태어났다는 것이지만 실제 입법 과정에서 모든 사람이 이 '인간'에 당연히 포함된 것은 아니었다.[1] 프랑스 대혁명에서도 모든 사람들이 다 같은 인권을 보장받은 것은 아니었고, 특수집단들의 경우 의회에서 논의를 거쳐 인정을 받아야 했다. 자신을 보편적 인간으로 규정할 때에는 자아정체성뿐만 아니라 유럽 사회의 소수집단으로서 주류사회와의 관련 속에서 타자적 정체성도 중요했다.

보편적 인간, 시민으로서의 유대인

이러한 맥락에서 여기에서는 유럽 유대인의 역사에서 중요했던 두 분기점을 살펴보고자 한다. 하나는 보통 유대인의 해방을 가져왔다고 일컫는 시기, 즉 계몽주의로부터 프랑스 대혁명을 거쳐 보편적 인권과 더불어 한 국가의 시민권을 얻는 시기까지의 해방의 움직임이고, 다른 하나는 이들의 시민권을 점차 부인하고 종국적으로는 생명권까지 부인하는 소위 최종해결안까지 가는 배제의 움직임이다. 전자가 유럽에서 유대인을 공식적으로 시민권을 가진 '인간'으로 받아들이게 된 '포함의 시기'라면, 후자는 다시 보호받지 못한 이방인 '유대인'으로서 시민권과 생존권을 박탈하는 '배제의 시기'라 할 수 있다. 이 글의 관심은 이러한 상반되는 두 흐름에 어떠한 담론들이 생산되어 유대인을 인간으로 포함했다가 배제하는지를 살펴보는 데에 있다. 이러한 질문은 다문화사회, 세계화 시대를 살아가는 현재의 우리에게도 시사점이 클 것이다.

계몽주의와 유대인 개선론

유럽의 계몽주의자 중에서 독일의 계몽주의자들이 특히 유대인의 해방에 관심이 많았다. 대표자로 18세기의 극작가 고트홀트 에프라임 레싱Gotthold Ephraim Lessing과 유대인 철학자 모제스 멘델스존Moses Mendelssohn을 들 수 있으며 이들은 계몽주의와 '관용Toleranz', 특히 종교의 관용에 관심이 많았다. 레싱은 희곡 『유대인들*Die Juden*』(1749)과 『현명한 사람 나탄*Nathan der Weise*』(1779)을 써서 무대에 올림으로써 유럽 기독교 사회에서 유대인을 최초로 선하고 현명한 인물로 등장시켰다. 계몽의 정의를 자신의 오성을 스스로 사용하는 데 둔 임마누엘 칸트Immanuel Kant와 동시대인이었던 투철한 계몽주의자 레싱은 권위 같은 외부적 요건뿐 아니라 선입견과 편견 같은 내부적 요건이 개인이 자신의 이성을 사용하는 것을 방해한다고 생각했다. 그는 종교의 관용 문제와 관련해 유럽 기독교 사회가 가진 유대인에 대한 선입견과 편견을 드러내고, 이 편협함을 문제시하기 위해 '성격희극'이라는 형식을 사용했다. 즉 등장인물들을 특정 성격의 대변자로 등장시키고 전체 사건을 비극이 아니라 희극으로 끝나게 만들었다. 『유대인들』은 강도 사건의 용의

자로 억울하게 누명을 쓴, 이름 없는 유대인 여행객을 등장시켜 그의 누명을 벗기면서 동시에 그가 피해자를 구한 선한 인간이었다는 반전을 통해 관객들에게 유대인의 인간적 면모를 보여 준다. 또한 극 중에서 “두 민족 사이에 믿음과 정직함이 있으려면 두 민족이 똑같이 많은 노력을 경주해야 한다.”라는 계몽주의적 해결안도 내놓고 있다.[2] 즉 다시 말해서 유대인뿐 아니라 주류사회도 같이 노력을 해야 한다는 것이다.

이보다 30년 뒤에 나온 희곡 『현명한 사람 나탄』에서는 주인공인 유대인 나탄으로 하여금 반지의 우화를 통해 종교적 관용을 이야기하고, 기독교, 이슬람교, 유대교 모두가 참다운 종교로서 나아갈 방향을 제시하게 한다.[3] 또한 여러 종교를 대표하는 인물 사이의 가족애, 형제애와 사랑, 우정을 강조한다. 이러한 계몽적 포용 정신과 이를 체현하는 현명한 인물 나탄은 셰익스피어의 『베니스의 상인』에 나타난 기독교의 배타적 사회와 악인으로 형상화된 샤일록에 대한 레싱의 대답으로 이해할 수 있다. 이 작품은 평생의 절친이었던 유대인 지식인 모제스 멘델스존을 모델로 한다. 모제스 멘델스존은 유대교와 계몽주의의 이성을 결합시킨 인물로서 유대인 내부에 ‘유대인 계몽주의’인 하스칼라Haskalah를 일으켰다. 그는 철학 관련 서적을 여럿 출판했고, 유대인들에게 독일어를 배우고 유럽의 근대 문화에 동참할 것을 주장했다. 다른 한편 유대교 경전들을 독일어로 번역하고 이에 대한 저술을 하여 유럽인에게 유대인의 문화를 알리기 위해 노력했다. 양방향을 향한 그의 이러한 노력의 바탕에는 유럽이 이성에 기초한 사회로 진보할 것이라는 믿음이 있었다.

이들과 더불어 프로이센에서 유대인 해방에 결정적 역할을 했던 중요한 지식인으로 경제와 법 지식이 해박했던 관료 크리스티안 빌헬름 폰 돔Christian Wilhelm von Dohm을 들 수 있다. 그의 대표작 『유대인의 시민적 개선에 관하여*Über die bürgerliche Verbesserung der Juden*』(1781)는 당대뿐 아니라 후대에도 큰 영향을 남겼다.[4] 이미 책 제목 자체가 그의 혁신적인 유대인 담론, 즉 개선론을 보여 준다. 즉 그는 책의 수신인으로 상정된 기독교 유럽인들에게 중세의 유대인에 대한 차별과 배제 담론에서 벗어나 이제 그들을 인간으로, 동등한 시민으로 받아들이자고 권하면서 동시에 그 전제조건으로 유대인들에게는 '시민'으로 스스로를 개선하라고 주장하기 때문이다.[5] 유대인 문제를 해방이 아니라, 즉 그들만의 문제가 아니라 유럽시민과 동등한 권리와 개선론에 둔 것은 계몽주의적 담론의 큰 특징이다. 돔은 저서에서 관료의 입장에서 유럽 대다수의 나라가 인구 증대를 통해 부를 증강시키려는 노력을 하면서도 같은 도시에 사는 다수의 유대인을 배제하는 것은 모순이라고 주장한다. 그리고 유대인의 본성이 사악하고 타락해서 동등한 시민이 될 수 없다는 기독교인들의 주장은 원인과 결과를 혼동하는 것이라고 설명한다. 당대 유대인의 성격이 악한 까닭은 그의 생각에는 두 가지 원인이 있었다. 첫 번째는 수 세기 동안 정부와 법이 그들의 자유와 권리를 억눌렀기 때문이고, 두 번째는 유대인이 가질 수 있는 직업으로 상업과 유통업만 허용되어 모든 것을 이익과 손실의 관점에서 편협하게 생각하게 되었기 때문이다. 유대인들이 가진 이러한 단점과 악함을 개선하기 위해서는 국가가 그들을 위한 개혁을 단행해야 하는데, 유대인이 농업이나 수공업 등과 같은 다양한 직업을 선택할 수 있도록 자유를 주고 그들을 법적으로 동등하게 대우해 준다면 상황이 현재보다 개선되어 이들이 더 행복해질 것이고, 그러면 국가에 보다 유용한 사람들이 될 수 있을 것이라고 보았다.[6] 이와 더불어 돔은 주류사회가 그들의 선입견과 편견을 없애야 한다고 주장했다.

> 유대인들의 도덕적 개선과 더불어 기독교인들이 그들의 선입견과 사랑이 부재한 신념을 버리는 일이 동시에 이루어져야 한다. 어린 시절부터 일찌감치 기독교인들은 유대인들을 형제와 동포로 대하는 법을 배워야 하는 것이다.[7]

이러한 유대인들의 계몽주의 해방운동은 프로이센에서 시작되었지만, 흥미로운 것은 이 운동이 프랑스의 유대인 해방운동과의 상호 교류 속에서 발전해 나갔다는 사실이다. 유럽에서 독일은 계몽주의가 뒤늦게, 그것도 프랑스의 영향을 받아 이루어졌고 위로부터 이루어져 후진적이라는 평가가 일반적이다. 이와 달리 유대인 해방이라는 점에 있어서는 프랑스가 독일의 사상에 영향을 받아 유대인 해방을 이루게 된다. 돔이 쓴 혁신적인 글은 사실 프랑스 유대인 사회의 청원에 의해 작성되었다. 프랑스의 유대인들은 지역별로 사정이 달랐는데, 알자스 지방 유대인들은 자신들의 사회적 상황 개선과 인권 개선에 대하여 당국에 계속 청원을 넣었으나 번번이 거절당하고 있었다. 또한 당시에는 특히 동프랑스에서 유대인을 고리대금업자로 폄하하고, 유대인의 사업 방식이 부당함을 들어 농민들과 적대적 관계로 몰아가고 또한 귀족과 성직자의

모제스 멘델스존은 유대인 계몽주의자로서 레싱과 미라보에 큰 영향을 주었다.

편에 서 있다고 매도했던 비방 여론이 널리 전파되고 있던 시기였다.[8] 그래서 유대인들은 독일의 유명한 유대인 철학자 멘델스존을 찾아가 자신들을 위해 글을 써 달라고 부탁했고, 이때 멘델스존이 돔에게 부탁을 하여 이 책이 나오게 된 것이다.

당시에 베를린을 여러 차례 방문했던 프랑스의 혁명가 미라보Mirabeau도 「모제스 멘델스존과 유대인의 정치적 개선에 대하여」(1787)라는 글을 써서 돔과 멘델스존의 사상을 소개하면서 프랑스인들 가운데 유대인에 대한 이해를 넓히고 유대인의 시민권에 대한 지지를 호소했다. 두 글은 제목의 유사성이나 글을 쓰게 된 계기 등에서 보듯 멘델스존의 계몽주의 사상이 핵을 이루고 있다.

이러한 유럽 계몽주의 유대인 담론의 공통점은 유대인의 '개선론'이었다. 이는 유대인은 개선되어야 하고, 또한 개선될 수 있다는 믿음에 바탕을 두고 있었다. 이 유대인 개선론은 프랑스 대혁명과 맞물려 중요한 역할을 했는데, 혁명의 과정에서 유대인이 다른 모든 인류처럼 보편적 인권을 보장받은 것은 결코 자명한 일은 아니었기 때문이다. 프랑스의 유대인은 그 수가 적었음에도 불구하고 사회적 지위가 불안정했고, 또한 혁명 초기에는 살생부 명단의 맨 앞줄에 종교인들과 나란히 올라 있었다. 프랑스 대혁명의 와중에서 유대인이 보편적 인권을 인정받는 데 중요한 역할을 했던 사람으로는 미라보와 함께 '유대인의 벗'으로 알려진 앙리 장-밥티스트 그레구아르 신부Henri Jean-Baptiste Grégoire를 들 수 있다.[9] 그는 1788년 메스 왕립 과학예술협회에서 나온 콩쿠르의 주제인 "프랑스에서 유대인을 더 행복하고 더 유용하게 만들 방법이 있는가?"에 대해 「유대인의 육체적·도덕적·정치적 재생에 대한 시론Essai sur la régénération physique, morale et politique des juifs」이라는 글을 제출해 수상하였고, 이 글은 다음 해인 1789년 책으로 출간되었다.[10] 여기에서도 마찬가지로 유대인의 개선과 재생이 화두였다. 이 책에서 그레구아르는 유대인의 당시 상황을 다양한 각도에서 조명했는데, 돔과 마찬가지로 유대인의 결점이라 지적된 고리대금업은 기독교 사회가 그들을 잘못 대접한 데 기인하므로 사회가 그들에게 일하고 재산을 모을 기회를 주어 상황을 개선해 주면 유대인도 개선될 것이라 주장했다. 또한 유대인들에게는 프랑스 시민사회에 동화할 것을, 무엇보다도 프랑스어를 배워 언어적으로 동화할 것을 요구했고, 당대의 유대인에 대한 편견을 지적하며 육체적·도덕적으로 그리고 정치적으로 개선을 위해 노력할 것을 주문했다. 그는 이후에도 삼부회 대표로서 유대인의 인권을 위해 적극적으로 활동했고 1789년 10월에는 '유대인 동의안'을 제출했다. 1791년 9월 27일은 유대인의 역사에서 한 획을 그은 날이라고 할 수 있는데, 프랑스의 국민의회가 유대인 전체에 대한 해방안을 통과시켰기 때문이다. 이날 자코뱅당의 아드리앙 듀포르Adrien Duport는 연단에 올라 다음과 같이 연설했다.

> 나는 예배의 자유가 신앙에 근거해 정치적 권리를 구분하는 것을 금지한다고 확신합니다. 유대인의 정치적 존재를 다루는 문제는 유예되었습니다. 그럼에도 불구하고 무슬림들과 모든 다른 종교의 숭배자들에게는 프랑스에서 정치적 권리를 누리는 것이 허용되었습니다. 나는 이 유예 신청이 철회되고 프랑스의 유대인들이 완전한 시민권의 특권을 누리는 칙령이 내려지기를 요구합니다.[11]

반대가 있긴 했지만 표결을 통해 합법적으로 통과된 유대인의 인권에 대한 칙령은 유럽 유대인의 역사에 있어서 하나의 대사건이었다. 이는 그들이 프랑스에서만 시민권을 부여받은 것이 아니라 유럽 전체에서 보편적 인권을 보장받은 시발점으로 평가되기 때문이다. 이후 독일 지역의 여러 공국들 중 프랑스가 점령했던 라인강 서부지역부터 게토가 무너져 내리기 시작했다. 유대인의 정치적 해방은 유대인들로 하여금 그들만의 거주지였던 폐쇄된 게토에서 나와 이제는 유대인의 별을 달지 않고 해당 국가의 도시 어디에서나 시민으로서, 이웃으로서 살아도 될 권리를 얻었음을 의미했다. 유대인 개선론에 있어서 주목할 점은 이때 정치·경제·사회적 측면이 주된 논의의 대상이었고 그들의 종교는 아니었다는 것이다. 다시 말해서 유대인들은 유대교인으로 혹은 유대인 공동체로서 인정을 받은 것이 아니라, 개인으로서 시민으로 받아들여진 것이었다. 프랑스 대혁명이 종교를 국가의 하위에 두고 가톨릭 성직자들에게 특권을 박탈하던 당시 상황을 고려해 보면 유대교나 유대인 공동체도 관용될 수는 없었다. 오스트리아의 황제인 요제프 2세Joseph II도 관용 칙령을 내렸는데 그의 목표는 유대인에게서 그들의 특수성을 없애고, 유대인 개개인을 유용한 국가의 국민으로서 주변 환경에 적응시키는 것이었다.

독일의 유대인과 시민으로서의 개선

유대인 해방은 유럽대륙에서 19세기 내내 전진과 후퇴의 굴곡진 길을 거듭해 가면서 지속적으로 전개되어 1867년 오스트리아에서, 그리고 1871년 독일에서 유대인들은 시민으로서 완전한 권리를 부여받았다. 독일의 해방된 유대인들은 여러 그룹으로 분리되었다. 쿠르트 슈베르트Kurt Schubert는 이들을 크게 세 그룹으로 나누는데, 개종하고 세속화된 유대인, 전통을 고수한 정통 유대인, 그리고 하층민으로서 교육받지 못한 유대인들이다.[12] 유대인들은 베를린에서처럼 도시 지역 내에 자신들의 커뮤니티를 이루기도 했지만, 독일인 사회 속으로 들어가 개인으로 뿔뿔이 흩어지기도 했다.

당대 유대인 사회 내부에서 이러한 동화를 바라보는 시각은 동화를 주장하는 파와 유대인의 정체성을 가지고 통합하자는 파로 나누어졌다.[13] 시민사회에 통합되려는 유대인의 혁신 노력은 정도의 차이는 있지만 거의 모든 분야에서 다양하게 전개되었다. 유대교의 전통 예배 형식에 합창이나 오르간, 설교대 등 신교의 예배 형식을 일부 받아들여 전통적인 유대교 종교의식을 개혁하려는 '신심과 헌신Erbauung und Andacht' 같은 사회운동도 있었고, 더 적극적으로 하인리히 하이네Heinrich Heine가 "유럽 사회로 들어가는 입장권"이라 불렸던 기독교도로의 세례를 받은 경우도 많았다.[14] 이들은 유럽 시민국가가 문호를 개방한 교육, 특히 고등교육의 기회도 적극 이용했고, 19세기 중반부터 시작된 독일의 산업혁명에 적극적으로 뛰어들었다. 개선론이 기대한 것처럼 유대인은 독일의 산업과 경제 부흥에 크게 기여했고, 민족국가 형성에도 참여해 독일 사회의 후진성 개선에 기여했다. 또한 유대인들은 이제 시민이자 이웃으로 다가와 비유대인들과 소위 '혼합결혼Mischehe'을 하는 사례도 계속 증가하여 20세기 초에는 전체 유대인 결혼의 1/5, 그리고 나치 집권 시에는 1/3에까지 이르렀다. 유대성을 버리고 독일 시민으로 동화되려는 이 같은 노력은 당대의 유대인 내부에서도 비판적 평가를 받았지만, 이 추세는 지속적으로 확대되었다. 이스마 엘보겐Ismar Elbogen의 지적처럼 "대다수 독일 유대인들은 반유대주의를 해결하고 완전한 사회적 동화를 보장해 줄 보편적인 진보에 대한 믿음을 계속 간직하고 있었다."[15] 후에 한나 아렌트Hannah Arendt 등은 이러한 동화를 외면상의 표피적인 해방이라고 비판했다. 유대인들이 박해받는 "파리아pariah"로서의 유대인으로 머물렀어야지, "파베뉴parvenu"로 변절함으로써 결국 정체성도 잃어버리고 동화에도 실패하여 서부유대인들은 막다른 골목에 다다르게 되었다고 부정적으로 평가한다.[16]

시민에서 다시 '유대인'으로

계몽주의 유대인 담론의 핵심은 유대인이 시민으로서 개선되어야 한다는 주장과 더불어 유럽 기독교 사회도 이들을 포용하고 마찬가지로 개선되어야 한다는 데 있었다. 그러나 갑작스럽게 시작된 유대인의 해방이 19세기에 진행되는 동안 친유대주의뿐 아니라 반유대주의는 유럽의 주류사회에 여전히 잠복하고 있었고 유대인의 사회 진출과 더불어 확산되고 있었다. 이전의 반유대주의가 기독교인과는 '다른' 유대인의 종교나 문화를 겨냥하고 있었다면, 19세기부터는 시민권을 얻어 경제와 산업, 정치, 교육과 문화 등 기독교인과 같은 분야에서 활동하는 유대인 자체를 향한 것이 다르다고 할 수 있다. 이 과정을 막스 디몬트Max I. Dimont는 전 유럽의 역사에서 광범위하게, 엘보겐은 독일의 계몽주의에서 파괴까지에 집중해서 각기 저서에서 소상하게 밝히고 있다.[17] 이들은 유대인의 해방 과정과 평행하게 반유대주의도 계속적으로 변모하고 있었음을 공통적으로 지적한다. 사회구조나 계층의 시각에서 반유대주의를 밝히려는 입장들은 19세기 독일 사회의 변동에 주목한다. 통일 민족국가로 가는 큰 변혁과 수차례에 걸친 외국과의 전쟁, 그리고 근대화와 산업화라는 사회구조 변동이 맞물려 일어나면서 자수성가와 신분 상승을 이룬 많은 사회계층이 생겨난다. 그러나 사회탈락자층과 변화에 적응하지 못해 낙오되는 사회계층 또한 생성되었고 반유대주의는 이들에게서 특히 광범위하게 수용되어 유대인들은 속죄양이 되었다.[18]

혹은 유대인의 해방이 광범위한 사회 저변의 동의나 합의, 시민의식에 대한 계몽 없이 위로부터 이루어졌다는 점에 주목하기도 한다. 독일적 상황이 갖는 특수성을 엘보겐은 다음과 같이 지적한다. "유대인 해방이 자유주의 노력의 직접적인 결과물이 아니라, 권력 국가에 의해 이루어졌다는 사실은 독일 내 기독교도와 유대인 간의 관계에서 특수한 비극이었다."[19] 독일제국 건설과 더불어 독일의 유대인들은 완전한 시민권을 보장받았지만 반유대주의의 목소리도 커져 갔는데, 많은 학자들은 집단주의로서의 민족주의 문제를 들기도 한다. 민족은 오늘날 '상상의 공동체' 혹은 '구성물Konstruktion'로 이해된다. 그러나 독일제국이라는 신생 민족국가는 당시에 계몽주의적 민족 개념이 아니라 원시적·생물학적 민족 개념을 주로 강조했고, 독일적인 것과 기독교적인 것을 그 내용으로 강조하면서 사회 일각에서 배타적인 담론들이 지속적으로 생산되었다. 또한 독일의 민족국가 형성기에 강화되었던 '친구와 적'이라는 이분법은 전쟁 시기에는 외부로 향했지만 그 지칭 대상과 방향이 내부로 바뀌어 언제든지 반유대주의와 결부될 위험이 있었다.

반유대주의는 정치적·사회적 상황과 대중의 고정관념과 무의식에 기반하여 계속 재생산되었다. 하인리히 폰 트라이치케Heinrich von Treitschke나 오이겐 뒤링Eugen Dühring 같은 학자들도 배타적인 '민족' 개념에 바탕을 두고 반유대주의를 뒷받침하는 이론들을 제공했고, 그중 아돌프 슈퇴커Adolf Stoecker와 파울 라가르데Paul de Lagarde 같은 기독교적, 혹은 반문명주의 계열의 반유대주의도 영향력이 컸다. 이러한 유대인 담론들의 공통점은 시민으로 해방된 개인이 아니라 특정 집단으로서의 유대인과 유대성을 문제시했다는 점이다.

특히 2천 년간 유럽에 있었던 유대인 증오Judenhass는 19세기 후반에 반셈주의Antisemitismus로 그 성격이 바뀌었다는 데에 가장 큰 특징이 있고, 반셈주의의 핵심에는 유대인의 "인종Rasse" 혹은 "민족성Volkstum"에 대한 특수성 담론이 자리 잡고 있었다.[20] 19세기를 거치면서 통합되어 이웃으로 다가온 유대인은 이제 외관이나 문화로 구분이 어려워졌지만, 여전히 민족과 인종이 다르고 피와 혈통으로 구분할 수 있다고 주장했던 것이다. 즉 유대인을 생물학적·인종학적으로 특정할 수 있다고 주장했던 반셈주의는 유대인 동화라는 역사적·사회적 현실을 반영하고 있었다. 진화론, 생물학, 우생학, 유전에 대한 학설 등은 이러한 새로운 혐오 담론들에 이론적·학술적 근거를 제공했다.

문화적 차이를 자연적 차이로 환원시키려는 시도는 도처에서 찾아볼 수 있다. 아르튀르 드 고비노Arthur de Gobineau, 휴스턴 스튜어트 체임벌린Houston Stewart Chamberlain뿐 아니라 자신이 유대인이었던 오토 바이닝거Otto Weininger까지 유대인의 민족적·인종적·성격적 특수성을 지적하면서 유럽 전역에 심리·육체적인 반유대주의를 확산시켰다. 체임벌린 같은 경우 아리안 인종, 게르만족과 대비하여 유대종족을 유럽 기독교 사회에 낯설고 해를 끼치는 존재로 규정하고, 이들은 혼혈을 통해 게르만족을 퇴화시키므로 모든 영향력을 차단해야 된다고 주장했다. 또한 유대인 같은 열등한 민족의 반대 극에 있는 북방의 "군주종족Herrenrasse"이야말로 세계를 지배하고 다른 민족들을 복종시킬 "자연적 권리"를 지녔다고 주장했다.[21]

히틀러와 국가사회주의당은 생물학적 근거를 바탕으로 한 인종적 반유대주의를 내세워 합법적으로 정권을 쟁취했으며, 이를 독일 민족 전체를 하나로 모을 수 있는 정치 수단으로 이용했

히틀러의 반유대주의
선동 영화
〈영원한 유대인〉(1940)

다. 1937년 나치가 개최한 '퇴폐미술전시회'의 '퇴폐'라는 단어는 'entartet'로서 진화 과정에서의 종의 퇴화를 의미하며, 유대인의 몸에 대한 담론은 당대에 큰 논란을 불러일으켰던 영화 제목 〈영원한 유대인Der ewige Jude〉에서 보듯 그들의 바뀔 수 없는 본성으로 자리매김한다. 더 나아가 이러한 자연과학적 특색을 띤 인종 담론들은 사회와 문화에 확산되어 법으로 규정되기도 했다. 1935년 9월 15일 뉘른베르크에서 선포된 '인종법'인 '독일의 혈통과 명예를 수호하기 위한 법률Gesetz zum Schutze des deutschen Blutes und der deutschen Ehre'에서는 '피/혈통'이라는 범주가 법률명에까지 등장하며 독일의 피는 독일의 명예와 결합하고 있다. 이 법은 유대인과 독일인의 혼합결혼을 금지시켰다. 같은 해 11월 14일의 '제국공민법Reichsbürgergesetz'도 앞서의 법처럼 독일인의 혈통을 주제화하지만

이 두 법은 나치가 계속 주장했던 것과 달리 독일인 혹은 아리아인을 인종적으로 규정하지 못하고, 그 반대로 비아리아인인 "유대인"의 개념을 규정했다.[22] 이때 유대인에 대한 판단 근거도 나치가 주장하듯 유대인의 몸(혈통)이 가진 자연(과학)적 특성이 아니라 관청의 가계, 족보에 있었고 조부모와 부모의 유대인 여부에 따라 유대인임을 가렸는데, 이는 결국 엄밀히 말하면 호적상에 기재된 종교에 따라 구분한 것이었다.

중요한 것은 이러한 반유대인 담론과 법률은 앞서 소개한 18세기 말에 나왔던 돔이나 그레구아르 신부 같은 계몽주의적 유대인 개선론의 대척점에 위치한다는 사실이다. 종교나 문화, 사회, 교육, 직업, 관습을 문제시한다면 유대인은 개선되거나 동화될 수 있지만, 타고난 몸과 혈통을 문제시한다면 유대인은 개선되거나 시민으로 포함되기 어렵기 때문이다. 실제의 배제 과정도 계몽주의 해방 과정과 반대 방향의 성격을 갖고 있다. 법률로 보장된 인권선언은 유대인을 인간으로 규정하고, 유대인을 게토에서 벗어나게 해주고, 유대인의 별을 떼어 주고 유럽의 보편시민으로서의 개선을 요구했다. 그러나 나치 집권부터 유대인을 다시금 유대인이라는 집단적 특수성으로 규정했고, 시민권을 순차적으로 제한하다가 박탈하기에 이르렀다. 또한 유대인 기업과 개인의 재산을 몰수하고 아리안화하며, 직업 활동을 봉쇄하고 생계 활동을 금하고, 유대인의 별을 다시 달게 하고, 결국 근대의 새로운 게토라 할 수용소에 분리 수용했다.

나치의 국가 이데올로기는 유대인 문제를 초기에는 노동의 관점에서 "노동이 자유케 하리라Arbeit macht frei"라는 성경을 빗댄 문구를 내세우며 마지막까지 노동력을 착취하거나 혹은 인종의 관점에서 유대인의 집단 이주, 제국 바깥으로의 추방을 기획했다면, 1941년에 내려진 유대인 문제에 대한 최종 해결안은 그들의 인간으로서의 존재 권리를 없애는 것이었다. 라인하르트 하이드리히Reinhard Heydrich의 주재하에 1942년 1월 20일 포츠담의 반제 호수에 나치들이 모여 '유대인 문제의 최종 해결안Endlösung der Judenfrage'을 의결했다. 이 법은 유대인이 국가의 보호를 받는 시민임을 거부한 것에서 더 나아가 인간으로서의 생명권을 빼앗는 법이었다. 1941년에 뉘른베르크 법의 구분에 따르면 16만 9천여 명의 유대인이 구제국에 살고 있었는데, 최종 해결안이 가결되고 집행되자 1944년에 그 수는 1만 4,500명으로 줄어들었다. 이와 같이 인간으로서의 포함과 배제는 주류사회의 결정에 따라 이루어졌다.

인간됨의 정의: '문화culture'에서 '자연nature'으로

유대인의 디아스포라가 있었던 2천 년 동안 유럽에서는 이방인 유대인에 대한 소위 '유대인 문제Judenfrage'가 지속적으로 제기되었다. 초기의 유대인 문제는 이방인인 유대인을 어떻게 대우할 것인가를 중심으로 다루어진 반면, 19세기 후반 이후에는 유대인을 어떻게 배제하고 추방할 것인가에 집중되었다. 19세기는 유럽의 서부유대인들에게 격동의 시기였다. 한편으로는 유대인의 해방 움직임이 확산되고 동등한 인간으로, 시민으로서 더 많은 가능성이 주어졌던 시기였지만 동시에 유럽의 주류사회가 유대인을 다시 '유대인'으로 특정하고 배제하려는 움직임도 커진 시기였다. 이 과정에서 많은 유대인 지식인들은 유대인을 다시 '인간'으로 보편화시키려는 다양한 저항운동을 벌이고 대항 담론들을 생산했다. 크게 보아 동화론, 사회계급론, 국제화론 등 이러한 담론들의 양태는 다양했다. 예를 들어 발터 라테나우Walter Rathenau는 유대인이 독일인으로 완벽하게 동화될 것을 주장했고, 카를 마르크스Karl Marx는 유대인 문제를 가지고 계급이 인종이나 민족에 우선한다고 주장했으며 실제로 많은 유대인들이 사회주의나 공산주의라는 대안을 택했다. 많은 예술가들은 국제화, 현대화를 통해 민족이나 지역이 아니라 인류 공통의 현대성과 보편성을 강조하려 했다. 물론 유럽에서 나타난 반유대주의적 현실에 대한 실망과 우려 때문에 이와 정반대로 유대인 정통파로 남거나 이스라엘로 이주하자는 테오도르 헤르츨Theodor Herzl의 유대인 시온주의, 유대인 민족주의라는 대안으로 기울기도 했다.

계몽주의와 인권을 주장했던 근대의 프로젝트는 실패했지만, '다양성을 반영한 하나'라는 목표를 가진 유럽의 프로젝트는 또다시 시도되고 있다. 과연 다문화사회와 대규모 난민 사태를 맞아 유럽은, 혹은 더 나아가 한국은 어떤 방향으로 나아가야 할까?

1. 프랑스 대혁명을 상징하는 자유, 평등, 박애 중 박애 개념이 최근 논란이 되고 있다. 최근의 연구들은 특히 여성이나 흑인, 혼혈인 등의 소수집단을 대상으로 이러한 점을 비판적으로 논의한다.

2. G. E. Lessing, Die Juden, *G. E. Lessing: Werke*, Bd. I (München: Hanser, 1979), S. 382.

3. 레싱의 작품과 유대인 해방에 대해서는 졸고 최윤영, 「이웃으로서의 이방인: 서유럽 유대인의 예를 중심으로」, 『시민인문학』 26(2014), 20쪽 이하 참고.

4. 이 저작은 그 중요성에도 불구하고 아직 한국에서는 거의 연구가 되지 않았다. Christian Wilhelm von Dohm, http://ds.ub.uni-bielefeld.de/viewer/image/91953/5/#topDocAnchor.

5. 폴 존슨은 이를 계몽주의 정신에서 해석하여 이제는 어떻게 억압하거나 추방할까가 아니라 어떻게 하면 가련한 유대인들이 미개한 유대적 방식에서 벗어나도록 도울 수 있을 것인가 하는 쪽으로 방향 전환이 이루어졌다고 지적했다. 폴 존슨, 『유대인의 역사 2』 (김한성 옮김, 살림, 2005), 297쪽.

6. 폴 존슨, 『유대인의 역사 2』, 302쪽.

7. D. Sosna, *Christian Wilhelm Dohm und Die bürgerliche Verbesserung der Juden* (München: GRIN Verlag, 2010), S. 99. 유대인의 상황을 개선하기 위해 1807년과 1812년에 내려진 프로이센의 칙령들은 뒤늦게나마 돔의 사상으로부터 영향을 받아서 이루어진 것으로 보는 것이 일반적이다.

8. Esther Benbassa, *Geschichte der Juden in Frankreich* (Berlin: Philo, 2000), S. 107 참고.

9. 그레구아르와 유대인의 시민권을 위한 노력 그리고 최근의 비판적 조류에 대해서는 양희영, 「그레구아르 신부와 프랑스 혁명기의 유대인 문제」, 『프랑스사 연구』 30(2014), 66쪽 이하 참고.

10. 이 책의 전문은 인터넷에서도 열람이 가능하다. "Essai sur la régénération physique, morale et politique des juifs", 2019. 12. 4. https://www.deutsche-digitale-bibliothek.de/item/IXRHSSACC6INL4NVEOHRO6B62JZGVX4U.

11. *Archives parlementaires*, tome 31, pp. 372-373 참고.
전문은 미국 스탠퍼드대학 도서관의 인터넷사이트에서 제공되고 있다. Archives parlementaires, 2019. 12. 4. https://frda.stanford.edu/en/catalog/gs562ck7014_00_0376.

12. Kurt Schubert, *Jüdische Geschichte* (München: Verlag C. H. Beck, 2017), S. 97 이하 참고.

13. 이에 대해서는 Peter Pulzer, "Warum scheiterte die Emanzipation der Juden?", Peter Alter et al. (Hrsg.), *Die Konstruktion der Nation gegen die Juden* (München: Fink, 1999), S. 273-286 참고.

14. 이에 대해서는 폴 존슨, 『유대인의 역사 2』, 320쪽 참고.

15. 이스마 엘보겐 외, 『로마제국에서 20세기 홀로코스트까지 독일 유대인의 역사』(서정일 옮김, 새물결, 2006), 265쪽.

16. 리처드 번스타인, 『한나 아렌트와 유대인 문제』(김선욱 옮김, 아모르문디, 2003), 45쪽 이하 참고.

17. 막스 I. 디몬트, 『유태의 역사』(김용운 옮김, 대원사, 1994); 이스마 엘보겐 외, 『로마제국에서 20세기 홀로코스트까지 독일 유대인의 역사』 참고.

18. 막스 I. 디몬트, 『유태의 역사』, 148쪽 이하 참고.

19. 이스마 엘보겐 외, 『로마제국에서 20세기 홀로코스트까지 독일 유대인의 역사』, 265쪽.

20. 반유대주의에 대한 상이한 역사적 고찰은 H. Dunk, "Antisemitismus zur Zeit der Reichsgründung", Peter Alter et al. (Hrsg.), *Die Konstruktion der Nation gegen die Juden* (München: Fink, 1999), S. 65-91, 제국건립기의 반유대주의와 인종담론에 대해서는 S. 75 이하 참고.

21. 최근의 연구 결과는 인종은 확고한 불변의 상수를 가진 개념이 아니고 시대와 사회에 따라 구분하는 특징도 변모하고 무엇보다도 경계선을 나누기가 어렵다는 점을 지적한다. 박경태 같은 경우 인종의 신체적 특성과 사회적 정의를 동시에 고려한다. 박경태, 『인종주의』(책세상, 2009), 11쪽.

22. 라울 힐베르크는 나치 집권 이후 유대인 파괴 과정을 자세히 밝히고 있다. 라울 힐베르크, 『홀로코스트 유대인의 역사 1』(김학이 옮김, 개마고원, 2008), 120쪽 이하 참고.

인간의
영혼과 의식

인간은 종교적인 존재인가 — 세속적 신비주의
영혼은 어디에 있나 — 고대 그리스의 인간
인간은 왜 꿈을 꾸는가 — 체르니솁스키와 도스토옙스키의 논쟁

인간은 종교적인 존재인가
— 세속적 신비주의

성해영

현대 사회는 종교에서 멀어졌다. 정치의 영역은 물론 교육, 경제와 같은 많은 분야가 예전과 달리 비종교적이며 세속화된 원리에 입각해 운영되고 있다. 종교적 세계관이 사회를 형성하고 유지했던 지배적인 지위를 잃게 된 것이다. 또 종교 그 자체의 영향력은 물론이거니와 종교인의 숫자도 급격하게 감소했다. 이런 상황에서 인간이 여전히 종교적인 존재인가를 묻는 질문은 시대에 뒤처질뿐더러, 시대착오적인 것으로까지 들리기 십상이다. 그러나 이 물음을 다룰 때 반드시 고려해야 할 현상이 20세기 이후에 새롭게 등장했다. 다음 인용문은 한 아일랜드 여성이 스물한 살 때 자신이 예기치 않게 한 체험을 16년이 지난 후에 보고한 것이다.

> 여전히 혼잣말로 질문을 던지고 얘기를 하며 걷다가, 절벽 끝에 이르러서 생각을 하고 있을 때 그 일이 갑작스럽게 일어났다. 초록색 절벽과 태양, 바다, 소리들이 어우러진 속에서 시공이 뒤틀리면서 '모든 것이 다 괜찮으며, 일체unity를 이룬다'라는 강한 긍정의 감정을 느꼈던 것이다. 나는 사색에 잠겨 있던 것도 아니었고, 무엇을 보거나 육체적

> 으로 느낀 것도 아니었다. 그것은 오히려 앎에 가까웠고, 그때인지 그 이후인지는 모르겠지만, 나는 기묘하게도 내가 더 이상 절벽 위에 있지 않고 존재의 충만함인 잿빛의 무시간無時間 속으로 튕겨져 들어갔다고 느꼈다. 나는 그것의 일부였다……. 나는 그때, 그 체험을 하기 전까지는 일체성이라는 것을 내가 모르고 있었다는 사실을 분명히 인식하게 되었다. 그것은 내가 앎의 주체로서 무엇을 인식하는 상태가 아니었다. '알고 있다'는 표현은 모호하다. 나는 무엇에 대해서 알고 있는 것도 아니고, '무엇이 어떠하다'라는 식으로 안 것도 아니다. 여기서 '안다'라는 표현은 내가 직접적으로 일체성을 경험했다는 의미이다. 체험 이후에 나는 정말로 경이로움을 느꼈다. 마치 '나는 뭐든 괜찮고, 걱정할 필요도 없고, 모든 것이 좋다'라고 환호하는 것처럼 느꼈다.[1]

이 경험담은 저명한 동물학자였던 하디Alister Hardy가 은퇴한 후 인간의 종교 체험을 본격적으로 연구하면서 수집한 자료 중 하나이다. 그는 자신의 평생 관심사였던 종교 체험을 탐구하기 위해 '종교체험연구센터RERC: Religious Experience Research Centre'를 설립하고 많은 체험담을 모았다. 앞서 인용한 사례는 1441번으로 채록된 것이다.[2] 이 여성은 한때 가톨릭 신도였던 적이 있지만, 체험을 한 당시에는 무신론자였다고 밝히고 있다.

하디가 수집한 1146번 사례도 비슷한 경험을 묘사한다. 삶의 배경이 정확하게 밝혀지지 않은 70대 후반의 영국 여성이, 자신이 십대 후반이었던 60여 년 전에 한 경험을 보고한 내용이다.

> 어떤 사건으로 인해 나는 큰 상처를 받았고 모멸감을 느꼈다. 나는 내 방으로 달려가 텅 빈 조개껍질처럼 스스로를 가치가 없다고 느끼면서 비참해하고 있었다. 그런데 이 절대적인 공백의 지점에서부터 나는 마치 또 다른 차원에 붙잡히게 된 것만 같았다. 분리된 나의 자아는 존재하기를 멈추고 잠시 동안 나는 삶과 죽음을 영역을 초월해 있는, 마치 무시간의 거대한 권능과 기쁨 그리고 빛의 일부가 된 것처럼 느꼈다. 그리고 개인적이며 고통스러운 느낌은 사라졌다. 비전vision이 주었던 강렬함은 잦아들었지만, 그 이후로도 지금껏 생생한 기억으로 남아 있다.

특히 위의 내용은 70대 여성이 무려 60여 년 전에 한 비일상적인 체험을 마치 어제 일처럼 기억하고 묘사한 것이라는 점에서 주의를 끈다.

두 보고는 하디가 관심을 가졌던 체험들이, 체험의 당사자였던 두 여성에게 매우 깊고 강렬한 인상을 남겼다는 점을 분명하게 증언한다. 오랜 시간이 지났지만, 체험 자체의 내용과 경이로움은 물론이거니와 체험을 통해 얻은 비일상적인 통찰이 체험자들에게 생생하게 기억되고 있는 것이다. 두 사람 모두 '의식, 자아, 일체성, 무시간성, 앎, 기쁨, 빛'과 같은 비종교적이며 심리적인 용어들을 사용해 자신들이 겪었던 체험을 보고하고 있다. 하디가 수집한 많은 자료들은 주로 영국을 포함해 영미권에 집중되어 있다는 한계가 있지만, 그의 노력 덕분에 우리는 인간의 종교성을 다른 관점에서 조망할 수 있는 디딤돌을 확보하게 되었다.

앞서 인용한 체험들은 세속화된 현대 사회에서 더욱 빈번하게 등장하고 있다. 우리는 이 체험들을 '세속적 신비주의secular mysticism'라는 개념으로 포괄한다. 세속적인, 즉 종교적이지 않은 맥락에서 발생한 신비주의적 합일 체험이라는 것이다. 이 생소하게 들리는 개념은 무슨 의미일까? 무엇보다 이 표현은 '종교적 신비주의'와는 무슨 관계를 가질까? 세속적 신비주의로 통칭되는 비일상적인 체험들은 인간이 여전히 종교적인 존재라는 사실을 보여 주는 강력한 증거가 될 수 있을까? 이 질문들에 답하기 위해서는 종교적 신비주의와 세속적 신비주의를 비교해 살펴볼 필요가 있다.

종교적 신비주의와 세속적 신비주의

신비적 체험에 대한 묘사는 세속적 맥락뿐 아니라 종교 전통에서도 발견된다. 16세기 스페인의 신비가이자 수녀였던 아빌라의 테레사Teresa of Ávila의 사례가 대표적이다. 테레사는 자신이 걸어 온 평생의 영적 여정에서 마주하게 된 다채로운 체험을 『영혼의 성 *Castillo Interrior*』이라는 저술에 자세하게 남겼다.[3] 다음 구절들은 그녀의 영혼이 신과의 완전한 합일 상태에 이르렀을 때의 체험을 집중적으로 다루고 있다.

> 사실 이 상태가 계속되는 얼마 동안 우리는 감각을 잃게 되고 무엇을 생각하려 해도 되지 않는 것입니다. (105쪽)

> 반 시간을 넘는 일이 없는 그 짧은 동안에 하느님과의 합일을 이루고 당신의 위대하심 속에 있음으로 해서 영혼은 얼마나 변모되는 것입니까? (116쪽)

테레사는 평생의 영적 여정에서 다채로운 신비 체험을 했다.

그 상태에 있는 사람은 무엇을 보거나 듣거나 이해하지 못합니다. 그 동안이란 항상 짧지만, 그 당사자들에게는 실제보다 훨씬 더 짧게 느껴지는 것입니다. (109쪽)

하느님은 그런 영혼 안에 깊이 뿌리박고 계시기 때문에, 그 사람은 제 정신이 돌아온 뒤에도, 자기가 하느님 안에 있고 하느님이 자기 안에 계시다는 사실을 의심할 수 없게 됩니다. 그에게는 이 사실이 사무치게 박혀 있어서 두 번 다시 그런 은혜를 받지 못한 채로 몇 해가 지나가더라도 한 번 있었던 일을 잊을 수도 의심할 수도 없게 되는 것입니다. (109쪽)

중세 가톨릭 신부이자 신비주의 사상가였고, 그가 신성神性에 대해 묘사한 표현이 불교의 공空 개념과 흡사해 보인다는 점에서 '익명의 불교도anonymous buddhist'라고까지 일컬어졌던 에크하르트Meister Eckhart가 남긴 기록을 살펴보자.[4]

> 어떤 것도 시간과 공간처럼 하느님에 대한 영혼의 지식을 방해하지 않는다. 왜냐하면 하느님께서는 하나이신 반면, 시간과 공간은 단편적인 것이기 때문이다. 따라서 영혼이 하느님을 알고자 한다면, 그것은 시간과 공간을 초월하여 알지 않으면 안 된다. 왜냐하면, 이 다양한 사물들처럼 하느님께서는 이것도 아니고 저것도 아니시기 때문이다. 하느님께서는 하나이시다![5]

> 우리가 신성한 진리를 보고 있을지라도 완전히 축복받지는 못한다. 왜냐하면 계속 보고 있을 때 우리는 그 안에 있지 않기 때문이다. 어떤 대상을 생각하고 있는 한, 우리는 그것과 하나가 되지 못한다. 일자一者밖에 없는 곳에서는 일자 이외의 어떤 것도 보이지 않는다. 그러므로 어떤 사람도 눈멀지 않고서는 하느님을 볼 수 없으며, 무지를 통하지 않고서는 하느님을 이해할 수 없다.[6]

테레사와 에크하르트의 글은 종교적 맥락에서 발생한 신비적 합일 체험을 묘사한다. 그들의 기록은 일원성이나 무한의 묘사라는 측면에서, 그리고 우리가 일상에서 쉽게 겪을 수 없는 예외적인 사건이라는 점에서도 세속적 맥락의 체험들과 유사성을 드러낸다. 에크하르트가 강조한 것처럼 '무한', '영원'과 같은 시공을 벗어나는 초월성의 표현과 함께, 나와 나 아닌 차원이 하나가 된다는 일원성의 강조가 공통적으로 발견된다는 것이다.

이처럼 인간이 종교적 수행을 통해 궁극적 존재 혹은 초월적 실재와 합일됨으로써, 삶의 최종적 의미를 체득할 수 있다는 주장은 종교사에서 '신비주의'라고 불려 왔다. 다양한 수행법을 활용해 초월의 체험을 추구하는 신비주의 전통은 동서양 종교에서 빠짐없이 등장했다. 그리고 동서양의 교류가 활발하게 전개된 19세기 이후에 신비주의 개념은 서로 다른 종교 사이에서 공통의 기반을 찾으려는 이들에게 가교 역할을 하기도 했다.

신비주의는 "인간이 궁극적 실재와 합일되는 체험을 할 수 있으며, 의식을 변화시키는 수행을 통해 체험을 의도적으로 추구하고, 체험을 통해 얻어진 통찰에 기초해 궁극적 실재와 우주, 그리고 인간의 통합적 관계를 설명하는 사상으로 구성된 종교 전통"으로 정의될 수 있다.[7] 요컨대 신비주의란 '신비적 합일 체험'이라는 예외적인 사건을 핵심으로 삼으며, 이를 의도적으로 추구하는 방법인 '신비주의적 수행', 그리고 체험이 주는 통찰에 근거해 인간 존재와 궁극적 실재의 상호 관계 등을 설명하는 '사상' 체계로 구성된다고 볼 수 있다.

종교사에서 '신비주의'라는 이름을 명시적으로, 그리고 독점적으로 표방한 종교는 없었다. 이 개념은 궁극적 실재와의 합일이라는 예외적인 인간 체험을 종교의 최종 목표로 추구하는, 여러 종교 전통 내부의 특정한 흐름을 지칭하기 위해 의도적으로 만들어진 것이다. 이런 연유로 인해 신비주의는 다양한 개념과 유연하게 결합해 왔다. 기독교 신비주의, 이슬람 신비주의와 같은 종교 전통과 연결되는 것에서부터 출발해 '신부bride, 新婦 신비주의', 그리고 '에로틱 신비주의'와 같은 형용사적 용법으로도 확장된다. 그리고 여성 신비주의, 고대 신비주의 등 주체나 시기에 따른 구분 외에도, 합일의 대상에 따라 유신론적 신비주의와 자연natural 신비주의로 나뉘기도 한다. 게다가 '종교적 신비주의'와 '세속적 신비주의'라는 표현이 보여 주듯이 최근 들어서는 종교의 영역 자체를 넘나들기도 한다.

특히 세속적 신비주의는 종교적인 맥락 밖에서 발생하는 신비적 체험을 지칭한다는 점에서 종교적 신비주의와 대구를 이룬다. 세속화가 본격적으로 전개되기 전에는 종교 전통과 신비주의가 서로 분리되지 않았으므로, 신비주의라는 개념에 '종교적'이라는 형용사가 따로 필요하지 않았다. 그러나 종교가 선택의 대상이 된 현대에 접어들면서, 하디가 수집한 사례들이 보여 주듯 종교를 가지지 않은 이들이 '자연발생적으로spontaneously' 겪게 된 신비적 합일 체험을 보고하기 시작했다.[8] 그 결과 재너R. C. Zaehner와 같은 학자들이 신비주의를 '성스러운sacred 신비주의'와 '세속적인profane 신비주의'로 구분하게 된 것이다.[9]

다음에 인용할 쾨슬러Arthur Koestler의 사례는 세속적 맥락에서 발생한 자연발생적 합일 체험이 개인에게 어떤 의미와 영향을 미칠 수 있는지를 극명하게 보여 준다. 열혈 공산주의자였던 쾨슬러는 종군 기자로 스페인 내전에 참전했다가, 포로로 잡혔을 때 자신이 예기치 않게 한 체험을 자서전에서 자세하게 묘사하고 있다.

나는 매트리스에서 뽑아낸 쇠 스프링으로 벽에 수학 공식을 긁어 쓰면서, 40번 독방의 오목 들어간 창문 옆에 서 있었다. (…) 그러다 나는 소수의 개수가 무한하다는 유클리드의 증명을 기억하려고 애를 썼다. (…) 아마도 나는 '이것이 완벽이다'라는 말로 표현할 수 없는 인식 속에 몇 분 동안 서 있었던 것 같다. 그 순간 불현듯 내 마음 뒤편에서 심리적 불편함이 느껴졌다. (…) 물론 나는 감옥에 갇혀 있고, 총살당할지도 모른다. 그러나 바로 그때, '그래서 뭐? 그게 다야? 그것보다 더 심각한 걱정거리는 없어?' 정도로 표현될 수 있는 대답이 곧장 솟아났다. 그 대답은 너무도 즉흥적이자 신선하고도 즐거워서, 내 마음을 엄습한 혼란스러운 짜증이 마치 옷의 칼라 단추를 잃어버린 것 정도로 하찮게 느껴졌다. 나는 다시 침묵의 다리 아래를 흐르는 평화의 강 위에 떠 있었다. 그 강은 시원始原도 없고, 목적지도 없었다. 그리고 그때 강도 없고 나도 없어졌다. 〈나The I〉라는 것이 존재하기를 멈추었다.

'〈나〉라는 것이 존재하기를 멈추었다'라는 묘사는 그 체험이 피아노 협주곡을 감상한 후의 느낌처럼 말로 표현하기는 힘든 실제성을 갖는다는 것을 뜻한다. 그러나 그 체험은 그보다 훨씬 더 실제적이다. 이 체험의 가장 큰 특징은, 이 상태가 우리가 예전에 경험했던 것들보다 더 실제적인 감각을 띤다는 사실이다. 그 감각은 베일이 벗겨져 '진실한 실재'와 접하는 것이다. 그것은 사물들의 숨겨진 질서이자, 일상의 뒤죽박죽인 층에 의해 가려져 있던 세상의 엑스선X-ray적 본질이다.

음악이나 전원 풍경 또는 사랑과 같이 정서적으로 우리를 황홀하게 하는 것과 이러한 유형의 체험을 구별하는 것은 그 체험이 분명히 지성적인, 아니 오히려 물자체noumenal의 내용을 갖고 있다는 점에 있다. 그것은 언어로 표현되어 있지 않을지라도 유의미하다. 그 체험에 가장 근접한 언어적 표현은 '존재하는 모든 것의 통일이자 상호연결성이며, 중력장이나 연통관連通管과 같은 것들의 상호의존성'이라는 것이다. 정신적인 삼투성과 같은 것에 의해 우주적 심연과 연결되고 그것에 융해되어 버렸으므로, '나'는 존재하기를 그친다. 그것은 모든 긴장의 해소이자 절대적 카타르시스이고, 모든 이해력을 넘어선 평화라는 점에서 "대양적大洋的인 느낌"으로 인식될 수 있는 용해溶解이자, 무한한 확장의 과정이다.

마취에서 깨어나듯이 나는 점점 더 낮은 실재의 차원으로 되돌아왔다. 더러운 벽에 쓰인 포물선 방정식, 쇠로 만들어진 침대와 테이블, 그리고 안달루시아의 파란 하늘 한 조각이 보였다. 그러나 다른 종류의 중독과는 달리 불쾌한 후유증은 없었다. 힘을 북돋우는, 조용하면서도 공포를 일소하는 사후 효과는 며칠 동안이나 계속되었다.[10]

포로로 잡혀 사형 선고를 받고 독방에 갇혔던 쾨슬러는 동료 재소자들이 고문을 당하고 처형되는 것을 보면서, 공황에 가까운 공포에 빠졌고 이 와중에 뜻하지 않은 체험을 했던 것이다. 쾨슬러의 체험은 그가 비일상적인 통찰을 수반하는 강력한 정서적 체험을 했다는 사실을 알려 준다. 한편 보고의 말미에 쾨슬러가 인용한 "대양적인 느낌oceanic feeling"이라는 표현은 프로이트Sigmund Freud가 『문명 속의 불만*Das Unbehagen in der Kultur*』이라는 저서에서 신비적 합일 체험을 묘사하기 위해 사용한 표현이기도 하다.

이 체험이 계기가 되어 쾨슬러는 유물론적 세계관을 버리고, 전

세계의 신비주의 전통을 섭렵하는 열성적인 신비가로 변모한다. 이 과정에서 그는 향정신성 약물이 유발하는 신비주의drug-induced mysticism에 지대한 관심을 표명했으며, 안락사 운동에 적극 참여하기도 했다. 체험의 진실성 여부나 발생 원인을 명확하게 특정할 수 없다 할지라도, 이 체험이 쾨슬러의 삶을 전변轉變시키는 계기가 되었다는 점은 분명하다. 열혈 공산주의자를 신비가로 탈바꿈시킨, 이런 유형의 비일상적인 체험을 우리는 어떻게 해석해야 할까?

세속적 맥락의 자연발생적 체험

에크하르트나 테레사와 같은 신비주의자들은 세계 모든 종교에서 지속적으로 등장했다. 신비주의적 주장으로 인해 목숨을 잃었던 포레뜨Maguerite Porete나 알 할라지Mansur al-Hallaj의 사례처럼 신과 인간 영혼의 동일성을 주장하는 일은 유신론적 전통에서 목숨을 앗아가는 탄압을 초래하기도 했다. 그럼에도 불구하고 신비주의는 종교의 범주를 오랫동안 벗어나지 않았다. 하지만 세속적 신비주의로 인해 상황은 달라진다. 세속적 신비주의자들의 체험이 종교 전통의 신비가들과 흡사하지만, 쾨슬러를 포함한 체험자들은 자신의 정체성을 비종교인 또는 유물론자라고 밝힌다. 물론 그 체험으로 인해 기존의 세계관을 버리는 일도 발생한다. 이런 당혹스러운 측면 때문에 세속적 신비주의는 더욱 우리의 주의를 끈다.

세속적 신비주의는 종교가 선택의 대상이 된 현대에 비로소 등장했다. 즉 세속화를 통해 신비 체험이 특정 종교의 교리나 수행 체계라는 해석 틀로부터 거리를 확보한 이후에 세속적 신비주의가 가능해졌다. 만약 한 사회에 지배적인 종교가 존재한다면, 모든 신

이슬람 신비주의자 알 할라지는 금욕주의와 신비주의를 제창하며
각지를 떠돌다 집권세력에게 처형당했다.

비 체험은 그 종교의 교리나 신학 체계에 의해 해석될 수밖에 없다. 그 점에서 세속적 신비주의가 종교 조직 바깥에서 발생하는 신비주의인 '교회 밖의 신비주의un-churched mysticism'라고 지칭되는 것은 자연스럽다.[11] 특히 세속적 신비주의는 종교의 테두리에서 벗어나는 사람들이 많아질수록 더욱 확산될 것으로 예견된다. 비종교인의 체험이 핵심이기 때문이다.

종교인구 감소는 전 세계적인 현상이며, 우리나라 역시 예외는 아니다. 인구조사에 따르면 2005년에서 2015년 사이에 우리나라의 종교인 비율은 52.9퍼센트에서 43.9퍼센트로 급감했다. 종교인 중에는 개신교가 가장 많은 것으로 나타났고(19.7퍼센트), 그 뒤를 불교(15.5퍼센트)와 천주교(7.9퍼센트)가 잇고 있다. 특히 연령이 낮을수록 무종교인의 비율이 높았다(10대 62퍼센트, 20대 64.9퍼센트, 30대 61.6퍼센트).[12] 세속화의 경향이 뚜렷해지고 있는 것이다. 그러므로 우리나라에서도 세속적 신비주의 현상은 증가할 것으로 예상된다.

그러나 세속화 경향을 곧장 종교 자체가 축소되는 것으로 해석해서는 곤란하다. 통계 조사는 제도화된 종교의 쇠퇴를 보여 주지만, 이 사실이 곧바로 종교적 세계관의 쇠퇴 혹은 유물론적 세계관의 승리로 여겨지기는 어렵기 때문이다. 특정 종교에 속해 있지는 않지만 비유물론적 세계관, 즉 형이상학적 세계관을 가지는 비율 역시 증가했기 때문이다. 이는 통계로도 확인된다. 퓨 리서치 센터Pew Research Center의 2010년 조사에 따르면 전 세계의 종교인 비율은 기독교(31.5퍼센트)가 가장 높고, 그 뒤를 이슬람(23.2퍼센트)이 잇고 있다. 그런데 흥미로운 사실은 이 조사에서 전 세계인의

16.3퍼센트가 무종교인이라고 응답했지만, 무종교인 중에서 신을 포함해 초월적인 존재나 보이지 않는 차원을 믿는 비율이 프랑스의 경우는 30퍼센트, 미국은 무려 68퍼센트에 달했다.[13] 종교 활동을 하지 않지만 비유물론적 세계관을 가진 사람들이 많았던 것이다. 철저한 유물론자는 이 조사에서 전 세계 인구의 10퍼센트에도 미치지 못했다.

쾨슬러의 사례는 비일상적인 유형의 체험이 체험자의 기존 세계관과 무관하게 발생할 수 있음을 보여 준다. 즉 세속적 맥락의 신비적 합일 체험은 '자연발생적'이다. 콕스헤드Nona Coxhead는 다음과 같이 주장한다. "자연발생적인 체험은 예기치 않게 그저 일어난다. 그럴 만한 이들에게나 혹은 그럴 것 같아 보이지 않는 이들에게도, 또 신자나 불가지론자 혹은 무신론자에게도 동일하게. 그리고 젊거나 나이든 이들에게도, 교육을 받거나 받지 않은 어떤 인종이나 어떤 피부색의 남녀에게도, 지위에 무관하게 어느 때나 세계의 어느 곳에서도."[14] 만약 콕스헤드의 주장이 옳다면 비종교인의 수가 늘어갈 미래에 세속적 신비주의는 더욱 큰 영향력을 미치리라 예상된다. 그런 연유로 우리가 종교의 의미와 함께 인간이 여전히 종교적인 존재인지를 물으려 한다면, 그 해답을 모색하는 과정에서 세속적 신비주의는 반드시 고려되어야 할 것이다.

우리는 여전히 종교적인 존재일까?

'세속적 신비주의'라는 표현은 언뜻 모순형용oxymoron으로 들린다. 신비주의는 종교와 별개로 존재했던 적이 없었고, 세속화는 전통적인 의미의 종교에 반하는 것으로 인식되어 왔기 때문이다. 그래서 세속적 신비주의라는 기묘한 개념은 한편으로 적지 않은 당혹감을 불러일으키지만, 우리가 여전히 종교적인 존재인가라는 물음을 다음과 같은 측면에서 새롭게 조망하게 만든다.

첫째, 세속적 신비주의 개념은 종교 자체의 의미를 되묻게 한다. 최근 등장한 '영적이지만 종교적이지 않은SBNR: Spiritual But Not Religious'이라는 표현은 종교가 형이상학적 세계관을 독점할 수 없음을 보여 준다. 보이지 않는 차원과의 관계를 회복하려는 노력이 제도화된 종교 밖에서 충분히 이루어질 수 있다는 것이다. '무종교의 종교religion of no religion', '종교를 넘어선 종교'와 같은 역설적 표현 역시 이런 측면을 포착한다. 제도화된 종교와 무관하게 형이상학적 차원과의 관계를 어떤 식으로든 회복하려는 인간의 갈망이 다채롭게 표현될 수 있다는 주장이다. 세속적 신비주의 개념은 이런 시도들의 중심에 자리한다.

둘째, 세속적 신비주의는 종교라는 개념 외에도 '신비주의', '세속화', '영성'과 같은 단어들이 오랫동안 내포해 온 의미를 급격하게 변화시키고 있다. 신비주의는 오랫동안 종교의 영역과 유연한 방식으로 결합하면서, 개인적 체험에 기반을 둔 종교성이라는 특성을 핵심으로 삼아 왔다. 신비주의자들은 제도화된 교리 체계와 마찰을 빚어 왔지만, 동시에 제도화된 종교에 끊임없이 활력을 주었던 것이다. 그러나 전통 종교의 테두리 밖에서 등장한 세속적 신비주의는 종교는 물론이거니와 '세속화', '영성', '종교성'과 같은 전통적 개념들의 정의를 새롭게 확장할 것을 요청하고 있다.

이 과정에서 세속적 맥락의 자연발생적 신비 체험을 이해하려는 시도도 폭넓게 추구되고 있다. 주요한 접근 방식은 다음과 같다.

우선 세속적 신비주의를 인간 존재의 근원적인 종교성을 드러내는 징표로 간주하는 입장이 존재한다. 제도 종교를 탄생시켰던 인간의 근원적인 종교 체험이 세속화된 사회에서도 여전히 등장하고 있다는 보편주의적인 태도이다. 조금 다른 맥락에서 인간의 뇌에서 세속적 신비주의 체험의 원인을 찾으려는 생물학적 보편주의도 강력하게 부상하고 있다. 즉 종교를 포함한 문화적 맥락과 무관하게 발생하는 신비적 합일 체험은 인간의 뇌가 만들어 내는 생물학적 현상이기에, 보편적이라는 견해이다.[15] 그 밖에도 특정 종교 전통의 관점에서 세속적 신비 체험을 잘못된 유형의 종교 체험이라고 해석하는 견해도 존재한다. 물론 유물론적 관점에서 세속적 신비 체험이 인간 뇌의 오작동이나, 체험 보고자의 망상이나 주관적 기대에 불과하다는 부정적인 해석도 빼놓을 수 없다.

요컨대 세속적 신비주의는 인간이 여전히 종교적인가라는 물음을 전면적으로 되묻게 만들었다. 근대 유럽을 중심으로 계몽주의적 사고방식이 본격적으로 확산되면서, 종교의 지위는 현저하게 약화되었다. 인간 이성에 힘입은 과학과 기술의 발전이 종교가 제공했던 심리적 위안과 종교적 세계관 제시와 같은 유용성을 부인하도록 만들었던 것이다. 현대에 들어서 뚜렷해진 세속화 경향과 이에 따른 비종교인의 증가는 이런 경향을 더욱 가속화시켰다. 그러나 세속적 맥락의 자연발생적 신비 체험은 인간의 종교성에 관한 근본적인 물음을 다시 던지고 있다.

이 대목에서 우리는 세속적 신비주의가 심리학과 결합하는 현상에도 주목할 필요가 있다. 인용한 체험담들이 보여 주듯이 체험자들은 자기 체험을 종교적 색채가 없는 일상적인 용어, 더 정확하게는 개인의 내면 심리를 묘사하는 '심리적' 용어를 적극 활용한다. 동시에 그들은 자신들의 체험을 이해하기 위해 전통적인 교리 체계가 아닌 심층심리학이나 초월심리학과 같은 심리학적 접근을 선호하는 경향을 드러낸다. 실제로 제임스William James, 융Carl Gustav Jung과 같은 심층심리학자들이 인간의 종교 체험을 탐구하면서 심층심리학을 더욱 발전시켰다는 점도 양자의 밀접한 연관성을 암시한다. 이처럼 인간의 마음과 세속적 신비주의로 표상되는 종교성은 여러 차원에서 만나고 있다. 넓게 보아 최신 과학 기술 발달에 힘입어 신비적 합일 체험의 근거를 인간의 뇌에서 발견하려는 환원론적인 방식 역시 심리학의 범주에 속한다.

세속적 신비주의는 우리가 여전히 종교적인 존재인지를 (예전과 다르지만) 더욱 치열하게 묻도록 만들었다. 비일상적인 체험을 생생하게 기억하며, 그로 인해 자신의 삶을 크게 바꾼 체험자들에게 이 물음이 절실하다는 사실은 분명하다. 나아가 인간이 어떤 존재인가를 지금 이 시점에 되물으려 하는 모든 이들에게도, 세속적 신비주의는 기대하지 않았던 방식으로 큰 울림을 주리라 믿는다. 비일상적인 체험이 예기치 않게 찾아왔던 것처럼.

1. 이 1441번 사례와 1146번 사례는 다음 책에도 인용되어 있다. Jordan Paper, *The Mystic Experience: A Descriptive and Comparative Analysis* (New York: SUNY Press, 2004), pp. 19-20.

2. http://www.uwtsd.ac.uk/library/alister-hardy-religious-experience-research-centre/ 참고.

3. 이 책의 우리말 번역으로는 『아빌라의 테레사: 내면의 성(城)』(황혜정 옮김, 요단출판사, 2011)과 『영혼의 성』(최민순 옮김, 바오로딸, 1970) 두 종이 있는데, 이 글에서는 최민순 번역의 『영혼의 성』을 인용했다. 이하 같은 책의 인용은 본문 괄호 안에 쪽수만 표기한다.

4. 신성(Godhead)에 대한 에크하르트의 묘사는 불교 선사(禪師)들의 '공(空)'에 대한 묘사와 대단히 흡사하다.
스즈키는 이 점에 주목해 불교와 에크하르트 사상을 비교하기도 했다.
T. D. Suzuki, *Mysticism: Christian and Buddhist* (New York: Harper & Brothers, 1957).
에크하르트가 남긴 저술의 영문 번역은 Meister Eckhart, *A Modern Translation*, trans. by R. B. Blakney (New York and London: Harper & Brothers, 1941) 참고.

5. 월터 T. 스테이스, 『신비사상』(강건기 옮김, 동쪽나라, 1995), 204쪽에서 재인용.

6. 월터 T. 스테이스, 『신비사상』, 244쪽에서 재인용.

7. 성해영, 「신비주의란 무엇인가?: 개념에 대한 오해와 유용성을 중심으로」, 『인문논총』 71(1)(서울대학교 인문학연구원, 2014), 154쪽.

8. 한편 조던 페이퍼는 '자연발생적 신비 체험'을 다음과 같이 설명한다. "... but the mystic experience cannot be bought, cannot be taught, cannot even be sought. It happens." Jordan Paper, *The Mystic Experience: A Descriptive and Comparative Analysis*, p. 154.

9. 재너는 약물이나 자연 경관 등으로 인해 촉발되는 세속적 신비주의보다 유신론적 신비주의가 더 바람직한 형태라고 주장한다. R. C. Zaehner, *Mysticism, Sacred and Profane* (Oxford: Oxford University Press, 1961).

10. Arthur Koestler, *The Invisible Writing* (New York: The Macmillan Company, 1954), pp. 353-354.

11. 윌리엄 파슨스는 이 개념을 제시하면서 제도화된 종교를 벗어났지만, 신비주의에서 종교적 열망을 충족하려는 현대적 경향성에 주목했다. 가톨릭을 떠나 인도 종교에 심취했던 프랑스의 대문호 로맹 롤랑이 그 대표적인 예이다.

William B. Parsons, *The Enigma of the Oceanic Feeling: Revisioning the Psychoanalytic Theory of Mysticism* (Oxford: Oxford University Press, 1999).

12. 2015년의 통계 조사는 표본 집단이 1천만 명이라는 점에서, 조사 방식과 의미를 둘러싼 논란을 야기하기도 했다. (「신자 수, 개신교 1위… "종교 없다" 56%」, 『조선일보』, 2016. 12. 20.)

13. 자세한 내용은 퓨 리서치 센터의 "The Global Religious Landscape" 참고(https://www.pewforum.org).

14. Nona Coxhead, *The Relevance of Bliss: A Contemporary Exploration of Mystic Experience* (New York: St. Martin's Press, 1985), p. 28.

15. 종교 체험의 기원을 뇌에서 찾으려는 시도에 대한 논란은 활발하게 진행 중이다. 이에 대해서는 이길용, 『뇌 과학과 종교연구』(늘품플러스, 2013); 앤드루 뉴버그 외, 『신은 왜 우리 곁을 떠나지 않는가』(이충호 옮김, 한울림, 2001); 케빈 넬슨, 『뇌의 가장 깊숙한 곳』(전대호 옮김, 해나무, 2013) 참고.

영혼은 어디에 있나
— 고대 그리스의 인간

김헌

고대 그리스인들은 인간이 몸으로만 이루어지지 않고 '목숨'(프쉬케)이 따로 있으며, 몸에서 프쉬케psukhē가 떠나는 사건이 죽음이라고 믿었다. 몸을 떠난 프쉬케는 어디로 갈까? 그들은 그것이 '혼백' 또는 '영혼'으로서 지하의 컴컴한 하데스로 가거나 천상의 환한 이데아의 세계로 간다고 상상했다.

호메로스의 인간, 『일리아스』에서

서양문학사의 첫 페이지를 장식하는 호메로스Homēros의 『일리아스』는 다음과 같이 시작한다.

> 진노를 노래하라, 여신이여, 펠레우스의 아들 아킬레우스의
> 파괴적인 진노를, 이는 수만의 고통을 아카이아인들에게 주었고,
> 영웅들의 수많은 굳센 혼백들을 하데스에게 내던졌으며,
> 그들 자신은 먹잇거리로 만들고 있었으니, 개들과
> 온갖 새들에게, 그리고 제우스의 뜻은 이루어지고 있었나니.
> (1권 1-5행)

여기서 먼저 주목할 것은 네 개의 고유명사다. "펠레우스의 아들 아킬레우스"는 어머니 테티스가 여신인 까닭에 반신반인半神半人의 영웅hērōs이다. 헤시오도스Hēsiodos에 따르면 영웅은 황금과 백은, 청동의 인간 종족 이후에 나타난 네 번째 종족이다. 부모 중 한쪽은 신이어서 신과 같은 능력이 있고 신의 영역에 도전하지만, 부모 중 다른 한쪽이 인간이어서 인간의 한계에 부딪혀 파멸하고 죽음을 맞이할 운명이다.[1] 둘째로 "아카이아인들"[2]은 아킬레우스와 같은 영웅도 포함하지만 불멸의 신들과 대비되는 '인간 일반'을 말한다. 이들의 활동 무대는 이승의 땅이다. 셋째로 "하데스"는 땅 아래의 '보이지 않는' 저승을 다스리는 신을 가리키며, 그가 다스리는 저승 자체를 가리키기도 한다. 넷째로 "제우스"는 모든 신들을 대표하는 최고의 신으로 천상의 올림포스 궁전에 기거하며 세계를 다스린다.[3]

이들의 터전과 관련해서, 이른바 '호메로스의 세계'는 하늘과 땅, 지하로 나뉜다. 하늘엔 영원불멸하는 신들이 사는 밝고 명랑한 빛의 세계가 있다. 그곳에는 다툼은 있으되 화해가 쉽고, 앙심을 품고 싸워도 게임과 같고, 어우러져 놀기 좋아하는 신들의 잔치엔 넥타르와 암브로시아가 풍부하며, 아폴론과 무사Mousa 여신들의 음악이 흘러넘친다. 그곳에 인간은 없다. 인간은 하늘 아래 땅에서 서로 죽이고 죽는 치명적인 전투를 벌이며, 쓰러져 죽으면 개와 새에게 뜯어 먹힌다. 신들의 밝은 세계와 극명하게 대조되는 인간들의 세계는 피, 땀, 눈물로 얼룩져 있고, 언젠가는 죽게 될 운명으로 끝나니 비참하기 짝이 없다. 그렇게 죽고 나면 인간의 혼백은 몸을 빠져나와 땅 아래 하데스로 내려간다.

이런 세계에서 인간은 무엇인가? 주목할 것은 인간이 겪어야만 할 죽음에 관해서 호메로스가 그리는 참혹한 전쟁의 장면이다. 영웅들은 "그들 자신을" 개와 새의 먹이로 주고, 혼백은 하데스로 간다고 한다. '혼백'으로 번역한 '프쉬케psukhē'는 예컨대 자루에서 바람 빠지는 소리를 흉내 낸 의성어로서, 살아 있는 사람이 내쉬는 '숨결', '호흡'을 뜻한다. 이로부터 프쉬케는 숨결과 호흡으로 유지되는 '목숨', '생명' 또는 사람을 살아 있게 만드는 '생기生氣'라는 뜻도 된다. 그런데 호메로스는 프쉬케를 사람의 몸속에 한 덩어리로 깃들어 있으면서 들숨과 날숨으로 호흡을 하게 하는 생명의 원천이라고 상상했다. 그에 따르면, 프쉬케가 몸에서 완전히 빠져나오면 이승을 떠나 하데스로 간다. 그런 프쉬케는 '넋', '혼魂', '혼백魂魄' 또는 '영혼靈魂'이라고 이해될 수 있다.[4]

몸과 프쉬케가 붙어 있는 동안 인간은 살아 있고, 그 둘이 분리되면 인간은 죽는다. 그래서 죽음은 몸과 프쉬케의 분리다. 프쉬케가 빠져나간 몸은 쓰러져 한갓 '고깃덩어리'가 되어 새와 개의 먹잇거리가 되고, 몸에서 빠져나간 프쉬케는 몸의 모양을 그대로 지닌 채 하데스의 세계로 간다.

그런데 프쉬케가 빠져나간 몸이 "그들 자신autous"이라고 표현되었다는 점이 흥미롭다. 마치 '몸'이 그 사람 자체이며 그의 정체성을 담보하는 요체인 듯 말한 것이다. 몸에서 빠져나간 프쉬케가 '영혼'처럼 이해된다면, 아마도 그것이 한 사람의 정체성을 담보할 것 같은데, 호메로스는 프쉬케가 빠져나가고 남은 몸을 정체성의 요체인 양 '그 자신'이라고 표현한 것이다. 그렇게 따지면, 몸에 '목숨(프쉬케)'이 붙어 있으면 '살아 있는 나'이며, 그것이 몸에서 떨어

영혼들을 하데스로 인도하는 아케론강의 뱃사공 카론

지면 '죽은 나'인 것이다. 그래서 '프쉬케'는 삶과 죽음을 결정하는 반면, '나'의 정체성을 담보하는 것은 '몸'인 셈이다.

그런데 희한하게도 호메로스의 어휘 중에는 '몸'에 딱 맞는 것이 딱히 없다. '소마sōma'가 나중에는 몸을 지칭하는 말이 되지만, 호메로스의 세계에서 그것은 죽은 자의 몸, 즉 '주검'과 '시신屍身'만을 가리킨다. 그 밖에도 주검을 가리키는 단어에는 '네크로스nekros'와 '네퀴스nekus'가 있다. 이 둘은 소마처럼 주검을 가리키기도 하지만, 죽은 자의 그림자와도 같은 모습과 형태를 가리킨다. 반면 살아 있는 사람의 몸에 대해서는 '데마스demas'와 '코로스khōros'를 쓰는데, 몸 자체를 지시하기보다는 앞엣것은 몸매와 체격을, 뒤엣것은 피부나 살, 육질, 외모를 가리킨다.

반면 프쉬케는 몸에서 빠져나온 순간부터 허깨비나 환영 같은 존재의 여운, 실체의 메아리와 같은 것일 뿐, 어쨌든 인간의 정체성을 담보하는 실체는 아니다. 그것은 "한번 이빨의 울타리를 빠져나가면 되돌아올 수 없고, 약탈해 올 수도 없으며"(9권 408-409행), 이 세상을 떠나 "연기처럼 사라져 땅 아래로"(23권 100-101행) 하데스로 간다. 프쉬케가 그 모양이니, 죽어서 혼백(프쉬케)이 몸에서 빠져나가 시신(소마)만 남게 되면 그걸로 인생은 완전히 끝이다. 설령 하데스에서 혼백이 영원하다고 해도, 살아 있는 것도 아니고 나 자신도 아닌, 나의 허깨비에 불과하니 별다른 의미가 없다. 살아서는 고통스럽고 죽어서는 허깨비에 불과한 존재, 그것이 바로 호메로스의 인간이다.

가장 아름다운 것, 『오뒷세이아』에서

그런 인간에게는 아무리 고통스러워도 살아 있는 것이 죽는 것보다 낫다. 호메로스의 『오뒷세이아』에는 이런 가치관을 잘 보여 주는 장면이 있다. 트로이아 전쟁이 끝나고 집으로 돌아가던 오뒷세우스는 살아 있는 채로 하데스로 내려간 적이 있다. 그곳은 햇빛이 비추지 않는 "어둠에 싸인 그림자들의 나라"다(11권 57-58, 155-156행). 전쟁과 모험으로 너덜너덜해진 그는 세상을 떠난 전우들의 혼백을 그곳에서 만난다. 특히 눈에 띄는 것은 아킬레우스의 혼백이다. 살아서도 빛나고 돋보였던 최고의 전사 아킬레우스, 사람들은 그를 신처럼 우러러보았는데, 죽어서 이제는 '프쉬케'일 뿐인데도 그 위세는 여전히 위풍당당했다. '저 사람 참 복 받은 사람이네, 죽었지만 여한이 없겠다' 싶었다.

그러나 아킬레우스의 혼백은 그렇지 않다고 강하게 반박한다. 생기가 다 빠진 희멀건 망자들의 혼백 사이에서 왕 노릇을 하느니, 차라리 시골에서, 그것도 찢어지게 가난한 사람 밑에서 품을 팔더라도 살아만 있다면 좋겠다고 말한다. 그러니 괜히 위로한답시고 죽음에 대해 그럴싸하게 말하지 말라고 손사래를 친다. 왕의 모습이라지만 생명을 잃은 허깨비에 불과한 아킬레우스의 혼백, 그의 앞에 선 오뒷세우스는 폭풍과 모험에 찌들어 심히 남루했지만, 아직 살아 있다는 이유 하나만으로 천하의 아킬레우스의 혼백에게 진한 부러움을 산 것이다.

이렇듯 호메로스의 인간들에게는 아무리 고통스럽고 힘들어도 살아 숨 쉬는 이승이 저승보다 낫다. 이승만이 진정한 존재의 세계이며, 이승에서 몸을 가지고 숨 쉬며 '목숨(프쉬케)'을 유지할 때만

진정 '나'일 수 있다. 그래서 그들은 죽기 싫은 것이다. 할 수만 있다면 이 땅에서 건강하게 오래 살고, 내가 죽더라도 자손이 대대로 혈통을 이어나가게 하는 것이 삶의 최선이라 생각했다. 게다가 살아 있는 사람들의 기억 속에 내 이름을 길이길이 남길 수만 있다면, 그것이야말로 최고의 인생을 산 것이라 생각했다. 그래서 호메로스의 영웅들은 하나뿐인 목숨을 바쳐 가며 불멸의 명성을 얻으려는 역설적인 몸부림을 쳤던 것이다.

죽지 않고 영원히 살 수는 없을까? 인간은 누구도 불사의 신들이 사는 천상의 세계로 갈 수는 없는 법, 그렇다면 인간에게 불멸의 희망은 영영 없는 것일까? 아니, 전혀 없는 것은 아니었다. 죽을 수밖에 없는 비참한 이승에서의 고통과 허무에서 벗어나려는 인간들의 욕망을 채우려는 듯, 호메로스는 인간이 접근할 수 있는 불멸의 틈새를 상상했다. 바로 엘뤼시온 들판이다. 신들의 천상 세계도 아니고, 필멸의 인간들이 사는 지상의 이승도 아니며, 죽은 자들의 혼백이 가야 하는 지하의 하데스도 아닌 곳. 대지의 끝을 흐르는 오케아노스 옆에 펼쳐져 있는 은밀한 곳, 그곳은 인간들에게 죽음이 찾아오지 않는 축복의 땅이다.[5]

또 다른 불멸의 틈새 공간은 칼륍소가 사는 오귀기아 섬이다. 저승에서 나와 집으로 가던 중, 폭풍우를 만나 난파해 표류하던 오뒷세우스는 그곳에 도착해서 무려 7년을 지낸다. 그곳의 주인 칼륍소는 불멸의 여신인데, 오뒷세우스를 붙들어 두려고 신들의 음식인 암브로시아와 넥타르를 제안한다. 만약 그가 그녀의 제안을 받아들인다면, 그는 신들의 음식을 먹고 불멸의 존재가 되어 아름다운 여신과 함께 잔치와 향락을 즐기며 영원히 살 수 있을 것이다. 그러나 오뒷세우스는 그 제안을 거절하고 필멸의 공간인 고향 이타카로 돌아가기로 결심한다. 왜 그랬을까?

오귀기아 섬을 빠져나와 집으로 돌아가기 직전에 그는 알키노오스 왕의 궁전을 방문한다. 쪽배에 몸을 싣고 항해하다가 거센 폭풍에 난파되어 죽을 뻔한 직후였다. 오뒷세우스는 알키노오스 왕이 베푼 환영의 잔치에 참석하면서 죽은 아킬레우스의 한탄과 일맥상통하는 삶의 진실을 깨닫고는, "목소리가 신들과도 같은 가인歌人에게" 귀를 기울이는 것은 확실히 아름다운 일이며, 모든 백성들이 잔치를 벌이면서 빵과 고기가 그득한 식탁에 나란히 앉아 즐겁게 술을 마시고 이야기를 나누는 것이 세상에서 "가장 아름다운 일인 것 같다"(9권 2-11행)고 말한다. 죽을 수밖에 없는 운명의 울타리 안에서 유한한 삶을 살면서 사람들끼리 어울려 즐거울 수 있다는 것, 끝이 있는 삶이 끝없이 펼쳐지는 영원한 삶보다 더 가치 있다는 생각. 유한하기에, 찰나에 불과한 인생이기에 오히려 무한한 영원보다도 더 찬란할 수 있고, 신들의 세계보다 이 세상이 더 아름다울 수 있다는 생각. 필멸의 삶을 사는 인간들이 허락된 시간을 함께하며 어우러져 삶을 즐길 수 있다면, 그것이 이 세상에서 가장 아름다운 일이라는 생각이었다.

부활에 대한 상상, 『알케스티스』에서

그러나 존재하는 모든 것은 자기 존재를 지속시키려는 본능적 관성이 있다. 모든 짐승들이 생존을 위해 투쟁하고, 심지어 물방울 하나도 흩어지지 않으려고 단단히 뭉쳐 팽팽하게 표면장력을 유지하지 않는가. 마찬가지로 우리는 죽음을 두려워하며 피하려 하고, 어떻게든 삶을 연장시키려고 하며, 결국 불멸, 불사를 갈망하기에 이른다. 그렇기에 오뒷세우스의 선택과 깨달음은 잠깐은 멋져 보일 수 있을지언정, 끝내 어리석어 보인다. 아름다운 여신과 낙원에서 영원히 살 수 있다는데 무엇을 망설이겠는가. 아내와 자식, 조국, 왕권, 명예를 다 포기해도 좋을 만큼 근사해 보이지 않는가. 그런데 그런 걸 다 포기하고 필멸의 세계로 돌아가 아내와 함께 늙어 가고 마침내 죽겠다니, 오뒷세우스는 어리석어도 한참 어리석다. 결국 우리의 선택은 불멸을 향할 것이 분명하다.

그런데 과연 그런 영원불멸의 세상이 있을까? 그런 세상이 있다고 해도 나 같은 사람은 갈 수 없는 신들만의 세상이거나, 특별히 선택받은 자에게만 허락된 곳이지 않을까? 그렇다면 내겐 아무 소용이 없다. 아닌 게 아니라, 헤시오도스는 영웅들 중 일부만이 엘뤼시온 평원에서 살 수 있다고 못 박는다(『일과 나날』, 166-173행). 그렇다면 그런 불멸의 땅은 나와는 상관없고, 나 같은 보통 사람은 결국 죽어야 하고, 목숨이 끊어지면 몸은 썩고, 거기서 빠져나온 혼백은 지하의 암울한 하데스로 내려가야 한다면, 사는 동안의 짧은 시간에 누릴 쾌락이 또 무슨 위안이 된다는 말인가.

보통의 그리스인들에게는 내내 그런 불만이 있었고, 오뒷세우스의 역설적 메시지도 위안이 되지는 못했던 모양이다. 그래서인지 그들은 죽은 자의 혼백이 하데스에서 빠져나와 부활할 수 있다는 이야기를 갈망했고, 마침내 그런 이야기가 나타났다. 가장 유명한 것은 오르페우스가 죽은 아내를 살려내려고 하데스로 내려간 이야기일 것이다. 그는 아름다운 노래로 하데스를 감동시켜 죽은 아내 에우리디케를 다시 이승으로 데려올 수 있도록 허락받았다. 그러나 저승을 빠져나오는 마지막 순간, 이승에 도착하기 전에는 아내를 돌아보지 말라는 명령을 어겨 안타깝게 실패하고 만다. 하지만 어쨌든 죽은 자의 부활 가능성을 보여 준 이야기다. 그리고 그 가능성은 에우리피데스의 비극에선 극적으로 실현된다.

기원전 438년, 에우리피데스Euripidēs는 『알케스티스』라는 작품을 발표했다. 알케스티스는 아드메토스의 아내다. 아드메토스는 아폴론의 호의로 죽음을 한 번 피할 수 있었다. 그를 대신해서 누군가 죽어야 한다는 조건이 있긴 했다. 그러나 그런 사람이 나타나지 않는다면 아드메토스도 그냥 죽어야만 한다. 죽음의 순간이 다가왔을 때, 그는 부모에게 부탁했다. 하지만 보기 좋게 거절당했다. 아버지가 말했다. “너는 햇빛을 보고 좋아하면서, 이 아비는 좋아하지 않을 것 같으냐? 내가 따져 보니, 실로 지하에서의 시간은 길고, 살아 있음은 짧지만, 그러나 달콤하구나. 나는 너를 위해 죽지 않겠으니, 너도 나를 위해 죽지 마라”(692-693행). 그뿐만이 아니었다. 다른 모든 사람들도 아드메토스 대신 죽으려 하지 않았다. 그때 마지막으로 용감하게 나선 사람은 그의 아내 알케스티스였다. 이런 이야기가 전개되면서 이 비극은 삶과 죽음에 관한 논의로 풍성해진다.

극이 시작되면 아폴론은 죽음의 신 타나토스를 맞이한다. 아폴론은 아드메토스 대신 죽어야 할 알케스티스도 죽음을 피할 수 있도록 할 작정이다. 죽음과의 대화 중에 아폴론은 곧 죽어야 할 알케스티스를 “프쉬케를 뱉어낼 그녀psukhorrhagousan”라고 표현하면서,[6] “바로 오늘 그녀는 죽어 삶에서 떠나 자리를 옮겨 가기로 되어 있다”(20-21행)고 말한다. 그녀는 지금까지 몸에 달라붙어 있던 '혼백을psukho-' 몸 바깥으로 힘겹게 '뱉어낼-rrhagousan' 것이다. 이 표현은 알케스티스의 임종 장면에서도 반복된다. "이미 마님께서는 고개를 기울이신 채로 '힘겹게 혼백을 뱉어내고 계세요psukhorrhagei'"(143행). 그러다가 마지막 숨을 뱉어내면 그녀의 혼백은 완전히 몸에서 빠져나간다. 그녀는 '죽고thanein' '삶에서biou' 떠나 죽음으로, 삶의 공간인 "이 땅 위에서huper gēs"(45행) 죽음의 공간인 "땅 아래로katō khthonos"(45행) 자리를 옮겨야 한다peprōtai ... metastēnai(21행).

아폴론의 의중을 꿰뚫어 본 죽음은 "그대는 나 죽음Thanatos을 이 두 번째 '주검으로부터nekrou' 떼어낼 참인가?"(43행)라고 묻는다. 여기에서 '주검'은 목숨이 완전히 뱉어진 몸, 즉 혼백이 떠난 몸이다. 정확히 따진다면, 죽음의 말은 틀렸다. 아폴론이 알케스티스를 살리려면, 그는 그녀의 주검이 아니라 아직 살아 있는, 혼백이 붙어 있는 몸으로부터 죽음을 떼어 내야 한다. 사실 죽음의 임무는 살아 있는 몸에서 혼백을 뜯어내는 것이므로, 죽음은 이미 혼백이 뜯겨 나간 채 널브러진 주검 따위에는 관심이 없다. 따라서 아폴론은 '곧 주검이 될 그녀'에게서 죽음을 떼어 내어 혼백이 몸에서 뜯겨 나가지 않도록 하겠다는 뜻을 품고 있고, 이를 죽음이 꿰뚫어 보고 되받아친 것으로 이해되어야 한다. 그렇게 죽음은 단호하다. 반드시 알케스티스의 혼백을 그녀의 몸에서 뜯어내서 하데스로 데려가려고 한다. 그러자 아폴론은 이렇게 말한다. "그대는 하나의 혼백 이상을 얻을 순 없다"(54행). 당연하다. 죽음은 몸에 붙어 있던 혼백을 뜯어내서 하데스로 가져갈 뿐이며, 혼백이 뜯겨져 나간 주검은 이 땅에 버려둘 테니까. 그 주검을 새나 개가 뜯어 먹든, 사람들이 장사를 지내든 그건 죽음이 알 바 아니다.

그러자 아폴론은 죽음에게 헤라클레스의 존재를 알리며 "그 여인을 힘으로 그대에게서 빼앗을 것이다"(69행)라고 예고한다. 사실 이 말도 좀 이상하다. 왜냐하면 헤라클레스가 죽음으로부터 빼앗게 될 것은 "그 여인"이 아니라, "그 여인"에게서 뜯겨져 하데스로 끌려가는 '그 여인의 혼백'일 것이다. 아폴론에게 대꾸하는 죽음의 말도 이상하다. "그대가 아무리 많은 말을 하더라도 더 이상 아무것도 얻지 못할 것이오. '그 여인hē gunē'은 하데스의 집으로 내려갈 테니까"(73행). 엄밀히 말하면, 죽음과 함께 저승세계로 내려가는 것은 "그 여인"이 아니라 그 여인의 '혼백'이다.

그런데 에우리피데스의 대사가 틀린 것이 아니라면, "바로 그 여인"이 그녀의 몸에서 뱉어지고 뜯겨져 나간 '그녀의 혼백'이라면, 혼백은 곧 그 여인을 "바로 그 여인"이게 하는 정체성의 요체가 될 것이다. 이런 생각을 엿보게 해주는 말을 알케스티스도 한다. "그 어떤 것도 혼백보다 더 소중한 것은 없으니까요"(301행). 아드메토스도 같은 말을 한다. "그대는 나의 혼백을 위해 가장 사랑하는 것들을 주고서 구원하였소"(340-341행). 알케스티스가 아드메토스의 혼백(목숨)을 구하려고 대신 내어 준 그녀의 가장 사랑하는 것은 바로 그녀의 혼백(목숨)이다.

물론 혼백이 가장 소중한 이유는 그것이 정체성의 요체이기 때문이 아니라, 한 인간을 이 땅에서 살아 있게 만드는 생명의 원동력이며 몸에 생명을 부여하는 목숨이기 때문일 수도 있다. 혼백이든 몸이든 분리된 채로는 온전하지 못하며, 둘이 결합하여 살아 있을 때만이 오롯이 '그'이기 때문이다. 혼백이 몸에서 뜯어져 나가면, 한 사람으로서 온전히 존재하지 못하고 주검만이 남게 되며, 따라서 그는 더 이상 살아서 존재하지 않는다. 그러나 알케스티스가 임종의 순간에 하는 말은 그것보다 더 극단적이다. 죽으면 "나는 더 이상 있지 않으니, 그대는 나를 아무것도 아니라고 불러야죠"(387행), "나는 이미 아무것도 아니에요"(391행)라고 하니 말이다. 그녀의 혼백이 그녀의 몸에서 뜯어져 나간 순간, 그녀는 주검으로 쓰러지며 이제 더 이상 살아 있지 않게 된다. 그 상태를 그녀는 '그녀가 아니며, 아무것도 아니다'라고 말한 것이다. 호메로스식으로 말하자면, 혼백이 뜯겨져 나간 몸뚱이만 남아 있고, 육체에서 뜯겨져 나간 혼백은 생기 없이 허깨비처럼 떠돌 뿐이라면, 그 어디에도 나는 없다는 말이다. 주검이든 혼백이든 그건 아무것도 아니며 그녀는 더 이상 존재하지 않는 것이다. 그녀의 마지막을 함께한 원로들이 탄식한다. "떠나갔구나, 아드메토스의 여인은 더 이상 있지 않구나"(392행).

비극은 알케스티스의 죽음으로 끝나지 않는다. 엄청난 반전이 대미를 장식한다. 아폴론이 예언한 대로 헤라클레스가 죽음을 쫓아가 죽음과 결투를 벌여 승리하고, 하데스로 내려가는 알케스티스를 다시 아드메토스의 집으로 데려온다. 죽은 그녀를 다시 살려낸 것이다. 존재하지 않던 것을 존재하게 하고, 아무것도 아닌 것을 다시 알케스티스로 되돌려 놓은 것이다. 그렇게 부활한 알케스티스를 본 아드메토스가 "어떻게 그대는 그녀를 아래로부터 햇빛으로 데리고 왔소?"(1140행)라고 묻자, 헤라클레스는 말한다. "그런데 그대는 아직 그녀의 말을 들을 수는 없소. 지하의 신들을 위한 제의로 정화되고, 세 번째 햇빛이 오기 전에는. 그것이 법도요. 자,

그녀를 안으로 데려가시오”(1144-7행).

그런데 이상한 점이 있다. 비극인데 해피엔딩인 것이야 그렇다 치고, 헤라클레스가 데려온 알케스티스 말이다. 호메로스에 따르면, 죽음이 하데스로 데려가려고 했던 것은 알케스티스의 몸에서 빠져나온 그녀의 혼백일 것이다. 그리고 아드메토스는 그녀의 장례식을 거행한 뒤에 그녀의 주검을 땅에 매장했다. 그렇다면 헤라클레스는 알케스티스의 혼백을 죽음으로부터 빼앗은 뒤, 그녀의 무덤에서 몸을 꺼내 혼백과 결합해서 데려온 것인가?

영혼은 이데아의 세계로, 『파이돈』에서

기원전 399년, 소크라테스는 감옥에서 제자들과 임종의 순간을 같이했다. 이 장면을 플라톤이 『파이돈』에 담았다. 소크라테스의 제자들은 어떻게 해서든 그를 죽음의 위기에서 구하고 싶었다. 무고한 그가 사형으로 죽는 것은 너무 억울하고 불명예스럽다고 생각한 것이다. 탈옥의 조치를 다 해둔 상태에서 탈출을 권유했지만, 소크라테스는 그 제안을 거절했다. 철학자로서 평소 죽음을 추구하고 연습해 왔는데, 이제 그토록 원하던 죽음의 순간이 왔으니 그 기회를 놓치고 싶지 않다는 것이다. 모두 죽음을 두려워하고 어떻게 해서든 살려고 하는데 죽음을 추구하며 살았다니, 의아해하는 제자들에게 그는 자신의 입장을 내놓았다.

죽음이란 무엇인가? 소크라테스의 설명은 호메로스가 그려 낸 것과 그리 다르지 않다. 죽음이란 몸에서 목숨이 떨어져 나가는 것, 혼백과 몸의 분리라는 입장은 같다. 그런데 몇 가지 차이가 보인다. 일단 그가 사용한 개념들의 의미가 호메로스의 것과 달랐다. 그에

자크 루이 다비드, 〈소크라테스의 죽음〉(1787)

게 몸sōma은 호메로스에서처럼 '주검'이 아니라, 생과 사에 상관없이 몸, 육체를 가리키고, 프쉬케는 몸에 생기를 불어넣어 살아 움직이도록 가동시키는 단순한 '호흡'이나 '목숨', 또는 존재의 그림자처럼 희멀건 '혼백'이라기보다는, 몸에서 떨어져 나와도 흩어질 기미 없이 단단하고 씩씩해 보여 '영혼'이라고 할 만한 것이다.

그리고 그 영혼이 가게 될 곳도 호메로스의 하데스처럼 칙칙하고 암울한 허깨비의 집합소가 아니다. 철학을 통해 영혼을 돌보아, 그 영혼이 육체적인 욕망이나 감각으로부터 영향을 받지 않고 깨끗하게 정화된 상태로 그 자체의 본성을 오롯이 유지한다면, 그것이 육체로부터 해방되어 갈 곳은 태양이 비추듯 찬란한 진리와 참된 존재의 세계인 이데아의 세계다.

사실 소크라테스는 평소에도 호메로스나 헤시오도스에 대해 불만이 많았다. 그들이 하데스를 너무 나쁘게 그려서 사람들이 죽음을 두려워하고 어떻게든 연명하려고 애쓰게 만들었다는 것이다. 그래서 남자들은 전쟁에 나가서도 죽음을 두려워하지 않고 용감하게 싸우는 대신, 어떻게 해서든 목숨을 부지하려고 비겁한 행동도 서슴지 않게 되었다고 비판했다. 그래서 그가 『국가』에서 그리는 '아름다운 나라kallipolis'에서는 죽음의 공포를 조장하는 시를 짓는 시인들을 추방하려고 단단히 벼르는 모습을 보였다. 반면 『파이드로스』에서는 철학자의 순수하고 정결한 영혼이 이데아의 세계로 높이 날아오르는 신비로운 장면을 그려 내기도 했다. 그와 일맥상통하는 장면이 『국가』의 마지막 부분에도 나온다. 지혜와 용기, 절제의 덕을 조화롭게 실현한 정의로운 사람들은 상승의 계단을 올라가 천년 동안 행복한 여행을 하다 돌아오는 반면, 육체적인 정욕과 욕망으로 더렵혀진 영혼들은 거의 '지옥'과도 같은 곳에서 천년의 세월 동안 고생하다가 환생한다.

죽음은 육체와 영혼의 분리, 감옥과도 같은 육체에서 영혼이 풀려나는 해방이다. 이때 육체는 호메로스의 시에서처럼 개와 새의 먹잇거리가 되어 완전히 해체되고 소멸하지만, 영혼은 영원하며 보이지 않는 세계에 머문다. 호메로스의 혼백은 나의 실체가 아니라 나의 허깨비인 데 반해, 플라톤의 영혼은 목숨에 실체가 부여되고 혼백에 생기가 불어넣어진 듯 단단하고 영원한 존재로서 나의 실체이자 정체성의 요체다. 그리고 그 영혼이 이 세상을 떠나 가게 될 저세상은 호메로스의 '안 보이는' 하데스와는 달리, 지하가 아니라 천상에 있으며 빛과 진리로 충만하며 영원하고 나를 진정 나이게 하는 세계다. 그러니 철학을 통해 정화된 영혼이 육체의 멍에와 굴레에서 벗어나 자유로운 상태로 그곳에 올라가려는 순간, 왜 그것을 마다하며 피하겠는가. 소크라테스는 그렇게 죽음을 피하지 않고 독배를 마셨다. 그렇게 육체를 떠난 영혼이, 생성소멸로 숨가쁘게 변하는 찰나의 세계를 떠나 영원불변하는 존재의 참모습이 가득한 곳으로 떠났던 것이다. 그리로 간 그것, 그리로 가기 전에 육체에 묶여 있던 그것, 그것이 인간을 인간이게 하는 실체였던 것이다.

이렇듯 인간에 대한 롤러코스트를 타는 듯한 인식의 대반전을 호메로스로부터 플라톤에 이르는 고대 그리스인들의 논의를 통해 목격하면서 다시 '인간'이 무엇이며, '인간답다'는 것이 무엇인지를 묻는다.

1. 헤시오도스는 이들을 '신과도 같은 종족(theion genos)'이라고 했고, '반신(hēmitheos)'으로 불린다고 알려 준다. 이들은 오이디푸스의 두 아들의 왕권 다툼으로 인한 두 번의 테베 전쟁과 트로이아 전쟁 이후 사라졌는데, 일부는 전쟁으로 인해 죽었고 일부는 엘뤼시온 들판으로 가서 영생을 누렸다고 한다(『일과 나날』, 156-173행).

2. '아카이아인'은 트로이아 전쟁 당시 테살리아와 펠로폰네소스 반도에서 가장 강력한 부족이었다. 호메로스는 이 부족의 이름으로 종종 그리스인 전체를 가리키곤 하는데, 『일리아스』에서는 모두 598회 사용되었다. '다나오스인'(138회)과 '아르고스인'(182회)이 대신 쓰이기도 한다. 반면 후대에 '그리스인'을 가리키는 '헬라스인'이라는 말은 단 한 번만 사용되었다(2권 684행).

3. 제우스는 아버지인 크로노스가 이끄는 티탄신족과의 전쟁인 티타노마키아와 거인신족들과의 전쟁인 기간토마키아에서 승리를 거둔 후, 세계를 다스리는 최고의 신이 되며 영원한 권력을 행사한다. 티타노마키아에 대해서는 헤시오도스의 『신통기(*Theogonia*)』, 492-506행과 617-721행, 기간토마키아에 대해서는 위 아폴로도로스의 『신화집(*Bibliotheka*)』 제1권 6장에 상세한 이야기가 나온다.

4. '프쉬케'를 정확하게 번역하긴 어렵다. 우리말로는 '목숨'이나 '넋'에 가장 가깝다. 한자로 혼(魂), 백(魄), 영(靈) 등을 이용해 번역할 경우, 맞지 않는 측면이 있다. 혼(魂)은 사람이 죽으면 몸에서 빠져나와 구름[雲]처럼 하늘로 올라가는 반면, 백(魄)은 땅에 머물고 영(靈)은 하늘에서 신에 의해 비[雨]처럼 무당에게 내리곤 하기 때문이다.

5. 트로이아 전쟁의 원인 제공자였던 불세출의 미녀 헬레네와 그의 남편 메넬라오스는 죽음의 운명을 맞이하지 않고 그곳으로 갔다고 한다(4권 563-570행).

6. '프쉬코라구산(psukhorrhagousan)' (동사 psukhorrhagō의 현재 분사 여성 단수 대격)은 명사 '프쉬케(psukhē)'와 동사 '레그뉘미(rhēgnumi)'의 합성어다. '레그뉘미'는 '부수다, 깨뜨리다, 끊다'라는 뜻과 함께 '튀어나오게 하다, 솟아나게 하다'라는 뜻으로 쓰인다. 앞의 뜻으로는 성벽이나 성문, 대열을 목적어로 하고, 뼈나 정강이, 피부와 같이 신체 부위나 몸에 걸친 옷을 목적어로 사용하기도 한다. 뒤의 뜻으로는 '눈물이 흘러내리게 하거나 목소리를 크게 내거나, 샘물이 솟아나게 하다'의 뜻으로 쓰인다. '프쉬케'가 목적어로 쓰인 경우는 없어 보이는데, 합성어로 '프쉬코라고'는 말 그대로 하면 '프쉬케를 부수다, 깨뜨리다' 또는 '프쉬케를 튀어나오게 하다, 솟구치게 하다'라는 뜻이 된다. 프쉬케를 깨뜨리거나(이런 뜻은 프쉬케가 깨지거나 흩어질 수 있는 것이라는

전제에서만 성립할 텐데), 프쉬케를 눈물이나 고성(高聲)처럼 몸 밖으로 솟구치거나 배출한다는 뜻이 되며, 죽기 직전의 힘겨운 상태를 가리킨다. 그래서 직접적으로는 '죽어 가다'의 뜻이 되지만, '죽지 않으려고 안간힘을 쓰다'의 뜻으로도 사용될 수 있다. 천병희는 "단말마의 고통 속에서 몸부림치고 있다"라고 번역했는데, 원어의 맛을 '너무' 살린 것 같다. 나는 이 말의 원래 뜻을 최대한 살려 "혼백(목숨, 영혼)을 뱉어내다"라고 번역하겠다("혼백이 내뱉어지다"라는 번역도 가능해 보인다). 해들리는 "생명을 간신히 뱉어내는(gasping out her life)"이라고 이해했으며(Euripides, *The Alcestis*, ed. by W. S. Hadley, Cambridge: Cambridge University Press, 1953, p. 48), 코나처는 "그녀의 마지막 숨을 쉬는(breathing her last)"으로 옮겼는데(Euripides, *Alcestis*, ed. by D. J. Conacher, Warminster: Aris & Phillips, 1988, p. 157), 동사의 의미를 잘 살린 것으로 보인다. 에우리피데스는 『타울로스의 이피게네이아』라는 작품에서도 "아이를 낳다가 '혼백을 뱉어낸(psukhorrageis)'(= 죽은) 여인들이 집에 남겨둔 곱게 짠 옷들"(1465-7행)이라는 표현을 썼다.

인간은 왜 꿈을 꾸는가
— 체르니셉스키와 도스토옙스키의 논쟁

변현태

인간은 꿈꾸는 동물이다. 이 글은 이 명제로 시작하여 이 명제로 끝난다. 물론 이때 해명되어야 할 것은 '꿈을 꾸다dream a dream'라는 동어반복적인 말의 의미가 될 것이다. 이 말이 갖는 무한한 의미의 스펙트럼, 가령 '나는 어제 달콤한 꿈을 꾸었다'라는 지극히 사적인 체험에서 '중국몽中國夢'과 같은 집단적인 공적 통치 이념에 이르는 의미의 스펙트럼을 고려해 본다면, 이 짧은 글에서 '꿈을 꾸다'라는 말에 총체적인 의미를 부여하는 작업은 턱도 없는 일이다.

따라서 체르니셉스키Николай Чернышевский와 도스토옙스키Фёдор Достоевский의 문학 논쟁이라는 우회로를 설정해 보기로 하자. 체르니셉스키의 『무엇을 할 것인가: 새로운 사람들에 대한 이야기』(1863)와 도스토옙스키의 『지하로부터의 수기』(1864)가 그것이다. 이 두 작품은 러시아어 대문자 '대개혁Реформа'으로 지칭되는 1861년 농노제 개혁에 대한 직접적인 반향이다. 알렉산드르 2세의 농노해방령(1861)은 19세기 러시아에서 가장 거대한 사건 중 하나였다. 이 사건은 19세기 러시아에서 발생한 또 하나의 거대한 사건인 나폴레옹 전쟁(1812)과 비교할 수 있다.

일반론적으로 말하면 1812년 나폴레옹 전쟁에서의 승리는 지극히 러시아적인 전투법의 승리인 동시에(가령 추위라는 자연적인 조건, 『전쟁과 평화』에서 형상화되는 쿠투조프 장군의 놀라운 '무능력'), 지극히 유럽적인(물론, 러시아의 대타자로서의 유럽) 결과로 끝을 맺었다. 잘 알려져 있듯이 모스크바에서 파리로 진군했던 러시아의 귀족들은 파리에서 '자유, 평등, 박애'의 이념과 조우하게 되고, 이 조우는 입헌군주제라는 근대적인 제도를 내세우며 봉기했던 1825년의 데카브리스트 반란으로 '숙명론적으로' 귀결되었던 것이다.

1861년 농노해방령의 아들은 아마도 1880년대에 각자 나름의 방식으로 사회주의 혁명을 꿈꾸었던 러시아 인민주의자들과 사회민주주의자들이 될 것이다. 농노해방령이라는 거대한 사회적 변화는 이 변화에 상응하는 '새로운 인간'(체르니셉스키)에 대한 모색을 가져왔으며, 이 모색의 결과가 1880년대의 인민주의자들과 사회민주주의자들인 것이다.

다시 체르니셉스키와 도스토옙스키로 돌아가 보자. 이 두 작품은 꿈과 직접적으로 연관되어 있다. 우선 체르니셉스키는 『무엇을 할 것인가』의 주인공 베라 파블로브나를 낱낱이 드러내기 위해 주인공으로 하여금 네 번의 꿈을 꾸게 만든다. 베라 파블로브나는 인생의 전환점에 네 번의 꿈을 꾸게 되는데, 이는 무엇보다도 그녀의 삶의 전환점이 갖는 의미를 직접적으로 부여하는 문학적 장치가 된다. 다른 한편으로 도스토옙스키의 『지하로부터의 수기』의 주인공 지하생활자는 전통적으로 '몽상가'로 해석되어 왔다.

도스토옙스키의 『지하로부터의 수기』가 체르니셉스키의 『무엇을 할 것인가』에 대한 문학적 논쟁이라는 사실은 이미 충분히 연구된 것이다. 『지하로부터의 수기』에 등장하는 '2×2=4'라든가 '수정궁'이라는 표현은 『무엇을 할 것인가』에 등장하는 같은 표현을 염두에 둔 것이다. 어쩌면 『지하로부터의 수기』의 '지하подполье'란 『무엇을 할 것인가』에서 주인공 베라 파블로브나가 도망 나왔던 바로 그 '지하подвал'로부터 유래한 것일 수도 있겠다. 다만 이 두 작품에 대한 비교를 다루는 연구들은 대개 이성과 합리성을 바탕으로 진보에 대한 무한한 신념을 가진 유물론자 체르니솁스키와, 삶의 불합리성에 대한 통찰을 바탕으로 위험할 정도로 극단적인 자유의지에 대한 실험을 보여 준 관념론자 도스토옙스키라는 다분히 통상적인 관념에 근거해 왔다. 우리는 체르니솁스키와 도스토옙스키의 꿈의 동일성과 차이에 주목하고자 한다. 이를 통해서 유물론자 vs. 관념론자(및 이 두 항으로부터 이어지는 무수한 대립쌍)라는 대립을 해소하고 체르니솁스키와 도스토옙스키가 가지고 있는 각각의 유물론과 관념론을 살펴보고자 하는 것이다.

이러한 작업이 '꿈을 꾸다'의 의미에 대한 하나의 미시적인 연구가 된다면, '꿈을 꾸다'의 이른바 러시아적인 맥락을 살피는 작업은 버먼Marshall Berman이 '저개발의 모더니즘'으로 명명했던 러시아적 근대성의 특수성을 살피는 거시적인 연구가 될 것이다. 이 미시적인 연구를 통해 거시적인 연구로 나아갈 수 있다면, 더욱 거시적인 주장인 '보편적인 꿈(과 욕망)의 인간학'으로도 나아갈 수 있겠다.

'꿈을 꾸다'의 의미론

우선 꿈에 대한 가장 일반적인 정의를 가져와 보자. 여기에는 꿈을 과학의 대상으로 만들었던 정신분석학의 정의가 적절할 듯하다.

> 꿈(rêve, Traum, dream, сон[son])
>
> ① 잠자는 동안 생산되는 심적 현상인 꿈은 원칙적으로 영상image과 재현representation으로 구성된다. ② 이 영상과 재현의 나타남과 배치는 사람의 의식적 자제력을 벗어난다. ③ 18세기부터 확산된 이 용어는 또한 물질적이고 사회적인 현실의 속박을 알지 못하는 상황 전개를 상상하는 의식적 활동을 지칭하기도 하였다. 이런 의미에서 꿈이란 단어는 가장 널리 받아들여지는 비전, 몽상, 관념화 또는 판타즘과 동의어이다.[1]

'주체-꿈-현실'이라는 3항의 관점에서 이 정의를 다시 읽어 보자. 첫 항은 꿈의 내용이자 명사태名詞態라고 할 수 있겠다. 주체-현실의 관점에서 꿈은 체험된 현실의 심리적 잔여물로 해석할 수 있다. 여기서 주체의 주체성은 '체험'으로 한정되고 꿈의 주체는 '체험된 현실'이 된다. 요컨대 '체험된 현실'이 꿈을 통해 나타나는 것이다.

그리하여 '꿈은 사람의 의식적 자제력을 벗어난다'. 이번에는 꿈이 주체가 된다. 우리는 의식적으로 꿈을 꿀 수도 없고, 꿈을 꾸는 도중에 의식적으로 '끊을 수도' 없다. 요컨대 '꿈이 꿈을 꾸는 것이다'. 물론 이 정의의 정신분석학적 함의는 명백하다. 꿈의 주체는 주체의 '의식적 지배력을 벗어난' 무의식이다. 꿈과 무의식이라는 복잡한 정신분석학적 주제는 우리의 관심 밖이다. 이 정의에서 우리가 주목하는 것은 꿈이 우리의 의지로부터 자유로운, 일종의 주체일 수 있다는 사실이다.

그런데 여기서 약간의 도약이 일어난다. 언어에서 흔히 발견되는 전의轉意현상이라고 할 수도 있겠지만, 우리는 '현실의 속박을 알지 못하는 상황 전개를 상상하는 의식적 활동'을 꿈이라고 부른다. 흥미로운 것은 이 '전의'가 갖는 보편성이다. 대개의 문화권과 언어권에서 '꿈'이라는 단어는 자면서 꾸는 꿈이라는 의미와 함께 현실 속에서 주체가 갖는 '희망/몽상'이라는 의미를 동시에 가진다. 여기서 주체는 물론 인간이다. 더 나아가 인간은 '꿈을 가지고' 현실에 적극적으로 개입해 들어간다. 지극히 은밀한 개별적인 심리적 체험으로서의 꿈은 여기서 앞서 언급한 '중국몽'과 같은 집단적이고 정책적인, 무엇보다도 이념적인 꿈으로 의미가 전환된다. 이를 '꿈꾸기'의 동사태動詞態라고 할 수 있겠다. '꿈의 인간학'의 출발점은 아마도 이 동사태로서의 '꿈꾸기'가 될 것이다. 문제는 ①, ②의 의미가 갖는 꿈과 ③의 전의된 꿈의 연관관계에 대한 범주 배치가 될 터인데, 이 범주 배치에 대해서는 보다 많은 작업이 요구된다.[2] '꿈의 사회학'과 관련해서 흥미로운 작업을 보여 주고 있는 김홍중이나 다른 사회학자들의 연구가 기대되는 맥락이기도 하다.[3]

베라 파블로브나의 꿈과 지하인의 몽상

체르니솁스키의 『무엇을 할 것인가』는 우리에게 잘 알려지지 않은 작품이다. 러시아 문학사에서도 이 소설이 차지하는 비중은 그리 크지 않다. 체르니솁스키는 소설가이기 이전에 유물론적 사상가이자 비평가였으며 오언Robert Owen, 푸리에Charles Fourier식의 사회주의자로서, 그의 소설 『무엇을 할 것인가』 또한 대개 러시아 사상사에서 체르니솁스키가 차지하는 이러한 위치의 맥락에서 해석되어 왔다. 그런데 앞서 지적한 것처럼 1861년의 농노해방령이라는 거대한 사건과 이 사건이 요구하는 '새로운 인간'에 대한 모색이라는 관점에서 소설 『무엇을 할 것인가』는 이러한 사상사적 맥락을 크게 벗어난다. 이 소설이 이후 러시아의 사회주의 혁명가로 변신하게 될 1860년대의 러시아 젊은이들에게 미친 영향을 높게 평가했던 레닌은 인민주의자들과의 논쟁으로 유명한 자신의 팸플릿(1902) 제목을 이 소설에서 따오기도 했다. "투르게네프의 그 어떤 소설도, 톨스토이의 그 어떤 작품도, 그 어느 누구의 작품도 체르니셰프스키의 소설처럼 러시아 젊은이에게 그렇게 넓고 깊은 영향을 준 작품은 없었다."[4]라는 크로포트킨Пётр Кропоткин의 주장에는 약간의 비평적 과장이 섞여 있긴 하지만 전체적으로 수긍할 수 있는 대목이 있다.

『무엇을 할 것인가』는 대체로 '전형적 상황에서 전형적 성격, 그리고 세부의 핍진성'(엥겔스)에 근거한 소비에트 리얼리즘의 관점에서 상찬되거나 혹은 평가절하되어 왔다고 할 수 있다. 그러나 파페르노Irima Paperno의 흥미로운 연구가 보여 주고 있듯이 이 소설은 당대에 대한 리얼리즘적 반영에 근거해 있기보다는 이후 상징주의자들이 주장했던 '삶창조жизнетворчество'의 원리에 입각해 있으며,[5] 파페르노는 이를 러시아의 기호학자 로트만Юрий Лотман의 표현을 빌려 '행위시학'으로 개념화한다. 로트만에 따르면 18세기 러시아 귀족들은 당시 서구에서 유입된 고전 비극 주인공의 행위를 모델로 하여 자신들의 행위를 '시학적으로' 조직하였던바, 이는 로트만의 다른 표현을 빌리자면 일종의 '책에 따른 삶'이 된다. 파페르노는 '행위시학'이야말로 『무엇을 할 것인가』의 창작 이념이며, 이러한 맥락에서 『무엇을 할 것인가』는 일종의 '교리문답서'를

체르니솁스키는
『무엇을 할 것인가』를 통해 1861년
농노해방령 이후 등장한 '새로운 인간'을
형상화한다.

지향한다고 주장한다.[6] 여기서 중요한 것은 '교리문답서'란 어떤 추상적인 이념을 가르치는 것이 아니라 구체적인 상황에서 구체적인 행위를 적시하는 장르라는 사실을 염두에 둘 필요가 있다.

이러한 관점에서 본다면 이 소설의 미학적 결함으로 간주될 수 있는 것들, 가령 생동감과 개성이 없는 인물들,[7] 지나치게 잦은 화자의 일탈과 직접적인 해설들, 주인공들의 장광설, 주인공들이 견지하고 있는 철학적 원칙('합리적 이기주의')에 대한 단순화된 서술 등이 정당화될 수도 있다. 그리고 바로 이러한 점에서 이 소설에 대한 문학적 논쟁으로 기획된 도스토옙스키의 『지하로부터의 수기』와의 접점에 대한 기존 연구들도 다시 살펴볼 필요가 있다.

도스토옙스키 연구자인 모출스키Константин Мочульский의 논의를 중심으로 이를 살펴보기로 하자. 모출스키는 『지하로부터의 수기』에서 지하인의 고백을 이후 도스토옙스키가 쓰게 되는 "일련의 대작 소설들의 철학적 서문"[8]으로 간주하면서 '지하인'의 입을 통해

도스토옙스키는 체르니솁스키로 대표되는 당시 유물론자들의 나이브한 인간관을 비판하고 있다고 주장한다.

> 지하생활자는 실증주의자들의 인간에 대한 저열한 가르침에 분개한다. (…) 이기주의, 이익에 대한 통계적 계산, 악에 대한 유아적 낙관주의 같은 시각에 바탕을 둔 인간의 일차적 동인에 대한 이러한 형편없는 가르침은 지하생활자를 정말 짜증스럽게 만든다.[9]

모출스키의 주장은 두 가지 측면에서 문제가 있다. 첫 번째로 모출스키는 체르니솁스키의 인간관을 실증주의자들의 인간관으로 지나치게 단순화하고 있다. 더 나아가 일종의 '교리문답서'를 만들고자 했던 체르니솁스키의 의도를 파악하지 못하고 있다. 체르니솁스키의 의도는 이를테면 유물론적 인간관이라는 관념에 있지 않으며, 구체적으로 당대 러시아에서 어떠한 삶을 살아야 하는가(소설 제목이 '무엇을 할 것인가'가 아닌가)를 지시하는 것이다. 두 번째로 모출스키는 지하인의 이념을 도스토옙스키 자신의 이념과 동일시함으로써 지하인에 대한 작가의 '아이러니'를 간과하게 된다. 도스토옙스키가 지하인의 입을 빌려 체르니솁스키를 포함한 당대 급진주의자들(사회주의자들)의 이념을 비판하고 있는 것은 맞지만, 지하인이 표 나게 내세우는, 이를테면 삶의 불합리함을 문제적으로 만드는 지점은 지하인에 대한 아이러니를 통해서이기 때문이다.

이 두 지점을 중심으로 베라 파블로브나의 꿈과 지하인의 몽상을 살펴보기로 하자.

『무엇을 할 것인가』는 크게 두 가지 플롯을 중심으로 진행된다.

주인공인 베라 파블로브나와 그의 첫 번째 남편 로푸호프, 그리고 두 번째 남편 키르사노프의 삼각관계를 둘러싼 멜로드라마가 한 축이라면, 베라 파블로브나가 재봉 공방을 만들고 이를 다분히 공상적 사회주의에 기반한 조합으로 운영하면서 두 개의 공장 수준으로 확장하며 사회주의적 실천을 행하는 과정이 다른 한 축이다. 물론 이들은 모두 제목이 전제하고 있는 것처럼 '새로운 인간'이다.

체르니솁스키의 주요 관심사는 모출스키가 전제하는 것처럼 새로운 인간의 이념형 제시가 아니며, 소설의 주인공들이 취하는 모든 행동의 원리는 단순한 '합리적 이기주의'로 환원되지 않는다. 체르니솁스키에게 멜로드라마의 플롯이 필요했던 것은 이성에 근거한 '합리적 이기주의'로 포착되지 않는 영역, 가령 사랑이라는 '강렬한 열정' 같은 것이 있다는 사실을 보여 주기 위한 것이다. 물론 체르니솁스키는 사랑에 대해서나, 이 작품의 주요 주제 중의 하나인 '여성해방' 혹은 부부 간의 평등한 관계에 대한 근사한 이념적 사유를 시도하지도 않는다. 그에게 중요한 것은 '새로운 인간'의 이념형이 아니라 그 구체적인 '행위시학', 요컨대 플롯이기 때문이다.

『무엇을 할 것인가』가 동시대 혹은 후시대인들에게 '젊은이들에게 가장 강렬하게 영향을 미친 책'이라는 평가를 받을 수 있었던 것은 이 소설이 일종의 행위 양식을 제공해 주었기 때문이다. 베라 파블로브나가 로푸호프와 '위장 결혼'이라는 형태로 억압적인 가정을 벗어났던 것이라든가, 베라 파블로브나와 로푸호프가 평등한 결혼생활을 영위하는 세세한 과정(그들이 밥을 먹고, 차를 마시고, 공간을 나누고, 대화를 하는 등등의 일상), 재봉 공방을 만들어 이를 조합 형태로

운영하는 과정, 이 모든 것들이 하나의 '예시'였고, 실제로 1860년대 러시아의 젊은이들은 이 책에 기술된 대로 '위장 결혼'을 통해 억압적인 가족에서 독립하고, 평등한 결혼 생활을 실험하고, 조합을 시도했다. 『무엇을 할 것인가』는 새로운 인간의 이념형이 아니라 그 활동의 한 예시를 형상화하고자 하는 시도인 것이다. 요컨대 이 소설은 새로운 인간의 성격이 아니라 행위(플롯)를 문제화하는 작품이다.

소설 속에서 꿈이라는, 사랑과 마찬가지로 이성에 근거한 합리적인 판단에서 벗어나는 장치가 도입되는 것 또한 단순한 공리주의적 인간관의 반례가 된다. 베라 파블로브나의 삶에서 주요한 전환점들, 즉 억압적인 가족으로부터의 탈출, 결혼한 이후 자신의 부모에게 결혼을 인정받는 일, 첫 번째 남편의 친구인 키르사노프에 대한 자신도 알지 못했던 사랑을 깨닫는 과정, 그리고 자신을 포함한 '새로운 인간'들의 궁극적인 목표인 '인간해방'이라는 유토피아에 대한 전망이 꿈을 통해 의미가 부여되고 형상화된다. 가령 네 번째 꿈에서 인간에 대한 보편적인 사랑은 런던의 만국박람회에 만들어져 당시 화제가 되었던 '수정궁'으로 형상화되는데, 이는 물론 푸리에가 꿈꾸었던 자급자족적 유토피아 공동체 건물인 팔랑스테르phalanstère에 근거한 것이다.

『무엇을 할 것인가』는 '새로운 인간'을 '새로운 꿈을 같이 꾸는 인간'으로 제시한다. 이 '꿈꾸는 자들'은 동시에 실천하는 자들이기도 하다. 이 책이 혁명을 지향하는 러시아 젊은이들에게 '교리문답서'가 될 수 있었던 배경은 이 소박하기까지 한 '꿈'의 예외적인 강도인바, 이는 '새로운 인간'이라는 꿈(희망)이 갖는 근본주의적인 성격에서 기인한다. 모든 새로운 것은 근본주의적인 성격을 갖기 마련이지만 로트만에 따르면 러시아의 경우 이 근본주의적인 성격은 '폭발'이라는 형식을 띠게 된다.

> [유럽적인] 삼원적 체계가 이상을 현실에 적용시키려 한다면, 이원적 체계는 실현 불가능한 이상을 현실에서 실현시키려 한다. 이원적 체계에서는 폭발이 일상적 삶의 전 층위를 장악한다. 이 실험의 무자비함은 즉시 발현되지 않는다. 처음에 그것은 사회의 극단적 층위를 매혹시키는데, 이는 '새로운 땅과 새로운 하늘'의 즉각적 구축이라는 시적 이상, 그리고 그 이상의 극단적인 추구를 통해 가능해진다.[10]

1861년의 농노해방령이라는 거대한 사건은 '새로운 인간'을 요구하게 만들었는데, 러시아적인 맥락에서 이 요구는 다름 아닌 '실현 불가능한 이상'에 대한 추구를 다시 요구한다. 체르니솁스키의 소설 『무엇을 할 것인가』가 거둔 대중적인 성공은 그가 소박하지만 실현 불가능한 이상을 '공통의 꿈'으로, '교리문답'의 형식으로 제시할 수 있었던 것에 근거하고 있다. 비슷한 기획을 고민했던 투르게네프Иван Тургенев가 1877년 『처녀지』에 이르러서야 부분적으로 '새로운 인간'을 (다분히 유럽적인 방식으로) 형상화할 수 있었던 것과 비교해 보면 체르니솁스키의 『무엇을 할 것인가』의 시기적 적실성은 두드러진다.

이 실천하는 '새로운 인간'에 도스토옙스키는 악몽을 꾸는 고독한 몽상가를 대립시킨다. 앞서 모출스키가 언급했던 지점에서 출발해 보기로 하자. 모출스키의 지적처럼 『지하로부터의 수기』의 주인공 지하인은 '2×2=4'라든가 '수정궁'으로 대표되는 이성에 대해 인간 삶의 불합리함을 집요하게 대립시킨다. 여기서 중요한 것은 인간 삶의 불합리함이라는 이념 그 자체가 아니라 그 이념이 발화되는 강도이며 형식인데, 바흐친Михаил Бахтин이 도스토옙스키 창작의 '시학'으로 제시한 대화가 바로 그것이다.

> 나는 병든 인간이다…… 나는 악에 받쳐 사는злой 인간이다. 매력적으로 보일 구석이라곤 하나도 없는 인간이다.[11]

첫 번째 말(병든 인간)은 타자의 공감을 향한다. 그런데 타인에게 공감을 구걸하는 사실 자체가 지하인의 자존심을 건드린다. 사나운 맹견처럼 그는 자신이 '악에 받쳐 사는 인간'이라고 말한다. 요컨대 지하인은 너희들의 공감 따위는 필요 없다는 태도로 전환한다. 다시 자신은 타인들에게 그다지 매력적인 인간은 못 된다고, 이 사나움을 완화시킨다. 『지하로부터의 수기』의 첫 문장에서 드러나는 이 타자를 '곁눈질하는 말'(바흐친)이 1부 「지하」에서 지하인이 하는 독백의 정체가 된다. 이 '곁눈질하는 말' 속에서 지하인은 스스로를 때로는 '쥐새끼'로 비하하다가, 때로는 그 누구보다도 고결한 사람으로 자부하는 자기평가의 양극단을 오간다.

인간 삶의 불합리함이라는 이념 내용 그 자체가 아니라 이 이념이 공감과 적대라는 정념情念 속에서 가상의 타자와 논쟁하면서 획득하게 되는 어떤 강도, 이것이 『지하로부터의 수기』가 갖는 문제적인 지점이다. 이 논쟁은 '주장-반박-재반박-재재반박'의 무한한 과정을 거치며 강도를 더해 간다. 지하인의 독백은 무한하며, 따라

『지하로부터의 수기』의 주인공 지하인은 이성에 대해 인간 삶의 불합리함을 집요하게 대립시킨다.

서 대단원을 거쳐 결말에 도달하는 일반적인 소설의 플롯과 달리 『지하로부터의 수기』는 편집자에 의해 강제로 종결된다.[12] 이 '주장-반박-재반박-재재반박'의 무한한 논쟁의 배경은 지하인의 '몽상мечта/mechta'이다.

> 나는 지금까지 모든 것을 책에 따라 생각하고 상상하는 것에, 그리고 세상의 모든 것을, 마치 스스로 과거에 몽상들мечты/mechty 속에서 지어낸 것처럼 그렇게 그려보는 것에 너무나 익숙해져 있었기 때문에, 그때는 그 이상한 상황을 즉시 이해하지 못했다.[13]

'세상의 모든 것'을 '책에 따라 생각하고', '몽상들 속에서 지어'내는 것, 이것이 지하인의 독백이다. 체르니셉스키의 실천하는 몽상가가 1861년 농노해방령이라는 조건 속에서 모색되기 시작한 '교리문답서'를 따라 삶을 조직하고자 하는 '새로운 인간'에 대한 추구의 결과라면, 도스토옙스키의 '악에 받쳐 사는 몽상가'는 이미 1840년대에 고골Николай Гоголь에서부터 형상화되기 시작한 '페테르부르크의 악몽'이라는 관념이 그 배경을 이룬다. 1851년에 발표된 도스토옙스키의 중편 「페테르부르크 연대기」의 한 대목을 보자. 페테르부르크에 출몰하는 (체르니솁스키적인 실천적인 몽상가에 대립하는) 무기력한 몽상가를 서술하면서 화자는 다음과 같이 말한다.

> 그런데 여러분, 몽상가мечтатель/mechtatel'란 무엇인가를 아는가? 이는 페테르부르크적인 악몽кошмар/koshmar이다. 이는 육화된 죄악이다. 이는 온갖 잔인한 공포를 가진, 온갖 참사와 세부와 발단과 결말들을 가진, 말 없고, 비밀스러우며, 우울하고, 야만적인 비극이다. 우리는 지금 농담하고 있는 것이 아니다. 여러분들은 간혹 초점을 잃은 눈빛에 창백하고 피로가 누적된 표정의 주위가 산만한 사람, 항상 마치 무언가 끔찍하게 고통스럽고 뭔가 머리가 깨질 것 같은 일에 사로잡힌 듯한, 이따금씩은 고통 속에 찌든 데다가 마치 힘든 노동으로 인한 피로에 지쳐 있는 듯하지만, 실제로는 아무 일도 하지 않는 그런 사람을 만나게 되는데, 바로 이런 사람이 몽상가의 겉모습이다.[14]

주목해야 할 것은 이를테면 '실천적 몽상가'와 무기력한, 그러나 '악에 받친 몽상가'의 대립이 아니라 이들이 꿈을 꾸는(몽상을 하는) 강도이다. '새로운 인간'에 대한 모색이 갖는 근본주의, 폭발의 강도가 체르니솁스키의 '실천적 몽상가'를 특징짓는다면, '악몽'이라는 강도가(악몽이야말로 강도를 가진 꿈이 아닌가) 도스토옙스키의 '악에 받친 몽상가'를 특징짓는 것이다. 이 높은 강도를 가진 꿈들은 어디서 유래하는가. 버먼Marshall Berman의 『모든 단단한 것은 사라진다: 현대성의 체험』에서 한 답을 찾을 수도 있겠다. 이 책에서 버먼은 러시아의 현대성을 '저개발의 모더니즘modernism of underdevelopment'으로 규정하면서 이를 '공장과 철길'에서 나오는 서구의 모더니즘과 대비시킨다. 요컨대 러시아의 '저개발의 모더니즘'은 파리로 대표되는 서구의 '공장과 철길'에서 나오는 것이 아니라 '환상과 꿈'(여기에는 '공장과 철길'에 대한 꿈이 포함된다)으로부터 나온다는 것이다. 이 '환상과 꿈'에서 나오는 '저개발의 모더니즘'이 갖는 강도에 대해 버먼은 다음과 같이 서술한다.

> 자신을 낳은 삶에 충실하기 위해 그것[저개발의 모더니즘]은 날카롭고, 조야하고, 미완결적이기를 강요받는다. 녹초가 되어서 저개발의 모더니즘은 역사의 걸음을 자신의 한 손으로 변화시킬 수 없는 무능력에 스스로를 고문한다. (…) 그것은 스스로를 자기증오로 내몰며, 오직 그것이 가진 마르지 않는 자기 아이러니의 거대한 저장고 덕분에만 그 출구를 찾을 수 있다. 하지만 이 모더니즘이 성장해 나온 기이한 현실과, 그것이 움직이고 살아가면서 겪는 참을 수 없는 압력들(사회적·정치적일 뿐만 아니라 정신적인 압력들)은 이 모더니즘에 절망적인 백열白熱을 불어넣는데, 이 절망적인 백열은 자신의 세계 속에서 훨씬 안락하게 지내는 서구의 모더니즘이 경쟁하겠다는 꿈조차 꿀 수 없는 것이다.[15]

한편으로는 기이한 현실이, 그리고 그 기이한 현실이 초래하는

'참을 수 없는 압력들'('페테르부르크적 악몽')이 있고, 다른 한편으로는 이 체험 속에서 등장하는 '절망적인 백열'이 있다. 이 간극에서 생겨나는 것이 도스토옙스키의 '악에 받친 몽상가'의 꿈의 강도라면, 이 간극을 종말론적으로 폭발시키겠다는 유토피아적 꿈, 이것이 체르니솁스키의 '실천적 몽상가'의 꿈의 강도가 될 것이다. 버먼의 이러한 서술을 근대적 인간의 러시아적 변형이나 왜곡이라고, 오직 러시아에만 고유한 것이라고 해석할 필요는 없다. 벤야민Walter Benjamin의 표현을 빌리자면 '꿈'은 "19세기의 근원의 역사에 대해 증언해 줄 발굴이 이루어질 대지이다."[16] 요컨대 "자본주의는 꿈을 수반한 새로운 잠이 유럽을 덮친 하나의 자연 현상으로, 이러한 잠 속에서 신화적 힘들이 재활성화되었다."[17] 여기서 꿈은 자본주의적 근대의 어떤 측면을, 더 나아가서는 본질을 설명해 주는 장치로 도입되고 있는 것이다.

장주지몽莊周之夢 혹은 '인생은 꿈이다'

주지하듯이 벤야민이 '파사주론'에서 꿈이라는 장치를 도입한 것은 마르크스의 자본주의적 물신 개념을 철학적으로 묘사하고, 이를 극복할 수 있는 어떤 사태(벤야민의 표현을 빌리자면 '범속한 각성')를 포착하고자 하는 시도이다. 우리에게 체르니솁스키와 도스토옙스키의 각각 다른 유형의 '몽상가들'은 벤야민이 말하는 '꿈을 수반한 새로운 잠'이라는, 자본주의 근대를 살아가는 인간의 '인간적 삶'의 한 대표적인 표현으로 읽힌다. 그렇다면 『무엇을 할 것인가』와 『지하로부터의 수기』를 '꿈/몽상'과 '각성'의 관점에서 다시 읽어 볼 이유가 충분할 것이다. 그리고 이 과정에서 현실과 꿈의 절망적 간극, 그 간극의 유토피아적 폭발, 페테르부르크(자본주의적 도시)라는 악몽, 그 악몽의 미메시스로서의 몽상가와 같은 범주가 갖는 보편성을 고민해 볼 수 있겠다.

여기서는 벤야민의 시도 자체가 '재활성화'하는 어떤 비유에 주목해 보기로 하자. 동서고금을 막론하고 꿈은 종종 삶의 '은유'로 활용되어 왔다. 장자莊子의 장주지몽莊周之夢이나 유럽 바로크의 대표적인 표상, 칼데론Pedro Calderón의 '인생은 꿈이다La vida es sueño'와 같은 표현을 떠올릴 수 있겠다. 이러한 비유가 갖는 일차적인 의미는 종종 현실과 비현실(꿈)의 구분 불가능성, 그리고 이로부터 유래하는 (바로크의 또 하나의 대표적인 표상인) '삶의 헛됨Vanitas'을 가리키기 십상이지만 꼭 이 의미에서 출발할 필요는 없다. 만일 인생이 꿈이라면, 우리는 인생을 보다 더 잘 알기 위해서라도, 혹은 더 잘 살기 위해서라도 '꿈이란 무엇인가'라는 질문을 던질 필요가 있다. 체르니솁스키의 '유토피아적 꿈'이나 도스토옙스키의 '악몽'이라는 강도 높은 꿈, 그 꿈을 살아가는 '몽상가'들은 이러한 질문에 대한 모색의 한 출발점이 될 수 있을 것이다.

1. 엘리자베트 루디네스코·미셸 플롱, 『정신분석대사전』(강응섭 등 옮김, 백의, 2005), 118쪽.

2. 지나가는 길에 언급하자면 '꿈'에 해당하는 러시아어 сон(son)에는 ③의 의미가 있기는 하지만 매우 약화되어 있다. 그리고 이 단어의 첫 번째 사전적 의미는 '잠'이다. 가령 축어적으로 '꿈이 이루어졌다'에 해당하는 러시아어 'сон сбылся'는 '꾸었던 꿈이 실제로 일어났다'의 의미를 갖는다.
꿈의 전의로서 '공상, 몽상'에 해당하는 러시아어는 мечта(mechta)이며 몽상가(мечтатель/mechtatel')라는 단어도 여기서 파생된다. 이에 따라 '꿈을 꾸다'라는 동사적 활용도 독특한데, 가령 한국어와 영어가 동어반복적 표현이 가능하다면(dream a dream), 대개 프랑스어나 독일어에서는 '꿈을 갖다'로 축어적으로 번역할 수 있는 표현들이 사용되고 있는 것으로 보인다. 러시아어에서 '악몽을 꾸다'라는 표현은 'Мне приснился страшный сон'(1인칭 여격+꿈꾸다의 재귀동사+주어[악몽])이다. 직역하면 '내게 악몽이 꿈꾸어졌다'가 된다. 요컨대 러시아어 сон의 축어적 의미는 정신분석학이 제시하고 있는 꿈의 의미에서 ①과 ②의 의미가 강한 것이다.

3. 김홍중, 「꿈과 사회」, 『사회학적 파상력』(문학동네, 2016); 박명규 외, 『꿈의 사회학』(다산출판사, 2019) 참고.

4. П.А. Кропоткин, *Идеалы и действительность в русской литературе* (Бузнос-Айрес, 1955), с. 260. И. Паперно, *Семиотика поведения: Н. Чернышевский-человек эпохи реализма* (М.: НЛО, 1996), с. 26에서 재인용. 크로포트킨의 주장에서 특히 투르게네프가 언급되는 것에는 맥락이 있다.
『루딘』(1855)에서 『처녀지』(1877)에 이르는 투르게네프의 소위 6대 장편소설의 주인공들은 투르게네프가 당대의 시민 비평가들(피사레프, 도브롤류보프 등)과 논쟁하면서 모색했던 '새로운 인간'에 대해 투르게네프 자신이 추구한 결과물이기 때문이다(『처녀지』의 나로드니키들이 특히 그러하다). 1861년 농노해방령 이후에 발표된 『아버지와 아들』(1862)의 주인공인 '니힐리스트' 바자로프는 1861년 결핵으로 사망한 도브롤류보프를 모델로 한 것으로 간주되었다. 이에 비평가 피사레프는 『아버지와 아들』에 대한 비평에서 이 소설에서 직접 다루어지지 않은, 가령 바자로프의 어린 시절의 경험 등을 보충하여 투르게네프의 '니힐리스트'를 교정하는 흥미로운 비평적·소설적 시도를 한다.

5. '삶창조'는 러시아 상징주의의 핵심 이념이다. 이 복잡한 이념을 한두 마디로 설명할 수는 없지만, 상징주의자들이 전면화한 도스토옙스키의 '아름다움이 세계를 구원한다'라는 말로 요약할 수 있다. 상징주의자들은 이 말을 성부(진),

성령(선), 성자(미)의 삼위일체 속에서 다름 아닌 '성자(미)가 세계를 구원한다'는 말로 재해석한다. 이때 인간적 삶은 이 진선미의 삼위일체적 통일체이자 구현으로서 미의 이념에 입각해서 창조되어야 하며, 여기서 '삶창조'의 이념이 출발한다. 이 이념 위에서 예술은 삶을 반영하는 것이 아니라 삶을 변화시키는 것이 되어야 한다.
러시아 상징주의 철학가이자 시인인 솔로비요프는 체르니셰프스키 미학이 전제하는 인간과 사회에 대한 공리주의를 비판하면서도 그의 미학이 삶의 반영으로 제한되지 않고, 삶과 사회에 적극적으로 개입하고자 했다는 점을 높이 평가한다. 삶의 반영이나 리얼리즘의 관점에서 체르니셰프스키의 『무엇을 할 것인가』를 바라본다면 이 작품에 대한 상징주의자들의 높은 평가는 이해하기 어려울 것이다.

6. И. Паперно, *Семиотика поведения*, с. 7-34 참고.

7. 주인공 베라 파블로브나의 두 남편이자 이 소설의 다른 주인공들인 로푸호프와 키르사노프를 파페르노는 '쌍둥이'라고 부른다.

8. 콘스탄틴 모출스키, 『도스토예프스키』 제1권(김현택 옮김, 책세상, 2000), 140쪽.

9. 콘스탄틴 모출스키, 『도스토예프스키』 제1권, 135쪽.

10. 유리 로트만, 『문화와 폭발』(김수환 옮김, 아카넷, 2014), 280쪽. 여기서 유럽의 삼원이란 '옛것-중립-새것'을, 이원이란 '옛것-새것'을 각각 가리킨다. 이 모델을 설명하기 위해 로트만이 드는 한 예는 '천국-연옥-지옥'이라는 가톨릭적 세계관과 연옥이 없는 정교적 세계관이다.

11. 도스토옙스키, 『지하로부터의 수기』(백준현 옮김, 작가와비평, 2017), 11쪽. 여기서 '악에 받쳐 사는'의 원어인 злой(zloj)는 대개 '악한, 사악한' 등으로 번역되는데, 적당한 역어를 찾기 어려운 단어이기도 하다. злой의 의미를 잘 나타내는 어구가 '악견, 맹견'으로 번역할 수 있는 злая собока이다.
요컨대 사안마다 맹렬하게 달려들어 짖는 개와 같은 이미지가 злой인 것이다.

12. 이 소설은 "그런데 이 역설가의 수기가 이 지점에서 끝났던 것은 아니다. 그는 참아내지 못하고 계속 써 나갔기 때문이다. 하지만 우리는 여기서 끝내도 될 것이다."라는 문장으로 끝이 난다. 도스토옙스키, 『지하로부터의 수기』, 218쪽.

13. 도스토옙스키, 『지하로부터의 수기』, 207쪽. 번역은 부분 수정.

14. 도스토옙스키, 『뻬쩨르부르그 연대기 외』(이항재 옮김, 열린책들, 2000), 141-

142쪽. 번역은 부분 수정.

15. Marshall Berman, *All That is Solid Melts into Air: The Experience of Modernity* (New York: Penguin Books, 1988), p. 232.

16. 발터 벤야민, 『아케이드 프로젝트』 (조형준 옮김, 새물결, 2005), 295쪽.

17. 발터 벤야민, 『아케이드 프로젝트』, 58쪽.

인간의
욕망과 좌절

부귀의 지향과 억압—중세의 청빈에서 근대의 부로
인간의 몸은 어떻게 재현되는가—엘 그레코와 누드
행복 감응력—멜랑콜리와 에로스

부귀의 지향과 억압
— 중세의 청빈에서 근대의 부로

주경철

부富와 빈貧. 둘 중 어느 것이 더 높은 가치인가? 현재 우리는 대개 부유하게 살아가기를 소망한다. 누가 평생 가난하고 고달픈 삶을 살기를 바라겠는가? 현대 국가는 더 높은 소득 수준의 달성과 빈민들의 상태 개선을 국정 목표로 삼는다. 오늘날에는 분명 빈貧보다는 부富가 높은 가치임에 틀림없다.

과거에도 사람들은 부를 긍정하고 가난함을 피하려 했을까? 그렇지 않다. 오히려 과거에는 가난함이 긍정적 가치, 더 나아가서 신성한 가치였으며, 부는 지극히 부정적인 가치였다. 부를 추구하는 자들은 "시험과 올무와 여러 가지 어리석고 해로운 욕심에 떨어지나니 곧 사람으로 파멸과 멸망에 빠지게" 한다(디모데전서 6:9). 부자가 하나님의 나라에 들어가는 것은 낙타가 바늘귀로 들어가는 것보다 어려운 일이라 하지 않는가(마태복음 19:24). 반면 "가난한 자는 복이 있나니 하나님의 나라가 너희 것"이라는 위로를 받았다(누가복음 6:20). 중세에는 빈자와 걸인을 하느님이 보낸 사자라고 생각하곤 했다. 예수와 성인들은 이 세상에 있을 때 거지들이었다. 투르의 마르탱 성인Saint Martin의 일화를 보라. 헝가리 출신의 마르탱은 로마 군인이 되어 오늘날 프랑스의 아미앵 지역에서 근무하게 되었다. 어느 추운 겨울날, 벌거벗고 덜덜 떠는 걸인을 본 마르탱은 자신의 군복 외투를 반으로 잘라 걸인에게 주었다. 그날 밤 꿈에 예수가 나타나 천사들에게 이렇게 말했다. 보라, 마르탱이 나에게 이 옷을 입혀 주었노라…….

고대 및 중세 종교는 대개 빈민의 종교였다. 교회는 빈민들에게 겸손하게 자기 지위를 받아들이면 구원에 이른다고 가르쳤다. 반면, 부자들에게는 죄의 위험에 노출되어 있으니 특별한 경계가 필요하며, 자비로운 행위를 통해서 그들의 죄를 속죄해야 한다고 말했다.[1] 돈을 버는 행위는 위험한 일이다.[2] 교황 레오 1세Sanctus Leo PP. I는 "상인은 하느님을 좀처럼, 아니 절대로 즐겁게 하지 못한다."라고 단언한다. 11세기 후반 신학자 페트루스 다미아누스Petrus Damianus에게 한 수도사가 어떻게 해야 구원을 얻을 수 있는지 묻자 그는 이렇게 답한다. "무엇보다 먼저 돈을 버려라." 예수 그리스도와 돈은 같은 장소에서 서로 잘 어울리지 못하기 때문이다. 페트루스 롬바르두스Petrus Lombardus 또한 상인들이 죄를 짓지 않고 일을 수행하는 것은 거의 불가능하다고 말한다. "돈을 사랑함이 일만 악의 뿌리가 되나니"(디모데전서 6:10)라는 성경 말씀은 축재蓄財를 하려는 사람들에게 마음 깊이 불안을 안겨 주었다.

만일 이런 태도가 지속되었다면 근대 사회의 도래는 영영 불가능했을 것이다. 상인, 금융업자, 기업 경영인 등에게 모두 지옥에서 영원히 고통받으리라고 비난한다면 어떻게 자본주의가 꽃피어 나겠는가. 가난한 걸인이 찬양받는다면 어떻게 노동 계급이 등장할 수 있겠는가. 현재 우리에게 익숙한 사회가 도래하려면 분명 근본적인 시각의 변화가 필요했다. 중세 말과 근대 초 사이에 필시 부와 빈을 보는 시각, 인간과 재물의 관계를 보는 시각에 근본적인 단절이 있었다. 언제, 어떤 방식으로 그런 변화가 일어났을까?

'정직한' 빈민과 '사악한' 빈민

빈에서 부로, 다시 말해 청빈清貧이 이상인 사회에서 부를 적극적으로 추구하는 사회로 변화하는 과정을 이해하는 문제는 결코 간단치 않다. 가난한 자가 복을 받을 것이며, 부자가 천국에 들어가는 것은 낙타가 바늘귀로 들어가는 것보다 어렵다고 믿던 사회에서 부의 추구를 정당하고 또 소망스럽게 바라보는 사회로 어떻게 이행해 갔을까? 이 질문에 답하기 위해서는 우선 중세에 빈곤의 찬미란 정확히 어떤 의미였는가를 물을 필요가 있다.

'실생활'에서 빈민과 걸인은 정말로 존경받았는가? 그렇지 않다. 빈곤 자체가 덕목이나 성스러운 것은 아니었고, 실제 빈민들은 흔히 악의적이고 경멸적인 취급을 받았다. 성스러운 빈곤이란 영적인 덕목일 뿐이었다. 이념적으로만 '마음이 가난한' 자를 존경했던 것이다. 찬미의 대상이 되는 경우는 '자발적 빈곤'이다. 이들은 스스로 권력과 재산을 버리고 종교에 귀의한 사람들이다. 그 정도는 아니라 해도 본래 귀족이었다가 몰락하여 빈곤에 빠진 사람들이 동정을 받았고, 몸이 성치 않아 일을 할 수 없어서 가난해진 사람들은 경멸을 피할 수 있었다. 이런 종류의 빈민들이 도움을 받을 수 있는 '정당한' 빈민이다. 사지가 멀쩡한데 일하지 않는 빈민들까지 성스러운 존재로 찬양받은 것은 아니었다.

그러므로 빈민이라고 다 똑같은 취급을 받은 게 아니고, 유형에 따라 상이한 대접을 받았다. 특히 11세기 이후 유럽 경제가 성장하기 시작하면서 섬세한 구분을 시도했다. 사회에 부가 늘어나고, 무엇보다 돈이 삶의 준거가 되기 시작하면서 사회 질서에 큰 변화가 일어났다. 이럴 때 부와 빈에 대한 사람들의 감수성이 예민해지기 마련이다. 빈곤에 대한 범주화가 진행된 것도 이 무렵이다. 자발적으로 빈곤을 선택한 점이 강조되는 '베드로형 가난'과 큰 고통을 당하는 점이 강조되는 '나사로형 가난'을 나누고, 몸이 불편해서 도움이 절실한 '정직한 빈민'과 그렇지 않은 '부정직한 빈민'을 구분했다. 후자의 인간들은 성스럽기는커녕 게으르고 타락한 인간일 뿐이다. 풍자시인 기욤 드 클레르Guillaume de Clerc는 빈민이 부자들만큼이나 악을 행하고 있다고 주장한다.[3]

빈곤은 타락한 상태로 방치되어서는 안 되고 교회의 엄정한 규제하에 두어야 했는데, 그 모범은 탁발승단托鉢僧團이다. 모든 것을 버리고 스스로 걸인이 되어 사람들 사이로 들어가 구걸해 먹으며 하느님의 뜻을 전하는 새로운 종류의 수도회 조직이 생겨났다. 프란체스코 교단이 대표적이다. 아시시의 프란체스코Francesco d'Assisi가 1221년 수도사들을 위해 정한 규칙 중 하나는 돈을 사용하지도 말고 귀하게 여기지도 말 것이며, 먼지로 생각해야 한다는 것이다. 빈곤의 실천도 이처럼 교회의 방식에 따라야 했다. 흥미로운 점은 중세 최대의 이단 중 한 명인 리옹의 왈도 역시 원래는 프란체스코와 거의 똑같은 주장을 했다는 점이다. 그 역시 예수가 말한 대로 모든 재산을 버리고 걸인의 삶을 살며 돌아다니면서 설교를 하고자 했지만, 끝내 교황청으로부터 이단 판정을 받았다. 제2의 그리스도(프란체스코)와 사탄 같은 이단(왈도)은 어쩌면 종이 한 장 차이

프란체스코는 부친과 절연하고 자신의 상속권을 포기한 뒤 빈곤을 실천하며 살았다.

였고, 그 작은 차이는 곧 교회의 승인 여부였다. 자선을 받는 일이나 자선을 베푸는 일 모두 정확한 교회 지침을 따라야 했다.

교회와 당국에 의해 정직한 빈민으로 규정된 사람들만 도움을 받을 가치가 있다. 사악한 빈민에게 주어진 보시는 그것을 받은 자뿐 아니라 베푼 사람에게까지 해를 끼치므로 지극히 조심해야 한다. 부자들은 이처럼 선별된 사람들에게 도움을 줌으로써 죄를 면할 수 있다. 기부와 자선은 죄를 씻어 주는 수단이 되었다. 정직한 빈민의 존재는 신의 구원 사업의 한 부분으로 자리매김되었다. "신은 모든 사람들을 부유하게 하실 수 있지만 부자들의 죄를 용서하기 위해 이 세상에 빈민들을 존재하게 하셨다."라는 것이다.[4]

자선 행위는 12-13세기에 만개했다.[5] 피사의 도미니칸 수도사 조르다노 디 리발토Giordano di Rivalto는 물질적 도움을 받은 걸인은 자선을 베푼 사람을 위해 기도해야 한다고 가르쳤다. 자선 행위의 기본 동기가 바로 이것이다. 빈민은 물질적 도움을 받고, 부자는 자선을 통해 죄를 갚는다(정확히 표현하면 잃어버린 덕성을 되사는 일이다). 일종의 계약 행위인 셈이다. 결과적으로는 부자들이 도움을 줌으로써 교회가 승인한 성스러운 가난이 가능해졌고, 이런 식으로 부자들에게 구원의 가능성이 열리기 시작했다.

부자를 위한 '구원'의 조건

부를 추구하는 사람들에게 구원의 길을 열어 주려면 그들의 행위가 어떤 면에서 정당한지 신학적으로 해석해 주어야 한다. 우선 상인들의 행위부터 따져 볼 필요가 있다. 어떤 물품을 원래 가치보다 더 비싸게 파는 것이 합당한가? 토마스 아퀴나스Thomas Aquinas는 '정당한 가격just price'보다 비싸게 파는 것은 이웃을 속여 해를 끼치는 일이기 때문에 전적으로 죄에 해당한다고 말한다.[6] 만일 이 원칙을 곧이곧대로 적용한다면 이 세상에 장사꾼은 아예 존립할 수가 없을 것이다. 물건을 산 가격 그대로 되팔아야만 할 뿐, 이윤을 남길 경우 이웃을 해치는 죄인이 된다고 하면 도대체 누가 장사를 하려고 하겠는가?

그렇지만 아퀴나스는 곧이어 상인들에 대한 비난을 완화하는 논리를 제시한다.[7] 상인이 거래할 때 자신이 산 가격보다 높은 가격으로 파는 것이 합당하며, 그때 얻은 이윤은 죄에 해당하지 않는 경우가 존재한다는 것이다. 우선 자신의 가계를 유지하기 위해 작은 이윤을 추구하는 것은 가능하다. 그렇지 않고서야 도대체 상인이 왜 그런 수고를 하겠는가. 자기 집안사람들을 먹여 살리는 정도도 못 한다면 왜 일을 한단 말인가. 또 자기 나라에 필요한 물품이 부족하지 않도록 함으로써 공공의 이익을 창출하면서 상인이 이윤을 추구하는 행위도 물론 합당하다. 흉년이 들어 사람들이 굶어죽는 지경에 이르렀을 때 이웃 지역에서 곡물을 구입해 가지고 오는 사람이 어떻게 죄인인가? 결국 아퀴나스는 원론적으로는 이윤을 남기는 상업 행위가 죄라고 선언했지만, 각론에 들어가서는 상업 행위가 '효용效用'을 지니며 공동선에 이바지하므로 상인이 사회에 필요한 존재라는 지극히 상식적인 사실을 인정한 셈이다.

그렇다 하더라도 부의 추구가 "시험과 올무와 여러 가지 어리석고 해로운 욕심에 떨어지나니 곧 사람으로 파멸과 멸망에 빠지게" 한다는 성경 구절과 모순되지 않는가? 아퀴나스의 설명에 따르면 탐욕의 죄는 단순히 부에 대한 욕망이 아니라 부에 대한 '부적절한' 욕망이다. 바꿔 말하면 적절한 혹은 합당한 정도의 욕망은 지옥에 떨어질 죄악이 아니다. 그러므로 "어떤 기준을 따르기만 한다면, 또 부가 '삶의 조건에 맞춰' 사는 데 필요한 것인 한에서는 사람들이 물질적인 부를 추구하는 것도 용납"된다.[8] 이쯤 되면 악랄한 이익 추구가 아닌 한 경제 행위는 승인을 받은 셈이고, 그렇게 해서 돈을 버는 것도 죄가 아니다.

상품 거래보다 훨씬 정당화하기 어려운 것은 돈 거래, 곧 고리대금업이다.[9] 고리대금업자는 늘 지옥에 떨어질 대상 1순위였다. 5세기 중엽 교황 레오 1세는 "고리로 번 돈은 영혼의 죽음을 가져온다Fenus pecuniae, funus est animae."라고 단언했다. 고리대금은 곧 죽음을 의미했다. 12세기 중엽 교회 법전에는 이렇게 쓰여 있다. "모든 상인 중에 가장 저주받아 마땅한 자는 고리대금업자이다. 왜냐하면 상인들과 달리 고리대금업자는 사람이 취득한 것이 아니라 하느님이 주신 것을 팔고, 고리로 돈을 빌려준 뒤 남의 재산과 더불어 그것을 다시 찾아오기 때문이다." 잉글랜드의 사제 코브햄의 토마스Thomas of Cobham도 이렇게 거든다. "고리대금업자는 일을 전혀 하지 않고도, 심지어는 잠을 자면서도 이윤을 얻기를 원한다. 그것은 '이마에 땀이 흘러야 낟알을 얻어먹으리라'(창세기 3:19)고 말씀하신 주님의 가르침에 어긋난 것이다."

중세 예화집에는 고리대금업자를 비난하는 이야기들이 차고 넘친다. 프랑스의 신부이며 저명한 신학자 자크 드 비트리Jacques de Vitry가 전하는 예화 중 하나를 보자.[10] 한 고리대금업자가 죽자 사제는 그의 시신을 교회 묘지에 매장하지 못하도록 했다. 친구들이 하도 간절히 부탁하자 사제는 하느님의 뜻을 알아보기로 한다. 하느님께서 지정하는 곳에 사체를 묻겠다고 기도한 후, 당나귀 등에 시신을 싣고 당나귀가 어떻게 하는지 보자는 것이다. 그러자 당나귀는 한눈도 팔지 않고 곧장 도시 밖으로 나가 도둑들을 교수형에 처하는 장소로 가서, 뒷발질을 세게 한 번 하더니 교수대 아래 오물 더미 위로 시체를 던져 버렸다.

단테는 고리대금업자를 지옥의 제7옥에 남색자들과 함께 위치시켰다.

> 또한 신성神聖에 폭력을 가하는 수도
> 있는데, 마음으로 부정하고 저주하면서
> 그분의 덕성과 본성을 경멸하기도 하고,
> 따라서 가장 작은 둘레는 소돔과 카오르,
> 마음으로 하느님을 경멸하여 말하는
> 자들에게 낙인을 찍어 표시하고 있다.[11]

단테에 의하면 돈을 빌려주고 이자를 받는 일은 신성에 폭력을 가하는 일이며, 동성애와 원리적으로 유사하다. 둘 다 진정한 사랑이 아니며, 곧 하느님이 정한 법칙을 어기는 행위이기 때문이다. 고리대금업을 비난하는 가장 대표적인 논리는 돈 자체가 생산력이 없다는 것이다. 아퀴나스를 비롯한 많은 신학자들이 '돈은 돈을 낳지 않는다Nummus non parit nummos'고 말했다. "화폐는 교환을 위해 발명된 것이다. 따라서 화폐의 고유 기능, 우선적인 기능은 교환 행위에서 소비되고 사용되는 것이다. 그러므로 빌려준 돈을 사용한데 대한 대가를 받는 것은 그 자체로 부당하다."[12]

돈은 생산을 할 수 없다. 금이나 쇳덩어리는 새끼를 치지 못한다. 이것들은 본질적으로 사랑의 존재가 아니다. 그런데 무슨 근거로 돈을 빌려준 다음 이자(=새끼)를 받는가? 고리대금업자는 과연 무엇을 판 것인가? 급히 돈을 필요로 하는 사람에게 돈을 빌려준 것은 결국 시간적 여유를 갖도록 해준 것이다. 그렇다면 돈을 빌려

준 시점과 이자를 붙여서 되돌려 받는 시점 사이에 시간이 흘러간 점 말고는 돈놀이꾼은 아무것도 한 것이 없다. 결국 고리대금업자는 시간을 팔아먹은 결과가 된다. 시간은 오직 하느님에게만 속한 것이므로, 시간을 팔아먹은 고리대금업자는 하느님의 재산을 훔친 것이 된다. 성 안셀무스Anselmus에 따르면 "고리대금업자가 채무자에게 파는 것 중 자신이 소유한 것은 아무것도 없다. 그는 단지 하느님에게 속한 시간을 팔 뿐이다."[13] 그렇기에 개념적으로 고리대금업자는 도둑이다.

'돈 장사'에 대한 비난은 무려 18세기까지도 끈질기게 지속되었다. 1745년 교황 베네딕토 14세Benedictus PP. XIV는 "이자로 받은 돈이 그다지 많지 않다거나 지나치지 않고 적절하거나 적다고 주장해도 고리대금의 죄가 씻어지지는 않는다."라면서 비난을 거두지 않는다.[14] 여기에는 유용성이라든지 적절한 정도라는 식의 정당화가 통하지 않는 것이다.

만일 이런 논리가 극단적으로 적용되면 고리대금업, 다시 말해 은행업은 발전할 수 없다. 지옥에 갈 게 뻔한데 어떻게 돈을 빌려줄 수 있겠는가. 그렇지만 세상에 돈이 돌지 않으면 경제가 망하리라는 것은 누구나 다 아는 사실이다. 이럴 때 다시 신학자가 나서서 정당화시켜 주어야만 한다.

아퀴나스는 돈을 빌려주고 이자를 받는 것은 '그 자체로서' 부당하며 명백하게 불공정한 사태를 초래한다고 말하지만, 곧이어 현실적으로 인정하지 않을 수 없는 이유를 댄다. 실생활에서 이자를 받고 돈을 빌려주는 일이 법적으로 허용되지 않느냐는 주장에 대해 아퀴나스는 이렇게 답한다.

> 만일 모든 죄들이 엄격하게 금지되고 처벌받을 경우 많은 유용한 것들의 덕을 보지 못하게 될 불완전한 인간의 조건 때문에 인간의 법은 몇몇 죄들을 처벌하지 않고 용서한다. 인간의 법이 어떤 고리대금업에 대해서 관용을 베푸는 것은 그것이 적법해서가 아니라 많은 사람들에게 유용한 일에 장애가 되지 않기 위해서이다.[15]

적법하지는 않지만 어쨌든 실제로 유용하기 때문에 인정하지 않을 수 없다는 이야기이다. 이처럼 아퀴나스는 고리대금업의 유용성을 솔직히 인정한다. 다만 이자 수취가 과하지 않아야 한다. 그렇다면 결국 어느 수준의 이자율이면 허락된다는 건지 기준을 세울 필요가 제기된다. 중세 각국의 이자율 기록을 보면 차이가 크긴 하지만 대체로 33.5퍼센트가 허용된 최대치였다. 제3차 라테라노 공의회(1179)와 제4차 라테라노 공의회(1215)에서는 이 수준을 넘는 과도한 고리대금업을 비판했다. 결국 그보다 낮은 이자율을 적용하는 경우에는 비난을 피해 갈 수 있는 길이 열렸다.[16]

적절한 수준의 이자를 수취하면 고리대금업이 가능하다고 말하는 것만으로는 부족하다. 어떤 경우에 어떤 근거로 이자 수취가 정당화될 수 있는지 스콜라 철학은 다음과 같은 다섯 가지 조건을 제시한다.

첫째, 상환이 지체되어 예상치 못한 손해가 발생할 경우damnum emergens, 이때 받는 이자는 고리로 간주되지 않는다.

둘째, 고리로 빌려준 돈으로 더 유리한 투자를 했을 때 벌어들일 수 있었던 합법적인 이득에 대한 장애lucrum cessans, 말하자면 기회비용이 발생할 때이다.

연옥은 12세기 말 교회에 의해 새롭게 창안된 공간이다. 이로써 고리대금업자들에게 구원의 길이 열리게 되었다.

셋째, 노동의 보수stipendium laboris로 볼 수 있을 때이다. 아마도 이것이 가장 중요하고 정당한 구실이 될 것이다. 고리대금업자가 빌려준 돈은 이전에 힘들게 번 결과이며, 또 그 돈을 사용하는 행위 역시 쉽지 않은 일이다.

넷째, 채무자가 변제 불능 상태에 빠져 자본을 상실할 위험periculum sortis이 있을 때이다.

다섯째, 불확실성에 대한 계산ratio incertitudinis도 고려해야 한다. 확실한 것과 불확실한 것을 식별해 내고 그에 기초한 경제적 계산을 하는 행위 역시 아무나 할 수 없는 힘든 일이라며 이 또한 정당한 사유로 인정하는 것인데, 이는 자본주의 발전에 중요한 요소가 된다.

이제 고리대금업자들마저 지옥에 가지 않고 구원을 받을 수 있는 길이 열렸다. 교회에서는 그런 사례를 예로 들어 이야기해 주었다. 시토회 수도사 하이스터바흐의 차이자리우스Caesarius of Heisterbach의 『기적들에 대한 대화』에 나오는 리에주의 한 고리대금업자 이야기를 보자.[17] 고리대금업자가 죽자 당연히 그의 영혼은 지옥으로 직행한 것으로 간주되었지만, 부인이 적극적으로 나서서 하느님의 노여움을 가라앉히려고 노력했다. 교회와 심지어 교황청에 탄원을 하고, 죽은 남편을 위해 열심히 기도와 자선을 행했다. 7년이 지났을 때 남편의 영혼이 검은 옷을 입고 부인에게 나타나 이제 자신은 지옥의 형벌을 면했으며, 앞으로 7년간 더 노력해 준다면 구원을 받을 수 있다고 말한다. 부인이 7년을 더 노력하자 드디어 남편이 흰 옷을 입고 나타나 자신이 완전히 풀려났다고 밝힌다.[18]

바늘귀를 통과한 낙타

고리대금업자마저 연옥을 거쳐 천국으로 가는 구원의 길을 밟게 되었으니, 이제 부의 추구를 승인하는 단계에서 중요한 한 걸음을 내딛었다고 할 수 있다. 첫 돌파가 중요한 법이다. 이후 부와 빈을 보는 사회적 시각은 급격히 변해 갔다. 흑사병, 전쟁, 기근 등 중세 말의 심대한 위기가 지나고 그 후 경제 성장 과정에서 초기 자본주의라 부를 수 있을 만한 큰 변화가 일어났다. 부자들은 더욱 부자가 되고 가난한 사람들은 더 심한 가난에 처하는 현상이 나타났다. 토지를 잃고 거리로 내몰린 농민들이 유랑민이나 걸인이 되어 도시로 몰려왔다. 도시의 뒷골목으로 몰려드는 엄청난 수의 빈민들을 과거처럼 예수와 성인 같은 존재라고 보는 것은 불가능했다. 빈민에 대한 새로운 조치가 취해지지 않을 수 없었다.

토머스 모어는 『유토피아』를 통해 근대 초 사회를 신랄하게 비판했다.

근대 초 사회 문제에 대해 가장 예리한 성찰을 보여 준 작품 중 하나로 토머스 모어Thomas More의 『유토피아』를 들 수 있다. '사람을 잡아먹는 양' 이야기는 당대의 심각한 사회·경제 문제에 대한 예리한 문학적 코멘트이다. 어느 날 런던 시내에 있는 교수대에 도둑 스무 명이 처형되어 시체가 매달려 있다. 그야말로 지옥의 풍경이 아닐 수 없다. 이 도둑들로 말하자면 원래부터 악당이 아니라 시골에서 자기 땅을 경작하면서 가난하지만 품격 있게 살아가던 농민들이다. 그런데 모직물 공업이 발전하면서 양모 가격이 오르자 지주들은 농민들을 내쫓고 그 넓은 땅을 울타리로 막은 다음 양을 치기로 결정했다. 지주들은 더 많은 돈을 벌었지만, 쫓겨난 농민들은 별 수 없이 도시로 몰려갔고 생계 때문에 도둑질이나 강도를 하다가 잡혀 결국 죽음으로 내몰린다. 저자의 말대로 이는 도둑을 만든 다음 처벌하는 꼴이다. 이것이 과연 정의로운 일인가?

모어는 영국 사회의 부정의를 비판하지만, 그렇다고 도둑을 처벌하지 않고 어떻게 이 문제를 해결할 수 있단 말인가? 저자는 '폴리레리트'라는 가상의 나라에서 행하는 자비로운 제도를 소개한다. 이 나라에서는 도둑을 사형에 처하지 않고 한곳에 모아 놓고 노역을 시키면서 그들의 죄를 씻을 기회를 준다. 일단 죄수들을 무조건 죽음으로 내몰지 않고 개과천선의 길을 모색한다는 점에서 이 방안은 도둑을 전부 사형에 처하는 영국 방식보다 훨씬 인간적으로 보인다. 그러나 텍스트는 이런 근대적 빈민정책이 결과적으로 얼마나 가혹하고 폭력적인 방향으로 나아갈지 예리하게 비판하고 있다.

> 그들(죄수, 노예)에게 돈을 주면 주는 사람이나 받는 사람 모두 사형에 처합니다. 그들이 무기를 소지하는 것 역시 사형에 해당하는 중대한 범죄입니다. 그들이 달게 되어 있는 특별한 표시를 버리든지, 다른 구역으로 넘어가든지, 혹은 다른 구역 노예와 이야기만 해도 사형입니다. (…) 탈주 계획을 모의하면 노예는 사형이고 이에 협력한 자유인은 노예가 됩니다.[19]

"악덕을 없애고 사람을 구하는" 자비로운 빈민제도를 만들었지만, 그 제도를 유지하기 위해서 사형이 남발된다. 근대의 빈민정책 자체가 대개 빈민을 노예화하고 가혹하게 억압하게 되리라는 비판이다.

문학적 허구가 아니라 실제 사회도 마찬가지 길을 밟았다. 17세기에 암스테르담에는 빈민과 유랑민을 구금하여 노역을 시키는 라습하위스rasphuis라는 기관이 있었다. 이곳에서는 재소자들에게 브라질나무를 대패로 깎는 일을 시켰다. 직물 염료로 중요한 이 나무는 재질이 무척 단단해서 대패질이 극심한 중노동이었으므로 누구도 하지 않으려 했고, 결국 빈민과 범죄자에게 이 일이 돌아갔다. 이곳에서는 하루 종일 대패질을 하도록 한 다음 저녁에 그 양을 재서 기준량을 채운 사람에게는 식사를 주고, 그렇지 못한 사람에게는 식사량을 줄이든지 굶겼다. 붉은 먼지가 몸에 붙어 마치 온몸에서 피가 나오는 듯한 모습을 한 채 재소자들은 저녁 한 끼를 얻어먹기 위해 하루 종일 중노동을 해야 했다. 이처럼 빈민은 구금하고 강제로 노동을 해야 하는 일종의 범죄자 취급을 당했다.[20] 부와 빈을 보는 시각에서 변화가 일어나더니, 어느샌가 이런 극적인 역전 사태가 벌어졌다. 빈민은 성인이 아니라 통제의 대상, 유사 범죄자가 된 것이다.

근대에 들어와 가난은 경멸과 억압의 대상이 되었고 부는 점차 정당화되었다. 낙타가 바늘귀를 통과하는 기적이 일어났다. 신학자 존 콥John B. Cobb, Jr.은 하느님과 마몬Mammon(재화의 신)을 동시에 숭배할 수는 없을 터인데, 현대 서구 사회에서는 결국 마몬이 승리를 거둔 것 같다고 말한다.[21] 그럼에도 부에 대한 불안이 완전히 사라진 건 아니어서,[22] 칼뱅Jean Calvin은 "장미에는 가시가 있다."라는 말로 부에 따르는 위험을 강조했었다. 우리 내면에는 여전히 과도한 부의 추구에 대한 약간의 죄악감이 마치 흔적기관처럼 희미하게 남아 있다.

1. 브로니슬라프 게레멕, 『빈곤의 역사』(이성재 옮김, 길, 2011), 27, 52쪽.

2. 앨런 케이헌, 『지식인과 자본주의』(정명진 옮김, 부글북스, 2010), 85-88쪽.

3. "그들은 배신자이고 질투가 많으며, 거짓말쟁이이고, 거만하고, 욕심과 사치가 가득하다." 브로니슬라프 게레멕, 『빈곤의 역사』, 45쪽.

4. 브로니슬라프 게레멕, 『빈곤의 역사』, 31쪽.

5. 브로니슬라프 게레멕, 『빈곤의 역사』, 35쪽.

6. Thomas Aquinas, *Summa Theologica* (『신학대전』, 정의채 외 옮김, 바오로딸, 1997), Pt II-II, Q77, art1.

7. Thomas Aquinas, *Summa Theologica*, Pt II-II, Q77.

8. 앨런 케이헌, 『지식인과 자본주의』, 91쪽.

9. 자크 르 고프, 『돈과 구원』(김정희 옮김, 이학사, 1998), 38, 45, 57쪽.

10. 자크 르 고프, 『돈과 구원』, 87-88쪽.

11. 단테, 『신곡: 지옥편』(박상진 옮김, 민음사, 2013), 11곡 46-51행.

12. Thomas Aquinas, *Summa Theologica*, Pt II-II, Q78, art1.

13. 자크 르 고프, 『돈과 구원』, 53쪽.

14. 앨런 케이헌, 『지식인과 자본주의』, 92쪽.

15. Thomas Aquinas, *Summa Theologica*, Pt II-II, Q78, art1.

16. 자크 르 고프, 『돈과 구원』, 98-99쪽.

17. 자크 르 고프, 『돈과 구원』, 107-108쪽.

18. 죽은 뒤 연옥의 고통을 통해 죄를 씻고 결국 천국으로 간다는 논리와 통한다. 자크 르 고프는 『연옥의 탄생』에서 이런 교리와 실천이 발전해 가는 과정을 밝혔다. 연옥은 모든 사람들에게 구원의 가능성을 열어 준 중세 최고의 발명품일 것이다. 자크 르 고프, 『연옥의 탄생』(최애리 옮김, 문학과지성사, 2000).

19. 토머스 모어, 『유토피아』(주경철 옮김, 을유문화사, 2007), 84-86쪽.

20. Henry Méchoulan, *Amsterdam au temps de Spinoza, Argent et liberté* (Paris: PUF, 1990).

21. John B. Cobb, Jr., "Eastern View of Economics", https://web.archive.org/web/20150906075839/http://

www.religion-online.org/showarticle.asp?title=3607.

22. Simon Schama, *The Embarrassment of Riches: An Interpretation of Dutch Culture in the Golden Age* (New York: Alfred A. Knopf, 1987).

인간의 몸은 어떻게 재현되는가 — 엘 그레코와 누드

박정호

크레타 출신으로 이탈리아와 스페인에서 활동한 미술가 엘 그레코El Greco(본명은 도메니코스 테오토코풀로스)의 종교화에는 나체와 반나체로 묘사된 인물이 빈번히 등장한다. 엘 그레코가 이탈리아에서 르네상스 화풍을 섭렵했다는 사실을 생각하면 그가 인체 누드를 다수 남겼다는 사실은 그다지 특별할 것이 없어 보인다. 15세기 이후 이탈리아 미술에서 나체의 인물들은 신화, 역사, 종교를 주제로 한 작품에 빈번히 등장하기 때문이다. 그러나 엘 그레코가 활동하던 16세기 후반부터 17세기 전반까지 가톨릭개혁기의 스페인 상황을 고려하면 이는 매우 이례적이다. 당시 스페인에서는 누드에 대해 부정적인 견해가 지배적이었고, 따라서 종교 미술에서도 나체 또는 반나체로 표현된 인물은 찾아보기 어렵다. 그렇다면 엘 그레코의 작품에 나타나는 누드와 세미누드는 어떻게 이해할 수 있을까?

마리아스Fernando Marías와 부스타만테Agustín Bustamante는 엘 그레코가 인체 누드를 작품에 포함시킬 수 있었던 이유를 당대 스페인 미술의 경향과 거리를 둔 화가의 독립적인 태도에서 찾았다.[1] 엘 그레코는 스페인에서 자신이 그린 작품에 대해 정당한 대가를 받기 위해 일곱 차례나 소송을 제기할 정도로 화가로서 자부심이 컸고, 후원자의 요구에 따라 작품을 수정하기를 꺼렸던 것은 사실이다.[2] 그러나 다른 한편으로 그는 세속적인 성공을 추구하기도 했다. 안정적인 후원에 목말라 있던 그가 누드에 대한 부정적인 시각이 지배적이었던 환경을 무시하고 독자적으로 자신의 예술적 지향을 추구할 수 있었을까? 마리아스와 부스타만테의 연구는 화가가 스페인에서 누드를 그릴 수 있었던 조건을 면밀히 고려하지 않았다는 점에서 한계를 지닌다.

이후의 연구들은 당시 스페인 사회의 종교적 분위기와 보다 밀접한 관계 속에서 엘 그레코의 작품에 나타나는 누드를 해석했다. 화가가 누드를 통해 그리스도교적 관념을 표현했기 때문에 통제를 피해 갈 수 있었다는 것이다. 데이비스David Davies는 엘 그레코의 후기작에서 드러나는 추상적인 인체 표현에 주목하여 이를 가톨릭개혁기 스페인에서 성녀 아빌라의 테레사Teresa of Ávila, 십자가의 성 요한 등 영성가들의 저작에 힘입어 유행한 신비주의가 시각적으로 발현된 예로 보았다.[3] 화가가 추상화된 누드를 통해 신과 합일의 경지에 이른 인간의 정신을 표현했다는 것이다. 그러나 이 주장은 작품에서 구현된 주제와 추상적인 사상 사이에 필연적인 인과관계를 입증할 수 없다는 점에서 자의적인 해석이라는 비판을 면하기 어렵다.

한편 프리드먼Luba Freedman은 엘 그레코가 그린 누드에 서로 대립되는 두 관념이 나타난다고 보았다. 화가가 나체의 인물을 통해 아름다운 누드가 정신의 이상을 반영한다는 고전적·르네상스적인 관념과 함께, 벗은 몸을 이교적인 죄악의 상태로 보는 그리스도교적 관념을 표현했다는 것이다. 이에 따라 프리드먼은 예수와 성인의 누드는 세속을 초탈한 영적인 지위를 강조하는 것으로 보았고, 이교도들의 누드는 죄의 상태를 나타내는 것으로 해석했다.[4] 그러나 엘 그레코의 작품들에서 인물과 주제에 따라 누드의 표현 방식이 뚜렷하게 달라지지 않는다는 점은 이러한 분류의 설득력을 떨어뜨린다.

엘 그레코가 일생에 걸쳐 제작한 다양한 누드가 특정한 몇 가지 관념을 상징적으로 드러낸다고 보는 접근법은 재고할 필요가 있다. 이탈리아 르네상스 미술가에게 누드는 회화를 구성하는 데 보편적으로 사용된 요소로, 화가로서의 기량을 보여 주는 수단이었다. 이 점을 고려한다면 그가 다양한 작품에서 묘사한 누드는 특정한 표상이라기보다 르네상스 미술가들이 인체에 대해 공유한 미적 관심을 계승하고 발전시킨 결과라고 보는 편이 타당하다. 이 글에서 필자는 엘 그레코의 누드가 지니는 도상圖像적 의미를 분석하기보다 누드의 인물 묘사가 화가로서의 정체성 형성 과정에 어떤 역할을 했으며, 가톨릭개혁기 스페인이라는 특정한 사회적 조건에서 어떻게 발현될 수 있었는지 살펴보고자 한다.

사실적인 인체 묘사와 누드

인체의 사실적인 재현에 대한 엘 그레코의 관심은 그가 크레타에서 그린 이콘icon에서부터 드러난다. 초기작인 〈성모자를 그리는 성 루카〉(1567년 이전, 아테네 베나키 미술관)에는 가슴과 다리를 드러낸 천사가 루카에게 월계관을 내리는 모습으로 그려졌는데, 이는 누드 묘사를 기피하고 평면성을 강조한 비잔틴 이콘의 전통에서는 매우 드문 예이다. 〈성모 영면〉(1567년 이전, 에르무폴리스 성모 영면 성당)의 전경에 묘사된 촛대에 반나체의 여신상이 삽입된 점 역시 누드상을 표현하고자 한 화가의 의식적 선택의 결과였다. 엘 그레코의 이런 경향은 당시 크레타가 베네치아령이었고, 따라서 이탈리아 미술품이 다수 유입되었다는 사실로 설명된다. 엘 그레코는 당시 유통되던 판화 등을 통해 르네상스 미술의 사실적인 재현에 관심을 가졌을 것으로 추정된다.

현존하는 엘 그레코의 작품을 보면 그가 인체 누드를 르네상스 미술의 핵심으로 여겼음을 알 수 있다. 누드 묘사는 인체를 사실적으로 표현하는 데 필수적이었다. 종교, 역사, 신화의 내용을 화폭에 효과적으로 재현하기 위해서는 등장 인물을 설득력 있게 묘사해야 했고, 이를 위해서는 우선 자연 상태의 인체를 비례에 맞게 그릴 수 있어야 했기 때문이다. 이탈리아의 인문주의자 안젤로 데쳄브리오Angelo Decembrio는 1462년경 완성한 『문장의 연마에 대하여*De politia litteraria*』에서 나체는 옷을 입은 인물보다 평가하기 쉽고, 세월에 따라 옷의 유행은 바뀌지만 최상의 예술가인 자연이 빚은 인간의 몸은 변하지 않는다는 이유로 인체 누드를 옹호했다.[5]

1567년 엘 그레코가 베네치아로 건너간 직후에 제작한 〈모데나 세폭화〉(c. 1568, 모데나 에스텐세 미술관)에는 이와 유사한 관점이 드러난다. 앞면 중앙에는 재림한 예수가 그리스도교인 기사에게 왕관을 씌워 주는 장면이 묘사되었고, 좌우 패널에는 각각 목동들의 경배와 세례를 받는 예수의 모습이 묘사되었다. 뒷면에는 시나이 산의 풍경을 중심으로 성모 영보聖母領報와 아담·하와의 모습이 좌

〈모데나 세폭화〉의 앞면 중앙과 우측 패널, c. 1568, 모데나 에스텐세 미술관

우로 배열되었다. 이 작품에는 비잔틴 이콘의 전통과 이탈리아 르네상스 회화의 요소들이 뒤섞여 있다. 화면에 전체적으로 사용된 금빛 배경은 비잔틴 이콘의 전통이 남아 있음을 보여 준다. 그러나 화가가 여기서 강조한 것은 다양한 자세로 표현된 인체 누드이다. 붉은 천으로 허리춤만을 가린 재림한 예수, 세례를 받는 예수는 각각 화면의 중앙에 배치되어 시선을 집중시킨다. 뒷면의 아담과 하와는 전라全裸의 모습으로 성부와 함께 전경에 그려졌다. 특히 콘트라포스토 자세(무게를 한쪽 발에 집중하고 다른 쪽 발은 편안하게 놓는 자세)를 취하고 왼손을 살짝 든 아담의 모습은 야코포 카랄리오 Jacopo Caraglio가 판화로 제작한 〈메르쿠리우스〉(1526, 런던 브리티시 뮤지엄)와 유사하다. 또한 아담의 신체에 양감을 표현하기 위해

엘 그레코가 사용한 강한 음영 대비는 화가가 당시 유통되던 이 판화를 참고했음을 알려 준다.[6]

판화뿐만 아니라 로마에서 볼 수 있었던 고대의 조각 역시 엘 그레코가 그린 생생한 인체 누드에 중요한 모델이 되었다. 예수가 예루살렘 성전에서 환전상과 제물을 파는 상인들을 내쫓는 요한복음의 장면(2:13-16)을 표현한 〈성전 정화〉(c. 1570, 워싱턴 내셔널갤러리)에는 쫓겨나는 상인들의 모습이 다양한 자세의 반나체로 묘사되었다. 예수의 채찍을 피하려는 남자 둘과 그 아래 가슴을 드러낸 채 반쯤 누워 있는 여인이 대표적이다. 이 여인은 바티칸 미술관에 소장된 대리석 조각 〈잠든 아리아드네〉(기원후 2세기)를 참고로 한 것이다. 역시 로마에서 엘 그레코가 제작한 〈맹인을 치유하는 그리스도〉(c. 1572, 파르마 국립미술관)에도 누드와 세미누드로 표현된 인물들이 등장한다. 화면 왼쪽에는 천으로 허리춤을 가린 근육질의 남성이 서 있다. 이 인물은 기원전 4세기 그리스 조각상을 로마에서 기원후 3세기에 모각한 〈파르네세 헤라클레스〉(나폴리 국립고고학 박물관)를 모델로 삼은 것이다. 이 조각상은 1546년 발견된 이래 알레산드로 파르네세Alessandro Farnese 추기경의 조각품 컬렉션에 포함되어 엘 그레코가 로마의 파르네세 저택에 머무르던 당시 그곳에 있었다.

이탈리아 시기 엘 그레코가 제작한 작품에 나타나는 누드에서 일관된 의미를 발견하기는 어렵다. 〈모데나 세폭화〉에서 예수의 모습은 물론 아담과 하와 역시 에덴동산에서 쫓겨나기 전, 즉 부끄러움을 알기 전의 모습으로 묘사되었다. 반면 〈성전 정화〉에서 세미누드는 예루살렘 성전을 더럽히는 인물들을 표현하는 데 사용되었고, 〈맹인을 치유하는 그리스도〉에서 근육질의 남성은 기적을 목도하는 인물로 그려졌다. 이렇게 한 가지 의미로 환원되지 않는 다양한 표현은 당시 이탈리아 미술의 경향을 반영한다.

15세기 초 미술에 본격적으로 등장한 인체 누드는 16세기 중반에 이르러 화면을 구성하는 보편적인 요소로 자리 잡았다. 당시 인체 누드의 정점이라고 여겨진 작품은 미켈란젤로Michelangelo의 〈최후의 심판〉(1541, 바티칸 시스티나 경당)이었다. 이 작품에는 심판하는 자와 심판받는 자, 선인과 악인, 천사와 악마의 구별 없이 거의 모든 인물이 누드로 등장한다. 엘 그레코가 이탈리아에서 활동하던 때 미켈란젤로는 '신적인 존재Il Divino'로 불릴 만큼 당대 최고의 미술가로 인정받았고, 엘 그레코 역시 그의 작품에서 큰 영향을 받았다. 엘 그레코가 이탈리아에서 남긴 유일한 드로잉이 바로 미켈란젤로의 〈낮〉(1526-1531, 피렌체 산로렌초성당 메디치경당)을 모사한 작품이라는 점은 그의 주된 관심이 미켈란젤로의 인체 누드 표현에 있었다는 것을 시사한다.

스페인 사회의 이탈리아 취향

엘 그레코가 이탈리아에서 인체 누드 묘사법을 배움으로써 이콘 화가에서 르네상스 화가로의 변신을 꾀했다면, 스페인으로 이주한 뒤에는 이를 바탕으로 자신을 이탈리아 르네상스의 전통을 계승한 미술가로 내세우고자 했던 것으로 보인다. 따라서 엘 그레코의 누드 사용은 한편으로 화가 개인의 미적 지향을 보여 주기도 하고, 다른 한편으로는 후원자를 확보하기 위한 전략을 드러내기도 한다.

이탈리아에서 지낸 10년 동안 이렇다 할 작품 주문을 받지 못한 엘 그레코는 1577년 스페인으로 떠났다. 16세기 후반 스페인에서는 이탈리아 미술을 선호하는 경향이 강했다. 스페인에서는 1560년대부터 펠리페 2세Felipe II가 마드리드 북쪽 엘 에스코리알에 수도원과 왕실 묘소 단지를 조성하고 건물 내부를 장식하기 위해 많은 예술가를 초빙했다. 국왕은 이탈리아 르네상스 화가들을 특히 선호하여 수도원 성당 주제단화의 제작을 미켈란젤로와 티치아노Tiziano Vecellio에게 의뢰하기도 했다.[7]

이런 상황에서 베네치아 화풍과 로마 화풍을 두루 섭렵한 엘 그레코로서는 당연히 스페인 왕실의 후원을 기대했을 것이다. 실제로 그가 엘 에스코리알 수도원 성당의 제단화 중 하나로 제작한 〈성 마우리시오와 테베군의 순교〉(1580-1582)는 왕실의 이탈리아 취향을 염두에 둔 것이었다. 강렬한 빛을 받아 반짝이는 밝은 색채, 그리고 천상과 지상의 세계를 양분하는 과감한 대각선 구도는 16세기 베네치아의 화풍을 보여 준다. 한편 분명한 모델링으로 근육질 인체의 아름다움이 강조된 인물들은 미켈란젤로의 영향을 드러낸다. 특히 전경의 성 마우리시오와 부관들이 입고 있는 고대 로마풍 갑옷은 몸에 밀착되어 인체의 굴곡을 그대로 드러내는 것 같은 모습으로 묘사되었다. 그러나 이 작품은 영웅적인 순교 장면이 전면에 부각되지 않았다는 이유로 전시되지 않았고, 결국 그는 펠리페 2세에게 발탁될 기회를 놓치고 말았다.

비록 국왕의 눈에 들지는 못했지만 엘 그레코의 작품은 긍정적인 반응을 얻기도 했다. 당시 엘 에스코리알의 건축 과정을 기록한 시구엔사José de Sigüenza의 평가는 주목할 만하다. "[이 그림은] 국왕 전하를 만족시키지 못했다. 그러나 [이 작품의] 기교가 매우 훌륭하고 화가가 박식하며 뛰어난 것들을 만들어 냈다고 말하는 이들도 있다."[8]

시구엔사의 기록은 엘 그레코가 스페인에 도착한 직후 톨레도에서 제작한 작품에 근거한 것으로 보인다. 화가는 톨레도에서 든든한 후원자들을 만났는데, 이들은 인문주의적 소양을 갖춘 성직자와 지식인 관료로 이탈리아 미술에 대한 취향을 공유했다. 그 대표적인 예가 톨레도의 사제였던 디에고 데 카스티야Diego de Castilla였는데,[9] 그는 자신의 사생아 루이스 데 카스티야Luis de Castilla를 통해 엘 그레코를 알게 되었다. 루이스 데 카스티야와 엘 그레코는 로마에서 체류할 당시 파르네세 추기경의 저택에서 만나 친분을 쌓은 사이였다.

디에고 데 카스티야는 1577년 산토 도밍고 엘 안티구오 성당을 증축하면서 제단화의 제작을 엘 그레코에게 맡겼는데, 화가는 여기서 이탈리아에서 연마한 자신의 후기 르네상스 화풍을 과시했다. 주제단화 중앙 상부에 배치한 〈성 삼위일체〉(1577-1579, 마드리드 프라도 미술관)에서는 죽은 예수의 몸이 특히 강조되었다. 성부의 품에 안긴 예수는 나체에 가까운 모습으로, 단단한 근육과 뒤틀린 자세는 엘 그레코가 로마에서 본 미켈란젤로의 〈피에타〉(1547-1555, 피렌체 대성당 미술관)에서 영감을 얻은 것이다.

같은 시기에 디에고 데 카스티야의 주문으로 팔렌시아 대성당에 설치된 〈성 세바스티아노〉(c. 1577) 역시 미켈란젤로와 고대 조각의 영향을 보여 준다. 긴장된 근육을 통해 격렬한 움직임을 시사하는 상체는 1506년 로마에서 발견된 고대의 조각 〈라오콘〉을 상기시키는 한편, 한쪽 무릎을 굽혀 돌을 딛고 있는 인물의 자세는 미

〈성 세바스티아노〉, c. 1577, 팔렌시아 대성당 미술관

켈란젤로가 교황 율리우스 2세Julius II의 무덤 조각으로 제작한 〈승리〉(1532-1534, 피렌체 팔라초 베키오)를 연상시킨다. 엘 그레코는 이 작품에서 성인의 몸통, 어깨, 다리의 모델링을 강조함으로써 자신이 누드 묘사에 능숙함을 보여 주고자 했다.

검열과 타협

인체 누드가 강조된 엘 그레코의 회화 작품은 톨레도에서 새로운 것으로 받아들여졌다. 그러나 그의 새로운 시도가 환영받기만 했다고 보기는 어렵다. 16세기 후반부터 17세기까지 가톨릭개혁기의 스페인 사회는 '외설적인' 이미지에 대해 경직된 태도를 견지했다. 이에 따라 당시 스페인에서 제작된 미술 작품에는 인체 누드가 거의 등장하지 않는다. 프로테스탄트와 이슬람의 위협에 맞서 가톨릭 세계의 수호자를 자처한 스페인에서는 교회를 쇄신하기 위한 한 가지 방편으로 미술에서의 데코룸decorum이 강조되었다. 데코룸에 맞는 미술이란 성경과 성인전의 내용을 근거로 교회의 가르침을 분명하게 전달하는 것이었으며, 작품의 모든 요소는 신심을 고취시키는 목적에 합당해야 했다. 음란하다고 여겨질 만한 요소는 종교화宗教畵에 묘사될 여지가 없었던 것이다.

엘 그레코 역시 이러한 환경을 의식하지 않을 수 없었다. 화가는 1580년대 초부터 1590년대 중반까지 인체 누드를 거의 제작하지 않았다. 이때 그가 작품에 포함시킨 누드는 통상적으로 벗은 모습으로 묘사되던 십자가에 못 박힌 예수, 그리고 〈오르가스 백작의 매장〉(1586-1588, 톨레도 산토 토메 성당)에 작게 삽입된 성 스테파노의 순교 장면에 한정되었다. 이는 톨레도에서 미술품에 대한 통제가 강화되었다는 배경에서 이해될 수 있다. 1582년 톨레도 주교회의에서는 성당과 공공기관에 설치되는 성상들이 트리엔트 공의회의 교령에 따라 통제되어야 함을 확인했다. 1563년 트리엔트 공의회의 25차 회의에서는 성인 공경과 성스러운 이미지에 대해 논의하면서 이미지가 음욕을 자극해서는 안 된다는 점을 분명히 했다.[10] 이에 따라 톨레도 주교회의에서는 사제들에게 "웃음을 자아내는 그림과 저속하고 속된 방식으로 장식된 그림을 금지하도록" 지침을 내렸다.[11] 이 회의를 주도한 인물은 톨레도 대주교 키로가Gaspar de Quiroga 추기경이었다. 스페인 종교재판소장이기도 했던 그는 제작에 2만 마라베디maravedí가 넘는 비용이 드는 미술품에 대해 대교구의 허가를 받도록 했고, 그보다 작은 규모의 미술품은 검열관들의 승인을 받도록 했다.[12] 주교회의의 칙령이 반포된 1582년부터 키로가 대주교가 사망한 1594년까지 엘 그레코의 작품에서 나체나 반나체 인물이 현저히 감소한 까닭은 이러한 규제에 따른 것이라고 추정할 수 있다.

가톨릭개혁기 스페인 사회는 여성 누드의 묘사에 특히 엄격했다. 수도사이자 시인으로 큰 영향력을 행사한 오르텐시오 펠릭스 파라비치노Hortensio Félix Paravicino는 아름다운 여성의 나체를 표현한 그림에 대해 매우 비판적인 태도를 견지했다.[13] 엘 그레코는 파라비치노의 초상화를 그려 주기도 했고, 파라비치노는 엘 그레코와 그의 작품을 칭송하는 소네트를 네 편이나 짓는 등 이 둘은 매우 가까운 친구였다.

파라비치노의 시각은 엘 그레코가 작품을 제작하는 데 영향을 미쳤던 것으로 보인다. 이 점은 그가 동일한 주제로 이탈리아와 스페인에서 그린 작품들의 차이점을 살펴보면 분명히 드러난다. 스페인 시기에 제작된 작품에서는 여성의 몸이 누드나 세미누드로 그려진 경우를 찾아보기 어렵다. 1576년경 로마에서 제작한 〈회개하는 마리아 막달레나〉(부다페스트 미술관)와 스페인에 도착한 뒤 제작한 동명의 작품들(c. 1577-1580, 우스터 미술관; c. 1580-1585, 넬슨-앳킨스 미술관)을 비교해 보면 그 차이를 확인할 수 있다. 부다페스트 미술관에 소장된 작품에서 마리아 막달레나는 어깨와 한쪽 가슴을 드러내고 있는 모습인데, 반투명한 얇은 천이 유두를 간신히 가리고 있다. 이는 티치아노의 작품을 비롯한 이탈리아 르네상스 회화에서 부각된 마리아 막달레나 이미지의 에로틱한 면모를 더욱 강조한 것이다. 그런데 엘 그레코가 몇 년 뒤에 제작한 작품들에서 마리아 막달레나는 옷을 온전히 갖춰 입은 모습으로 등장한다. 성녀의 관능적인 아름다움은 굽이치는 기다란 금발과 흰 살결이 도드라지는 팔에서 암시될 뿐이다. 이는 화가가 스페인 사회에서 미술에 기대했던 데코룸을 위반하지 않기 위해 준 변화라고 해석할 수 있다.

엘 그레코가 여성 누드를 기피한 경향은 다른 작품에서도 나타난다. 1600년대 초에 '성전 정화'를 주제로 제작한 그림 세 점(런던 내셔널갤러리, 뉴욕 프릭컬렉션, 마드리드 산 히네스 성당)은 그가 이탈리아에서 같은 주제로 그린 작품(c. 1570, 워싱턴 내셔널갤러리)의 구도를 거의 그대로 따르고 있다. 채찍을 든 예수 옆에 그려진 잡상인들의 모습은 큰 변화 없이 반복되었다. 그러나 스페인에서 제작된 그림에는 이탈리아에서 그린 작품에서처럼 전경에 다리를 드러내 놓고 비스듬히 누워 있는 여인이나 가슴을 드러낸 채 걸어가는 여인은 묘사되지 않았다. 한편 화가는 배경에 아담과 하와가 에덴동산에서 추방당하는 장면을 벽면의 부조로 삽입했다. 선정적으로 읽힐 수 있는 여성의 이미지를 최소화하는 대신 죄인이 성스러운 공간에서 쫓겨나는 그림의 전체 주제와 긴밀하게 연결되는 성경 속 장면을 묘사한 것이다. 여기서 화가는 아담과 하와의 모습을 추상적으로 묘사하는 한편, 단색의 부조를 재현한 모습으로 그려 이들의 벗은 몸을 간접적으로만 표현했다.

추상적인 여성 누드 표현은 〈성 요한의 환시〉(c. 1608-1614, 뉴욕 메트로폴리탄 미술관)에도 나타나는 특징이다. 일곱 명의 인물 중 화면 가운데에 그려진 두 명은 여성으로 보이는데, 이들의 성별은 희미하게만 드러난다. 몸의 굴곡과 흰 살결, 남성 성기의 부재만이 이들이 여성임을 시사한다. 엘 그레코가 말기작에서 구사한 추상적이고 표현적인 화풍은 여성 누드의 표현에 대한 검열과 논란을 피하는 데 효과적이었다.

누드의 부활

인체 누드는 1590년대 중반 이후 엘 그레코의 작품에 다시 활발히 등장한다. 이는 1594년 키로가 대주교의 사망으로 인해 미술품에 대한 통제가 느슨해진 데서 기인한 것으로 보인다. 물론 톨레도의 모든 화가들이 1590년대 중반 이후 누드를 자유롭게 그린 것은 아니었다. 이 시기 엘 그레코가 작품 제작에서 어느 정도 자유를 누릴 수 있었던 데에는 그가 톨레도에서 화가로서 누린 명성도 큰 역할을 했을 것이다. 1588년 완성한 〈오르가스 백작의 매장〉은 공개되자마자 화제를 불러일으켰으며, 이 작품으로 엘 그레코는 톨레도 최고의 화가로 인정받았다.[14]

채색목조각 〈부활한 예수〉(1595, 마드리드 프라도 미술관)는 변화된 분위기를 반영하는 대표적인 작품인데, 이 작품은 톨레도의 세례자요한 병원(타베라 병원) 성당 주제대의 감실에 배치되었다. 오른손을 앞으로 뻗은 채 서 있는 예수가 아무것도 걸치지 않은 알몸으로 묘사된 점은 1580년대까지 스페인 미술의 경향을 고려하면 매우 이례적이다. 이탈리아 조각가 벤베누토 첼리니Benvenuto Cellini의 〈십자가에 못 박힌 예수〉(1562)가 엘 에스코리알에 설치되었을 때 국왕 펠리페 2세가 몸에 아무것도 걸치지 않은 예수의 모습을 보고 자신의 손수건을 꺼내 조각상의 허리춤에 감았다는 일화는 당시 종교 이미지에 대한 엄숙한 태도를 단적으로 보여 준다.

엘 그레코의 이 조각 작품은 미켈란젤로가 대리석으로 제작한 〈부활한 예수〉(1521, 로마 산타 마리아 소프라 미네르바 성당)에 비견할 만하다. 미켈란젤로의 조각상에서 예수는 완전한 누드로 표현되어 당시 큰 논란이 되었고, 결국 완성된 조각에는 성기 부분을 가리는 옷자락이 청동으로 덧붙여졌다. 엘 그레코는 미켈란젤로의 작품에서 예수의 자세를 모방하지는 않았지만, 성인 예수를 완전한 나체로 표현할 수 있다는 발상은 미켈란젤로에게서 비롯되었다고 볼 수 있다. 여기에는 후원자의 성향이 크게 작용했을 것으로 추정된다. 이 작품을 주문한 세례자요한 병원의 원장 페드로 데 살라사르Pedro de Salazar는 고전에 해박한 인물로, 미술에도 조예가 깊어 엘 그레코의 작품을 포함하여 150여 점의 미술품을 소장했다.[15] 살라사르가 화가에게 주문한 〈톨레도의 풍경과 지도〉(c. 1600, 톨레도 엘 그레코 미술관)의 전경에는 타호강Río Tajo을 의인화한 남성 누드가 청동상의 모습으로 그려져 있는데, 이는 고대 로마시대 이래 강의 화신을 조각으로 표현한 고전적 전통을 반영한 것이다. 살라사르는 특히 미술가들이 자신들의 미적 기준에 따라 전통에서 벗어난 표현을 할 수 있어야 한다고 주장하는 등 이탈리아 후기 르네상스의 미술 이론에 대한 이해를 갖춘 인물이었다.

엘 그레코의 대담한 인체 표현은 마드리드 도냐 마리아 데 아라곤 제단화의 일부로 제작한 〈예수 부활〉(1597-1600, 마드리드 프라도 미술관)에서도 나타난다. 이 그림은 꼭 20년 전 산토 도밍고 엘 안티구오 제단화 중 하나로 그린 같은 제목의 작품을 발전시킨 것이다. 화면 중앙에는 붉은 망토만 걸친 예수가 공중에 떠 있고, 그 아래에는 무덤을 지키던 병사들이 놀란 모습으로 부활의 기적을 목도하고 있다. 여기서 두드러진 특징은 군인들의 신체이다. 화면 안의 거의 모든 인물은 누드 또는 '유사 누드'로 묘사되었다. 화면 중앙에 있는 병사는 벗은 몸에 투구를 쓴 채 잠을 자고 있다. 왼쪽 끝과 오른쪽 끝 인물을 제외한 다른 군인들은 몸의 근육이 온전히 드러나는 옷을 입고 있다. 〈성 마우리시오와 테베군의 순교〉에서처럼 이들의 옷은 고대 로마풍 갑옷을 연상시키지만, 옷이 몸에 밀착된 정도를 보면 화가가 의도한 효과는 누드와 다를 바 없다. 엘 그레코가 이 작품에서 벗은 인체의 표현을 강조했다는 점은 동시대 화가였던 판토하 데 라 크루스Juan Pantoja de la Cruz의 〈예수 부활〉(1605)과 비교해도 분명히 드러난다. 이렇게 과감한 시도를 할 수 있었던 배경에는 역시 후원자의 지원이 있었다. 엘 그레코가 이 작품을 맡게 된 데에는 당시 마드리드 궁정에서 근무하던 루이스 데 카스티야의 영향이 크게 작용했던 것이다.

누드에 대한 엘 그레코의 관심은 만년에 더욱 심화되었다. 〈고행

〈예수 부활〉, 1597-1600, 마드리드 프라도 미술관

하는 성 예로니모〉(c. 1610-1614, 워싱턴 내셔널갤러리)와 〈성 세바스티아노〉(c. 1610-1614, 마드리드 프라도 미술관) 역시 벗은 몸이 강조된 그림이다. 예로니모와 세바스티아노는 전통적으로 반나체로 그려지는 경우가 많았지만, 엘 그레코의 작품에서 이들의 신체 노출 정도는 관례적인 수준을 벗어난다. 특히 〈고행하는 성 예로니모〉에서 성인은 거의 전라의 모습으로 묘사되는 파격을 보인다.

엘 그레코가 일생에 걸쳐 작품에 포함시킨 누드는 무엇보다 르네상스 화가로서의 정체성을 보여 준다. 기존 연구에서는 화가가 자신의 작업에 대해 가지고 있던 높은 자부심을 근거로, 그가 마치 사회적 조건을 염두에 두지 않고 작품을 제작한 독립적인 미술가였던 것처럼 묘사하는 경우가 많았다. 이러한 해석은 어느 정도 진실을 담고 있다. 그러나 엘 그레코가 제작한 작품들을 사회적 상황과 연관지어 면밀히 살펴보면 그 역시 당대 사회가 부과한 제약으로부터 자유롭지 않았음을 확인할 수 있다. 교회의 검열과 통제가 심해진 시기에는 음란하다고 여겨질 수 있는 요소들을 그리지 않았고, 공식적인 통제가 약화되었을 때에도 이탈리아 미술 취향을 지닌 후원자들의 존재, 화가로서의 자신의 명성 덕분에 누드를 그릴 수 있었다. 엘 그레코가 그린 다양한 누드는 가톨릭개혁기 스페인 사회에서 인간의 몸을 인식한 다양한 관점이 인체의 재현과 어떻게 상호 작용하는지를 보여 주는 드문 예라고 할 수 있다.

1. Fernando Marías & Agustín Bustamante, *Las ideas artisticas de El Greco* (Madrid: Cátedra, 1981), pp. 205-206.

2. 엘 그레코에 관한 기록은 José Álvarez Lopera, *El Greco. Estudio y catálogo. Fuentes y bibliografía* (Madrid: Fundación de Apoyo a la Historia del Arte Hispánico, 2005) 참고.

3. David Davies, "El desnudo en El Greco", *El desnudo en el Museo del Prado* (Barcelona: Galaxia Gutenberg, 1998), pp. 133-162.

4. Luba Freedman, "El Greco's Approach to Nudity", *Konsthistorisk Tidskrift* 69 (2000), pp. 197-209.

5. 이 책은 저자의 사후 1540년에 출판되었다. Michael Baxandall, "A Dialogue on Art from the Court of Leonello d'Este: Angelo Decembrio's *De Politia Litteraria* Pars LXVIII", *Journal of the Warburg and Courtauld Institutes* 26 (1963), p. 315.

6. 인물의 자세와 제스처뿐만 아니라 밝은 부분과 어두운 부분 사이의 엄격한 대조는 흑백으로 묘사된 카랄리오의 판화를 참고한 결과로 보인다.

7. 미켈란젤로와 티치아노가 고령을 이유로 펠리페 2세의 주문을 고사함에 따라 페데리코 추카리, 펠레그리노 티발디 등이 엘 에스코리알을 장식할 작품 제작을 맡았다.

8. José de Sigüenza, *Tercera Parte de la Historia de la Orden de San Jerónimo, Doctor de Iglesia* (Madrid: En la Imprenta Real, 1605/1963), p. 385.

9. 엘 그레코는 디에고 데 카스티야의 사생아인 루이스 데 카스티야를 통해 그를 알게 되었다. 스페인 출신으로 로마에 파견되었던 루이스는 엘 그레코와 로마에서 친분을 쌓은 사이였다. 엘 그레코가 로마에 있을 때 알레산드로 파르네세 추기경의 저택에 1570년부터 1572년까지 기거했는데, 루이스는 그곳에서 만난 지식인, 예술가 그룹의 일원이었다.

10. *The Canons and Decrees of the Council of Trent*, trans. by H. J. Schroeder (Rockford: Tan Books, 1978), p. 216.

11. "Veden las pinturas q[ue] causan risa, y las que están con ornato profano y caballeras." Juan Tejada y Ramiro, *Colección de cánones y de todos los concilios de la Iglesia española, Parte segunda*, vol. IV (Madrid: Imprenta de José María

Alonso, 1853), p. 435.

12. Richard Kagan, "The Toledo of El Greco Revisited", *El Greco of Toledo: Painter of the Visible and the Invisible*, ed. by Fernando Marías (Madrid: Fundación El Greco, 2014), pp. 58-59.

13. 『선정적인 회화에 대한 논의(*Copia de los pareceres*)』에 수록할 목적으로 파라비치노가 저술한 논문에는 다음과 같은 대목이 나온다. "부드럽고 매끄럽게 실제[인체]를 모방한 누드는 당연히 미술 애호가들을 유혹한다. 그리고 그것은 보는 이들의 정숙함을 압도한다. (…) 명작이라고 여겨지는 작품들이 가장 위험하다. 그중에서도 가장 훌륭한 것들은 태워 버려야 한다."

14. 프란시스코 데 피사(Francisco de Pisa), 알론소 비예가스(Alonso de Villegas) 등 당대의 저술가들은 〈오르가스 백작의 매장〉이 "스페인에서 훌륭한 것들 가운데 하나"라고 칭송하며 "먼 곳의 사람들이 이 그림을 보러 톨레도까지 온다."라고 기록했다.

15. 페드로 데 살라사르의 미술품 소장에 대해서는 Richard L. Kagan, "Pedro de Salazar de Mendoza as Collector, Scholar, and Patron of El Greco", *El Greco: Italy and Spain. Studies in the History of Art* 13, ed. by Jonathan Brown and José Manuel Pita Andrade (Washington, D.C.: National Gallery of Art, 1982), pp. 85-93.

행복 감응력
— 멜랑콜리와 에로스

손영주

독일 르네상스기 판화가 알브레히트 뒤러Albrecht Dürer의 유명한 동판화 〈멜랑콜리아 1〉(1514)은 멜랑콜리에 대한 많은 이야기를 담고 있다. 끼니를 못 얻어먹은 듯 야윈 개와 어질러진 물건들 사이에 턱을 괴고 앉아 있는 천사는 깊은 낙담에 빠진 듯하다. 하지만 그의 시선은 체념의 무게에 짓눌려 땅을 향해 있는 것이 아니라 골똘히 생각에 잠긴 채 하늘을 향해 있다. 천사의 눈에 담긴 열기와 망연함, 그리고 주변에 널려 있는 각종 연장과 측정 도구들은 진리를 향한 열망과 이에 부수하는 절망을 한꺼번에 드러낸다. 그러나 아직 손에서 놓지 않은 캘리퍼가 암시하듯, 천사는 어쩌면 이 낙담과 열정의 소용돌이를 박차고 일어날지도 모른다. 여기서 문득, 덩달아 시무룩한 얼굴로 천사의 곁을 지키는 에로스가 눈에 들어온다. 작은 몸집의, 그늘에 가려진 듯도 하지만 알고 보면 작품의 중심부를 차지하고 있는 에로스는 멜랑콜리의 더블 혹은 동반자임에 틀림없다.

미리 고백건대, 이 글의 목적은 멜랑콜리와 에로스를 정의하거나 둘의 상관관계를 규명하려는 것이 아니다. 이 글은 근대성 담론에서 중요한 위치를 차지해 온 멜랑콜리 담론이 최근 부쩍 활발해

알브레히트 뒤러,
〈멜랑콜리아 1〉(1514)

진 감정이론에서 변주되는 양상에 착안하여, 근대 문학이 제시하는 행복론의 가능성을 모색하기 위한 첫걸음이다. 멜랑콜리는 고대부터 지금까지 인간의 생리학적·인식론적·존재론적 차원과 뒤얽힌 복잡한 감정으로 풀이되어 왔다.[1] 단순화의 위험을 무릅쓰고 말하자면, 고대의 멜랑콜리는 흑담즙의 과다 분비로 인한 생리학적 현상이자 예술적·지적 천재성의 징표 또는 조건으로 간주되거나, 때로는 소유할 수 없는 대상을 향한 과도한 욕정과 연관되기도 했다.[2] 중세에 들어서는 수도사의 영적 불안과 구원을 향한 욕망의 공존이 게으름과 무기력의 형태로, 르네상스기에 들어서면 뒤러의 동판화에서 보이듯 인간이 처한 삶의 조건에 대한 앎의 증거이자 지적·예술적 창조의 동력으로 멜랑콜리는 그 모습을 드러냈다.[3] 계몽주의를 거쳐 근대화가 가져온 산업화와 기계화의 여파로 멜랑콜리의 사촌 격인 "지루함"이 계급과 성별을 막론하고 지배적인 정조로 부상했으며, 빅토리아조를 거치면서 도덕적 단죄의 대상이 되거나 병리화되기도 했다.[4] 세기말 서구의 지배적 정조로 떠오른 멜랑콜리는 권태와 함께 한층 다양한 해석의 대상이 되었다. 예컨대 멜랑콜리는 자신이 처한 삶의 조건에 대한 근대적 주체의 존재론적·인식론적 앎의 징후, 또는 근대화에 부수하는 인간의 근원적 상실을 적극적으로 상상해 내는 창조적 역량, 다시 말해 대상을 상실함으로써 소유하려는 욕망의 패러독스 속에서 작동하는 예술 창조의 원리로 인식되었다. 혹은 총체성 상실과 인간 소외를 극복하려는 의지의 부재, 병든 이데올로기이자 변태적 욕망으로 간주되기도 했다.

근대화와 더불어 많은 변모를 겪은 멜랑콜리 담론은 그 자체로 인간이 무엇인가에 대한 고민과 연구의 집약체로, 인간의 본성과 그 인간이 처한 사회적 현실에 대한 다양한 진단과 전망을 함축한다. "행복의 가능성은 (…) 우리 체질상 처음부터 제한되어 있다. 불행을 경험하기가 훨씬 덜 어렵다."[5]라는 프로이트Sigmund Freud의 비관적인 관점은 (외적 환경이자 내적 본성으로서의) 자연nature에 대한 인간의 지배와 이로 인한 삶의 터전 상실이라는 근대성의 패러독스를 징후적으로 드러낸다. 미국의 비평가이자 감정 연구의 선두 주자인 로런 벌랜트Lauren Berlant는 프로이트의 멜랑콜리아Melancholia 개념의 한 변주라 할 수 있는 '잔혹한 낙관주의'를 신자유주의의 지배적 정서로 명명한 바 있다. 잔혹한 낙관주의란, 실현이 불가능하지만 금방이라도 가능할 것처럼 보이기 때문에 쉽사리 포기할 수 없는 '좋은 삶'에 대한 애착을 뜻한다. 상실의 경험을 지속함으로써 역설적으로 그 대상과의 관계를 지속시키려는 멜랑콜리아와 달리, 잔혹한 낙관주의는 좋은 삶이라는 "대상을 상실하기에 '앞서' 그 대상에 대한 애착을 유지하는 조건"이다.[6] 주체는 이러한 애착을 지속함으로써 세상을 살아가는 자기 존재의 연속성을 확보하려 하지만, 사실 이러한 애착으로 영위되는 '좋은 삶'이란 나쁜 삶이다. 삶의 주체로 하여금, 오지 않을 나중을 위해 소모적인 현재를 살게 하기 때문이다.[7]

지금 우리 사회에서는 우울과 분노, 혐오와 공포, 수치와 울분에 관한 관심과 논의가 뜨겁다. 대중문화, 다양한 매체와 일상어뿐 아니라 수많은 사회학적·심리학적·문화이론적·뇌과학적 논의들이 인간의 감정을 둘러싼 오랜 역사를 더듬고, 지금 우리 사회를 지배하는 부정적 감정이나 느낌이 징후적으로 드러내거나 저항하는 사회의 제반 문제점들을 짚음으로써 앞으로 나아갈 방향을 모색하고 있다. 그런데 인간의 근원적 상실과 소외, 그리고 불행을 설명하기 위해 멜랑콜리가 다양한 형태로 진화하는 동안, 삶의 열정으로서의 에로스는 상대적으로 위축되어 온 듯하다. 행복보다 불행을 설명하기 쉬워진 시대, 따라서 울분과 분노의 근거를 밝히고 상황을 개선하는 일이 어느 때보다 시급해진 시대임이 분명하다. 그러나 이와 동시에 행복이데올로기가 아닌 행복, 잔혹하지 않은 낙관적 믿음을 지키고 이론적으로 확보하는 작업 역시 필요하다. '소확행'이라는 말로 안주할 것이 아니라 자기중심적이고 폐쇄적이지 않은 즐거움과 열정을 말하고, '공감·나눔·배려'를 대학 입시용 덕목이 아니라 더 나은 공동체를 위한 주체적인 삶의 에너지로 가동시킬 방안이 절실하다.

이러한 맥락에서 감정 이론가 사라 아메드Sara Ahmed의 '정동 소외자affect alien' 개념을 참조할 만하다. 정동情動 소외자란, 기성사회가 보편적이고 필연적인 선善인 양 설정한 행복의 요건 속에서 행복을 느끼지 못하는 자들로, 멜랑콜릭의 현대적 버전 가운데 하나라 할 수 있다. 흥을 깨는 페미니스트feminist killjoys, 불행한 퀴어들, 우울한 이민자들, 이들은 사람들이 웃음을 터뜨리는 농담이 결코 우습지가 않은 감정적 소외 상태에서 살아간다. 여기서 이들을 '감정 소외자'라 옮기지 않고 '정동 소외자'라 옮긴 이유는 '정동'이라는 말이 대상과의 접촉에서 발생하는 신체적·감정적 변용affection이라는 함축을 좀 더 잘 전달하기 때문이다. 아메드가 주목하는 것은 정동 소외자들의 감정만이 아니라 그러한 존재들에 달라붙어 있고 쉽게 전염되는 일련의 감정들이다. 세상은 웃음의 박자를 맞추지 못하는 자들을 불편해하거나 무시 또는 혐오한다. 그들이 품고 있다고 생각되는 감정이 불편해서일 것이다. 그런데 그 불편함이 만일 그들이 다른 방식으로 행복하려 하거나 행복할 수 있다는 사실에서 오는 것이라면, 이것은 더 이상 개인 차원의 감정 문제가 아니다.

19세기 말 아일랜드의 작가 오스카 와일드Oscar Wilde는 에세이 「사회주의하에서의 인간의 영혼」에서, 공감이라는 것은 모두 훌륭하기는 하지만 "고통에 대한 공감은 가장 덜 훌륭하다."라고 말한 바 있다.[8] 인간은 다른 사람의 아픔이나 병뿐 아니라 그의 "삶 전체", 그 "삶의 즐거움과 아름다움, 에너지와 건강함, 그리고 자유"에 공감할 수 있어야 하는데, 이와 같은 '더 넓은 공감'은 고통에 대한 공감보다 더 어렵기 때문이다. 단지 사촌이 땅을 사면 배가 아프기 마련인 인간의 이기심 때문이 아니라 인간의 좀 더 근원적인 한계, 즉 타인이 품고 있는 삶의 에너지와 기쁨에 가닿지 못하는 인지적·감정적 한계, 그리고 상상력의 한계 때문이다. 여기서 아메드가 인용하는 낸시 가든Nancy Garden의 소설 『내 마음의 애니』(1982)의 한 대목을 보자. 자신의 퀴어 정체성을 털어놓는 리사에게 아버지가 건네는 말과 이를 듣는 딸의 심정을 그리는 장면이다.

> "리사 (…) 나는 게이들이 그렇게 행복할 수 있을 거라고 생각해 본 적이 한 번도 없단다. (…) 넌 아주 훌륭한 건축가가 될 거야. 하지만 난 네가 다른 면에서도 행복하길 바란단다. 네 엄마처럼, 남편과 아이도 갖고. (…)" 저는 행복해요, 라고 난 아버지에게 눈으로 말하려 애썼다. 전 애니와 있어서 행복해요. (…) 이 일이 있기 전까지는 우리 둘 다 그랬어요, 라고.[9]

딸의 행복을 비는 아버지의 기원은 딸의 행복한 현재와 미래의 부정 위에서 작동한다. 정동 소외자들은 그들의 행복을 불행이라고 단정 짓는 행복이데올로기에서 소외되어 있다. 불행의 정동은 전염성이 있으며, 불행하다고 여겨지는 존재에 대한 불편함과 증오, 그리고 때로는 혐오를 촉발한다.

최근 개봉한 영화 〈조커〉(2019)는 정동 소외자의 불만과 불행에 집중된 시선에 내포된 정치적·윤리적 함의를 재고할 단초를 제시한다. 주인공 아서 플렉은 정동적으로 소외되어 있다. 그는 사람들과 웃음의 박자를 맞추지 못해 모두가 웃음을 멈추었을 때 발작적으로 웃고, 모두가 웃을 때 함께 웃지 못한다. 이런 아서를 '행복이happy'라고 부르며 행복할 것을 명하는 어머니는 그 자신이 내면화한 행복강박증의 피해자이기도 하다. 엇박자로 돌출되는 아서의 웃음은 작품 속에서 멸시와 혐오의 대상이고, 병리화되며 무차별한 폭력의 표적이 된다. 이 영화에 대한 관람평의 시선도 크게 다르지 않다. 이 영화는 소외된 자들의 폭동을 통해 사회의 불평등과 불의에 경종을 울린다거나, 아니면 바로 그렇기 때문에 폭력을 정당화하고 선동할 수 있다는 식의 독법 속에서, 아서의 웃음은 광기어린 살인의 전초전으로 병리화되거나 축적된 사회적 분노 폭발의 기폭제로 영웅화된다. 아서의 무아경無我境의 몸짓은 조커로의 변신을 알리는 서곡이자, 그의 내면에 도사리고 있던 광기 혹은 살기, 감추어졌거나 억눌렸던 파괴적 욕망 분출의 예고로 간주된다.

그런데 이러한 관점은 아서의 분노와 폭력의 기원을 그의 내면에 둠으로써 그를 잠재적 범죄자로 설정할 뿐 아니라, 무엇보다 아서가 품었던 삶의 기쁨과 생의 에너지를 축소하거나 외면한다는 점에서, 영화 속에서 그에게 가해지는 시선의 폭력 및 이와 연동된 물리적이고 조직적인 폭력을 반복할 우려가 있다. 여기서 길게 논의하기는 어렵지만 이 작품이 일으키는 공포를 말할 때, 예컨대 말끔한 차림의 금융기관 직원 셋이 지하철 안에서 한 여성을 희롱하다가 때마침 터진 웃음을 참지 못하는 아서에게로 다음 먹잇감을 찾은 듯 서서히 다가가는 장면이 전하는 극심한 공포감은 거의 언급되지 않는다. 이 영화에서 가장 섬뜩한 장면은 조커로 변신하기 직전의 아서의 몸짓이라는 듯이 말이다. 하지만 혹시 춤을 닮은 아서의 몸짓에서 삶을 향한 날것의 희열과 기쁨을 읽을 수는 없을까? 아서의 기쁨에 시선을 모아 보면, 그가 현실 혹은 망상 속에서 즐거움으로 눈을 빛내던 순간들이 도드라진다. 다른 사람을 즐겁게 하는 일이 즐거운 아서는 버스 안에서 한 아이와 눈이 마주치자 곧바로 우스꽝스런 표정을 지어 보이고 아이는 깔깔거리고 웃는다. 그러나 그 아이를 바라보는 아서의 흐뭇한 미소는 아이 어머니의 즉각적인 혐오와 경멸로 난폭하게 중단된다. 스크린 속에서 부각되는 것은 순식간에 버스 안 승객 전원을 감염시켜 버린 혐오와 경멸의 정동이다. 그러나 관객이 그 정동을 나누어 갖는 것은 아니다. 아서의 행복한 순간을 강탈하는 잔인함과 난폭함의 느낌이 혐오와 경멸의 정동에 제동을 걸기 때문일 것이다.

영화 속에서 이러한 시선의 폭력이 다양한 물리적·사회적 폭력과 연동되어 있음을 상기할 때, 아서의 폭력은 통제되지 않은 광기나 억눌린 분노의 표현이기 이전에, 그가 온몸으로 학습해 온 사회의 폭력에 대한 모방일 수도 있다는 읽기가 가능해진다. 진짜 공포스러운 것은 조커로 변신 가능한 아서가 아니라 그가 살고 있는 사회라는 느낌은, 아서가 자신의 삶을 향해 품고 있는 인간의 가장 본질적이고 보편적인 열정에 대한 감응 없이는 발동하기 어렵다.

이제 이러한 문제의식을 가지고 메리 울스턴크래프트와 지킬 박사의 멜랑콜리와 에로스를 읽어 보고자 한다. 울스턴크래프트와 지킬 박사가 품고 있는 삶에 대한 열정에 주목할 때 정동적 소외로부터의 해방 가능성을, 잔인하지 않은 행복론의 실마리를 찾을 수 있기 때문이다.

메리 울스턴크래프트의 우울과 분노

18세기 급진적 정치사상가이자 선구적인 페미니스트인 메리 울스턴크래프트Mary Wollstonecraft는 정동 소외자, 흥을 깨는 페미니스트의 선조라 할 만하다. 그는 『여성의 권리 옹호』(1792)의 첫머리에서부터 여성이 살아 온 역사와 현실을 돌아보면 "몹시 우울한, 슬픔 가득한 분노"가 짓누른다면서[10] 글의 곳곳에서 슬픔과 분노를 표출한다. 이유는 분명하다. 인간의 이성과 자유, 평등의 보편성과 당위성에 대한 계몽주의의 신념이 여성의 이성적 열등함을 전제하고 차별을 정당화하는 내적 모순을 드러내기 때문이다. 울스턴크래프트에 따르면, 가령 권력의 해악을 꿰뚫어 보는 루소의 혜안은 심각한 맹점을 가지고 있다. 여성이 남성을 기쁘게 하기 위해 존재하며 따라서 거기에 맞는 교육을 받아야 한다는, 즉 인간 사이의 위계와 차별을 당연시하는 자신의 "자의적 권력"[11]의 해악을 알아보지 못한다는 점에서 그렇다.

권력의 해악은 여성의 종속만 가져오는 것이 아니다. 저자는 폭정과 복종의 구조 속에 놓인 상비군을 예로 들어, 이들 역시 여성과 마찬가지로 종속적이고 의존적인 존재가 될 수밖에 없다고 주장한다. 요컨대 울스턴크래프트는 여성을 종속시키는 사회는 여성'만' 종속시키지 않는다는 사실, 여성의 종속은 만인의 자유와 평등이라는 계몽주의 이상의 실현 가능성을 원천 봉쇄한다는 사실에 분노한다. 울스턴크래프트에게 이성은 계몽주의가 스스로를 배반하는 현실, 즉 보편성의 이상이 스스로가 행하는 배제를 외면함으로써 지탱되는 이율배반을 목격하게 함으로써, 지적 기쁨 대신 고통을 가져다주었던 것이다.

『여성의 권리 옹호』는 여성이 남성에 비해 감정적이라는 당대의 통념에 맞서, “잘못 사용되고 있는” 이성의 허점을 지적하고 올바른 이성 사용법을 제시하고자 한다. 이 점을 고려하면, 이처럼 감정을 전면화하는 것은 얼핏 보기에 전략적으로 썩 유리해 보이지 않는다. 실제로 『여성의 권리 옹호』는 감정이 이성과 논리를 압도함으로써 논지를 흐린다는 비판을 종종 받아 왔다. 게다가 당시로서는 상당히 파격적이었던 울스턴크래프트의 사생활은 이러한 비판에 힘을 실어 주기도 했다. 그는 유부남이었던 화가 헨리 푸젤리Henry Fuseli를 사랑했다가 좌절을 맛본 후 미국인 사업가이자 외교관이었던 길버트 임레이Gilbert Imlay와 사랑에 빠져 미혼의 상태로 딸 패니를 출산했으며, 임레이와의 관계가 소원해지면서 자살을 기도하기도 했다. 이후 영국의 아나키즘 사상가 윌리엄 고드윈William Godwin과 결혼하여 서로의 독자적인 삶을 존중하는 실험적인 결혼 생활을 하던 중, 훗날 『프랑켄슈타인』의 작가가 되는 메리 셸리Mary Shelley를 출산한 직후 38세의 나이로 사망한다. 울스턴크래프트는 오랫동안 자신의 성적 욕망을 통제하지 못한 여성으로 간주되었고, 그의 욕망은 그의 저작을 높이 평가하는 이들에겐 미스터리로, 폄하하거나 비판하는 이들에겐 심각한 흠결로 받아들여졌다.

그러나 인간의 성장에 관한 계몽주의 담론 속에서 행복할 수 없었던 이 정동 소외자의 멜랑콜리는 사실 삶을 향한 강렬한 에로스와 결합된 저항의 방식이자 전략이었다. 울스턴크래프트의 열정은 존 스튜어트 밀John Stuart Mill이 말한 정력energy에 가깝다. 밀에 따르면, “인간의 욕망이 너무 강해서 나쁜 결과를 낳는 것은 아니다.

(…) 자연의 섭리는 오히려 그 반대이다. 어떤 사람의 욕망과 감정이 다른 사람보다 더 강하고 다양하다는 것은 (…) 인간으로서 타고난 자질이 더 풍부하기에 남보다 나쁜 일을 더 많이 할 수도 있지만, 대체로 그보다는 좋은 일을 할 가능성이 더 크다고 볼 수도 있다. 강력한 충동이란 곧 정력의 다른 이름이라 할 수 있다."[12] 중요한 것은 인간의 감정과 욕망에 대한 이러한 관점의 객관적 타당성 여부가 아니라, 이것이 당시 사회에 대한 밀의 일정한 판단을 함축하고 있다는 점이다. 밀이 감정과 욕망의 긍정적인 가치에 주목하는 이유는 "개인의 충동과 선호의 과잉이 아니라, 반대로 그것의 결핍이 인간 존재를 위협하는 시대가 되었"다고 하는 당대 현실에 대한 그의 진단[13]에서 기인한다.

밀보다 앞서 울스턴크래프트는 여성다울 것을 명하는 당대의 교육이 무엇보다 개개인의 욕망과 선호를 제한함으로써 인간다운 삶을 위협한다는 것을 꿰뚫어 보았다. 『여성의 권리 옹호』가 우울을 말하지만 우울에 짓눌리지 않는 삶의 열정으로 가득한 것은 이러한 인식에서 연유하는 바가 크다.

울스턴크래프트가 토로하는 우울은 감정에 대한 이성적 통제력 부족의 징표가 아니라, 우울이 남성적 감정이라는 당대 통념에 대한 의식적인 도전이기도 하다.[14] 여성은 애초에 우울할 수도 없고 우울해서도 안 된다는 사회를 향해 울스턴크래프트는 "몹시 우울한, 슬픔 가득한 분노"로 말문을 엶으로써 감정의 젠더화에 저항하고, 슬픔은 이성 부족이 아니라 정확한 현실 인식에서 발원함을 드러내며 조용히 순응하라는 명령에 분노로써 맞선다. 울스턴크래프트에게 우울은 특정한 성에 귀속되는 것도, 사리 분별력의 반의어도 아니다. 그것은 오히려 날카로운 실존적 감각을 반증하는 멜랑콜리 고유의 인식능력일 뿐 아니라, 억압적이고 불평등한 현실을 넘어서려는 열정의 징표이다.

그렇기 때문에 『여성의 권리 옹호』에서 감정은 이성보다 열등하거나 부차적이거나 종속적이지 않다. 울스턴크래프트는 여성에게 강요된 감정은 배격하되 더 나은 삶을 위한 감정의 힘을 믿는다. 여성도 남성과 동등하게 감식력taste을 기르는 교육을 받아야 한다고 주장한다. 이와 함께 울스턴크래프트는 미와 선에 대한 안목을 키우는 일이 역설적으로 세상에 대한 역겨움의 감각을 더 열어 놓았음을 고백하지만, 진정한 감식력의 향상은 냉정한 현실 인식에서 오는 역겨움을 이겨 내고 끊임없이 "즐거움의 새로운 원천들"을 불러낼 수 있는 마음의 역량을 키우는 일이라 믿었다.[15] "활기찬 감정"을 통해 독자가 자신이 설파하려는 주제를 "느끼도록" 하고, 나아가 병적인 연약함, 인위적인 감정에 조응하는 다듬어진 문체 대신 활기 넘치는 언어로 자연스러운 감정의 숨통을 틔워 더 고귀한 행동을 수행할 수 있는 이성적인 존재로 교육시키겠노라는 울스턴크래프트의 단언[16]은 그 자체로 삶에 대한 뜨거운 열정으로 가득하다.

약 한 세기 반이 지난 후 버지니아 울프Virginia Woolf는 울스턴크래프트에 대해 다음과 같이 쓴다. "프랑스 대혁명은 단지 그의 외부에서 발생한 사건이 아니었다. 그는 평생을 폭군과 법, 그리고 관습에 저항했다. 인간다움을 향한 개혁가의 사랑, 그 안엔 사랑만큼이나 증오도 있었지만, 사랑이 그 안에서 들끓었다. 프랑스 대혁명의 발발은 그의 가장 깊은 이론과 신념의 표현이었기에, 그는 그 엄청난 순간의 열기 속에서 단숨에 버크에 대한 응답[17]과 『여성의 권리 옹호』를 써냈던 것이다."[18] 울프는 인간다움을 향한 울스턴크래프트의 신념과 열정이 결코 소소한 삶의 기쁨을 질식시키지 않았으며, 자신의 내면에서 "모든 종류의 힘과 감정을 해방시켰음"을 알아본 것이다.[19]

지킬의 우울, 하이드의 "삶에 대한 사랑"

19세기 말 스코틀랜드 작가 로버트 루이스 스티븐슨Robert Louis Stevenson의 『지킬 박사와 하이드 씨의 이상한 사례』(1886)는 흔히 인간의 내면에 도사린 선과 악의 갈등에 관한 이야기로 소개된다. 실제로 지킬 박사는 "나 자신의 인간성 안에서, 인간의 철저하고 원초적인 이중성을 인지하게 되었"음을 고백하며,[20] 이러한 고백에는 당시 스코틀랜드를 지배한 칼뱅주의, 즉 인간의 절대적 타락에 대한 믿음이 깔려 있다. 높은 도덕적 기준을 가진 지킬 박사는 자기 내면의 하이드를 감당하지 못하고 그를 분리해 내고자 하며, 그 결과 키가 작고 흉측한 모습의 하이드가 분리되어 나온다.

하이드의 신체와 외모, 그리고 그러한 모습에 대한 주변 인물들의 반응은, 인간의 몸과 영혼 간의 조응에 대한 믿음이 과학의 힘을 얻어 골상학과 범죄인상학으로 진화했던 당시 현실을 반영한다. 쾌락과 일탈을 탐하는 하이드의 타락한 영혼은 그의 신체에 고스란히 드러난다. 하이드를 본 사람은 누구나 이구동성으로 형언할 수 없는 혐오감을 느꼈다고 증언한다. 지킬 박사의 친구인 어터슨에게 하이드라는 인물에 관해 처음으로 귀띔하는 엔필드는 "그자를 보자마자 소름이 끼쳤"으며, 그것은 "누구라도 마찬가지"였다고 말한다(7). 어터슨이 구체적인 생김새를 묻자, "설명하기가

1880년대 〈지킬 박사와 하이드 씨〉 연극 포스터

쉽지 않아요. 외모를 보면 뭔가 정상이 아닙니다. 뭔가 불쾌하고 아주 혐오스러워요. 이렇게 싫다는 느낌을 받은 사람은 정말 처음이었는데 그 이유를 딱히 알 수가 없어요. 어딘가 기형인 게 분명해요"(9). 이 말을 듣고 어터슨은 하이드를 '보기' 위해 혈안이 된다. 눈으로 보면 바로 그의 영혼의 본질을 알아볼 수 있으리라는 믿음 때문이다. 어터슨의 꿈속에서 하이드는 지킬의 유산을 노리는 도둑, 살기 가득한 상속자, 혹은 한밤중에 지킬의 침대에서 거역할 수 없는 명령을 내리는 숨겨 둔 애인으로 나타난다. 마침내 하이드를 본 순간, 어터슨은 그가 "난쟁이 같았고 (…) 어딘가 기형이란 인상을 받았으며 (…) 이제껏 알지 못했던 역겨움과 혐오감과 공포감"을 느끼며, "거의 인간이라고 할 수가 없어! 무슨 동굴에 혼자 사는 원시인 같다고나 할까? (…) 아니면 무슨 더러운 영혼이 사람의 육신에 들어와서 그런 일그러진 형상을 드러내는 것일까?"라고 속으로 외친다(15-16). 하이드는 당시 사회가 규정하는 열등하고 타락한 타자들의 집합체로 기술되며, 하이드와의 접촉에서 유발되는 혐오의 정동은 지극히 자연스럽고 보편적인 것처럼 제시된다.

그렇다면 이 작품은 신체적 특징을 타락의 표지로 규정하고 이에 대한 혐오를 당연시하는 가운데, 살기등등한 악의 탐닉을 인간 본성의 일부로 제시하고 있는 것일까? 그러나 작품의 말미에 제시되는 지킬의 진술서는 달리 읽을 가능성을 시사한다.

> 나는 18xx년에 상당한 재산을 소유한 집안에서 태어났다. 훌륭한 신체와 지능도 타고났으며 천성적으로 근면한 기질을 가지고 있어 동료들 중에서 현명하고 선량한 사람들에게 존중받기를 좋아하여 (…) 어디로 보나 명예롭고 칭송받을 만한 장래가 보장된 셈이었다. 그런데 내 최악의 약점은 조급히 즐거움을 추구하는 기질이었다. 이것이 행복으로 이어지는 사람도 많지만, 내 경우에는 거만을 떨며 남들 앞에서 각별히 근엄한 표정을 지으려는 오만한 욕구와 이것을 서로 조화시키기가 어려웠다. 그리하여 나는 내 쾌락들을 숨기게 되었고, 성찰할 나이가 되어 주변을 둘러보고 내가 세상 속에서 나아가는 모습과 위치를 가늠하기 시작하고 보니, 심각한 이중생활이 이미 굳어져 있었다. 내가 저지른 부정한 행위 정도는 오히려 자랑거리로 삼을 사람이 많을 것이나, 나는 스스로 설정한 고귀함의 수준 때문에 거의 병적인 수치심을 느끼며 그것들을 숨겼다. 내가 그렇게 된 것은 이렇듯 특별히 내 잘못들이 더 심각해서가 아니라, 내 열망의 까다로운 속성 때

> 문이었으며, 인간의 이중적 본성을 구성하는 선과 악의 영역이 내 안에서는 대부분의 사람들보다 더 깊은 골을 내며 파였기 때문이었던 것이다. (52)

지킬의 진술에서 드러나듯 선과 악의 문제는 의외로 복잡하고 모순 가득하다. 우선 지킬은 자신의 본성이 처음부터 선과 악으로 양분되어 있었다고 말하지 않는다. 다만 내면에 남에게 존중받고자 하는 욕망과 "조급히 즐거움을 추구하는 기질"이 공존하고 있었는데, 사회 규범을 엄격하게 내면화한 나머지 자신의 또 다른 기질에 대한 "병적인 수치심"에 시달리며 이를 억압했고, 자신의 그 까다로운 속성으로 인해 남들보다 선과 악의 골이 깊게 파였다는 것이다. 지킬은 마침내 자아를 둘로 분리해 냈다고 단언하지만, 이것조차 불투명하다. 이어지는 진술에서 지킬은 인간 본성이 "둘"이라고 말하는 이유는 자신의 실험이 미완으로 끝났기 때문이라고 하면서, 앞으로 연구가 진전된다면 아마 둘이 아니라 "궁극적으로 인간은 천태만상의 서로 어울리지 않는 구성원들을 모아 놓은 정치 제체에 불과하다는 것이 밝혀지리라"고 말한다(52-53). 선과 악이란 원래 주어진 것이라기보다는 강제 분리의 결과일지도 모르고, 실은 이질적이고 다양한 것들을 편의상 둘로 나누는 과정에서 생겨난 불분명하고 부정확한 범주일 수도 있음을 암시하는 것이다.

진술서의 첫머리에서 지킬은 규범적 자아가 허락하지 않는 즐거움을 탐하는 기질이 자신의 엄격한 도덕성으로 인해 악의 축으로 밀려나게 되었다고 서술한다. 그러나 강제 분리가 성공한 이후 하이드의 감각을 지킬 자신의 관점으로 설명하는 대목에서는 하이드를 자신의 내면에 원래 있었던 악이라고 단언한다. 뒤이어 지킬은 하이드의 몸이 되어 난생 처음 자유로움과 생기, 그리고 생의 쾌감을 맛보았음을 회고하다가, 이러한 감각은 바로 자신 안에 "원래 있었던 악"에 자신이 노예로 팔려 간 결과라고 해석하면서, 바로 그 때문에 더 짜릿한 쾌감을 만끽했다는 설명을 덧붙인다. 이처럼 자유로움을 '악'으로 규정하는 것은 지킬의 의식이다. 지킬의 의식으로 매개되지 않은 하이드의 목소리는 거의 제시되지 않는다. 하이드 속에 잔존하는 지킬은 끊임없이 하이드를 억압하고 제압하려고 하며 그러는 동안 하이드는 한층 더 포악해진다.

작품의 도처에서 지킬은 슬프고 우울한 모습으로 묘사되고, 지킬 자신도 스스로를 거듭 "불행한" 사람이라고 칭한다. 지킬의 우울이 다른 사람들의 흥을 깨는 것은 아니다. 그는 누구보다 철저히 자신의 감정을 숨기고 사회가 기대하는 방식으로 살아가기 때문이다. 지킬의 분리 실험은 근본적으로 하이드의 기질에 대한 부정과 혐오에 기반한다는 점에서, 그의 소외는 사회의 규범적 가치를 내면화한 지킬의 내부에서 일어난다고 할 수 있다. 요컨대 이 작품은 지킬 박사의 내면에서 일어나는 정동 소외를 극적으로 보여 주면서 그것이 갖는 윤리적·정치적 함의를 시사한다.

이러한 맥락에서 지킬과 하이드가 대등한 관계가 아니라 부자 관계로 설정되어 있다는 사실에 주목할 필요가 있다. 지킬은 하이드에게 "아버지의 관심 그 이상"을 품고 있는 반면, 하이드는 "아들의 무관심" 이상의 냉정함을 품고 아버지/지킬을 향한 반항과 증오를 키운다. 하이드는 지킬보다 젊고 덜 발달되고 덜 소진된, 변화와 성장의 가능성을 가진 존재로 제시된다. 이는 하이드를 내재적 악성의 현현으로 규정하려는 지킬 자신의 진술과 상충한다. 잔혹한 살인을 저지른 다음 다시 지킬로의 변신을 위한 극도의 정신적·육체적 고통의 순간에, 지킬/하이드는 눈앞에 펼쳐지는 자신의 "삶 전체"의 파노라마를 마주한다. 그의 삶은 "아버지의 손을 잡고 걷던" 어린 시절과 "자기 자신을 부정하는 전문직업인으로서의 삶"이라는 단출한 두 개의 연속적 이미지에 불과하다. 이 순간 지킬은 비로소 규범과 억압의 상징인 아버지의 손아귀에서 지탱해 왔던 자기 부정의 삶을 직시하고 아들/하이드의 눈으로 자신의 삶을 바라봄으로써, 지킬과 하이드가 서로에게 품은 증오의 실체를 이해하게 된다. 지킬은 사실상 끊임없이 하이드의 넘쳐 나는 "삶의 에너지"를 부정하고, 이를 철저히 "지옥처럼 몸서리쳐지는" "비생명체"의 속성으로 간주하고 증오했으며, 하이드는 "자신을 싫어하는" 지킬을 향해 걷잡을 수 없는 분노를 키웠던 것이다(65). 이렇게 보면 지킬에게 하이드는 선한 자아와 대립하는 원초적 악이라기보다는, 그 '선한' 자아/아버지에 질식되어 비뚤어진 일탈과 반항을 일삼는 또 다른 자아/아들이라 할 수 있다.

지킬의 이러한 인식과 더불어 하이드에 대한 그의 감정도 변화를 맞는다. 한 생명체가 가질 수 있는 가장 기본적인 생生의 본능과 에너지를 비생명체의 것인 양 말살하려 했던 지킬은 이 모든 사건의 전말을 돌아보는 글쓰기의 과정을 통해 "삶에 대한 그[하이드]의 사랑에 경이로움"을 느끼고, 삶을 향한 하이드의 애착과 열정에 깊은 "연민"을 느낀다(65). 지킬이 비로소 알아보는 하이드의 삶에 대한 열정은 지킬의 멜랑콜리와 공생해 온 에로스이기도 하다. 억압해야 할 악이기 전에 에로스였던 또 하나의 자아에 대한 연민은 그의 마지막 결단에 깊은 울림을 더한다.

지킬의 자살은 하이드의 악행에 그 어떤 면죄부도 줄 수 없음을 분명히 하지만, 그의 결단은 뿌리 뽑을 수 없었던 원초적 악에 대한 응징이나 도덕적 자아의 승리라기보다는, 지킬 자신이 내면화한 억압적 도덕성과 위선에 대한 응징일 수도 있다. 하이드의 악행을 용서할 수는 없지만 자신은 적어도 "폭력배들을 고용해서 범죄를 대신 저지르게 해놓고, 본인들의 몸이나 명성은 안전하게 보호하는 사람들"과는 달랐다는 지킬의 인식(56)은 비겁한 자기변명과는 거리가 있다. 하이드는 어쩌면, 자신의 생의 에너지를 질식시키려는 아버지/사회의 폭력을 학습하고 기성사회의 위선을 온몸으로 모방함으로써 폭로했음을 시사하기 때문이다. 하이드에 대한 지킬의 연민은 조금 다른 기질과 모습과 성향을 태생적 악성으로 규정하고, 자신의 도덕적 우월을 확신하고 증명하려는 기성사회의 혐오와 증오를 내파한다. 이렇게 볼 때 이 작품은 지킬 박사가 자신의 내면에 도사린 원초적 악과 싸우는 이야기라기보다는 자신 안의 "삶에 대한 사랑"의 억압과 혐오에서 수용과 연민으로 나아가는 이야기로 읽을 수 있다.

멜랑콜리 곁의 에로스

버지니아 울프의 『댈러웨이 부인』(1925)의 주인공 클라리사 댈러웨이는 런던을 걷다가 남루한 사람들을 보며 다음과 같이 생각한다.

> 우리가 삶을 왜 그토록 사랑하는지는 오직 하늘만이 알 거야. 삶을 어떻게 보고, 어떻게 만들어 가는지, 어떻게 짓고 넘어뜨리고 매 순간

> 새롭게 만들어 가는지를. 가장 추레한 이들, (…) 비참한 고통 속에 낙담하여 계단에 앉아 있는 사람들도 똑같아. (…) 바로 그렇기 때문에 의회 법안으로 처리할 수 있는 게 아니야. 그들은 삶을 사랑한다고.[21]

누구나 자신의 삶을 사랑한다는 클라리사의 믿음은, 타인의 비참한 현실을 외면하고 그들의 행복을 멋대로 재단함으로써 얻는 기만적인 자기 위안과는 거리가 멀다. 그것은 매순간 삶을 새롭게 일구려는, 자신뿐 아니라 타인의 삶의 에너지에 감응할 수 있는 정서적 역량에 가깝다. 울프는 개인과 사회 차원에서의 정서적 역량이 결여된 기계적인 제도 개선의 한계를 꼬집고 있는 것이다.

아서 플렉과 울스턴크래프트, 그리고 지킬 박사의 멜랑콜리는 저마다의 방식으로 삶을 향한 뜨거운 사랑과 얽혀 있다. 이들의 멜랑콜리는 잃어버린(혹은 잃어버렸다고 상상하는) 대상에 대한 강박적 집착이나 자폐적인 자기애가 아니라 생동하는 삶을 향한 에너지, 생의 충동이자 에로스의 다른 얼굴이다. 멜랑콜리를 다시 읽는 일은 아름다움과 선함, 즐거움과 행복의 경계를 다시 설정하는 일이다.

세기말 유미주의의 대표자 격인 오스카 와일드는 아름다움이란 기존의 미적 규범과는 무관한 "무수히 많은 서로 다른 것들", "이질적인 감정적 요소들을" 가진 것이라고 정의한다.[22] 그에 따르면 진정한 예술가는 사람들이 이러한 낯설고 이질적인 것들을 아름답게 느낄 수 있는 "감수성의 기질"을 창출해 내는 자이다. 와일드는 다양하고 이질적인 아름다움에 대한 감응력을 키우는 것이 삶의 기쁨을 증대시킨다고 보았고, 궁극적으로 이것이 사회 변화의 원동력이 될 수 있다고 믿었다. 그는 "이기심이란 자신이 원하는 대로 사는 것을 뜻하는 것이 아니라, 남들이 내가 원하는 방식으로 살 것을 요구하는 것"을 의미한다고 정의하고, 다양한 유형의 즐거움을 받아들일 줄 아는 비이기심unselfishness을 키워야 한다고 주장했다. 타인의 고통만이 아니라 그의 삶 전체, 그 삶의 아름다움과 기쁨, 에너지와 건강함, 그리고 자유로움에 공감해야 한다는 와일드의 주장에는 나와는 다른 방식으로 삶을 살아가는 타인들의 기쁨과 생의 열망에 온전히 감응하는 정서적 역량을 키워야 한다는 요청이 들어 있다. 이러한 역량에는 자기 안의 에로스에 대한 감응력 또한 포함된다. 와일드는 인간이 기쁨을 통해 자신을 표현하게 될 때, 그리고 타인의 즐거운 삶을 숙고하는 데서 기쁨을 느낄 줄 알 때 좀 더 나은 미래가 가능하다고 말한다. 내적·외적인 정동적 소외로부터의 해방은 자신뿐 아니라 타인의 삶의 열정에 대한 온전한 감응력을 필요로 하는 것이다. 멜랑콜리 곁의 에로스를 다시 눈여겨볼 때이다.

1. 멜랑콜리는 우리말로 흔히 '우울'로 번역되는 'depression'보다 좀 더 포괄적인 개념으로 볼 수 있지만, 이 글에서는 엄밀히 구분하여 쓰지는 않았다. 이 글에서 인용하는 원어는 'melancholy'인데 형용사로 쓰인 경우가 많아 '멜랑콜리한'보다는 '우울한'으로 옮기는 것이 자연스럽기 때문이다.

2. 아리스토텔레스(혹은 그의 제자)는 『문제들(*Problems*)』에서 "어째서 철학이나 정치 혹은 문학이나 예술 분야에서 탁월한 능력을 가진 모든 사람들은 우울한 것인가?"라고 물은 바 있고(*The Nature of Melancholy: From Aristotle to Kristeva*, ed. by Jennifer Radden, Oxford: Oxford University Press, 2000, pp. 55-56), "멜랑콜릭들은 대체로 욕정이 강하다."고 말한다(Giorgio Agamben, *Stanzas: Word and Phantasm in Western Culture*, trans. by Ronald L. Martinez, Minneapolis: University of Minnesota Press, 1993, p. 16에서 재인용).

3. 중세 수도사들의 음울한 무력감 혹은 나태를 뜻하는 '어시디어(acedia)'는 대체로 멜랑콜리의 일종으로 간주되지만 관점에 따라 이 둘을 구분하기도 한다. 이 글에서는 어시디어를 근대의 멜랑콜리의 모태로 보는 아감벤의 입장을 따른다. 관련 논의로는 Fredric Jameson, *The Ideologies of Theory: Essays. Vol. 2. The Syntax of History* (Minneapolis: University of Minnesota Press, 1988); Julia Kristeva, *Black Sun: Depression and Melancholia*, trans. by Leon S. Roudiez (New York: Columbia University Press, 1989) 참고.

4. 서구의 근대성과 지루함에 관한 논의로 *Essays on Boredom and Modernity*, ed. by Barbara Dalle Pezze and Carlo Salzani (New York: Rodopi, 2009); Elizabeth S. Goodstein, *Experience Without Qualities: Boredom and Modernity* (Stanford: Stanford University Press, 2005) 참고.

5. Sigmund Freud, *Civilization and Its Discontents*, trans. and ed. by James Strechey (New York: W. W. Norton, 1962), p. 24.

6. Lauren Berlant, *Cruel Optimism* (Durham and London: Duke University Press, 2011), p. 24.

7. Lauren Berlant, *Cruel Optimism*, p. 27.

8. Oscar Wilde, *The Artist as Critic*, ed. by Richard Ellmann (Chicago: The University of Chicago Press, 1982).

9. Sara Ahmed, "Happy Objects", *The Affect Theory Reader*, ed. by Melissa Gregg and Gregory K. Siegworth

(Durham and London: Duke University Press, 2010), p. 42에서 재인용.

10. Mary Wollstonecraft, *A Vindication of the Rights of Woman and A Vindication of the Rights of Men*, ed. by Janet Todd (Oxford: Oxford University Press, 1993), p. 71.

11. Mary Wollstonecraft, *A Vindication of the Rights of Woman and A Vindication of the Rights of Men*, p. 80.

12. J. S. Mill, *On Liberty and Other Writings*, ed. by Stefan Collini (Cambridge: Cambridge University Press, 1989), pp. 115-116.

13. J. S. Mill, *On Liberty and Other Writings*, p. 61.

14. 울스턴크래프트는, 여성은 "남성의 장난감이요 딸랑이가 되기 위해 태어났으니 남성이 이성을 잠시 떨치고 기분전환을 하려고 할 때면" 언제든 즐거운 소리를 울려대야 할 뿐 아니라, "우울하다는 것은 남성적인 것"이라는 도덕론자들의 주장을 인용함으로써, 당시 사회가 이성뿐 아니라 우울이라는 감정조차 남성의 특권으로 간주하고 있음을 지적한다.

15. Mary Wollstonecraft, *A Vindication of the Rights of Woman and A Vindication of the Rights of Men*, p. 99.

16. Mary Wollstonecraft, *A Vindication of the Rights of Woman and A Vindication of the Rights of Men*, p. 73.

17. 이는 에드먼드 버크(Edmund Burke)의 『프랑스 혁명에 대한 성찰(*Reflections on the Revolution in France*)』(1790)을 최초로 반박한 팸플릿 『인간의 권리 옹호(*A Vindication of the Rights of Men*)』(1790)이다.

18. Virginia Woolf, "Four Figures", *Collected Essays*, Vol. 3 (San Diego: Harcourt, 1967), pp. 194-195.

19. Virginia Woolf, "Four Figures", p. 199.

20. Robert Louis Stevenson, *Strange Case of Dr. Jekyll and Mr. Hyde and Other Tales* (Oxford: Oxford University Press, 2006), p. 53. 이하 같은 책의 인용은 본문 괄호 안에 쪽수만 표시한다.

21. Virginia Woolf, *Mrs. Dalloway* (San Diego: Harcourt, 1925/1981), p. 4.

22. Oscar Wilde, *The Artist as Critic*, p. 279.

인간의 본성과 자격

선악과 인간 본성 – 맹자의 사고실험
무엇이 인간을 인간답게 하는가 – 도덕적 존재의 조건
법 앞의 인간 – '법적 주체'와 '사람' 사이
언어를 통해 본 인간의 창조성

선악과 인간 본성
— 맹자의 사고실험

이정환

인간을 '다시' 물으려 한다면 이 물음에 대한 '최초'의 견해들을 들여다보는 것은 불가피해 보인다. '성性', 즉 '본성', 그중에서도 '인간'의 본성이란 무엇인가라는 물음은 전근대 동양 사상사 전체에 걸쳐서 가장 오래되고 가장 끈질긴 '철학적' 주제라 해도 과언이 아니다. 그리고 그 장구한 역사는 "인간 본성은 선善하다."라는 맹자孟子의 성선론性善論에서 시작되었다. 맹자 이전에 이미 공자孔子의 제자들 사이에는 이 주제에 관한 궁금증이 증폭되고 있었던 반면, 정작 공자 자신은 이 주제를 일정 정도 회피하고자 한 듯하다.[1] 그러나 이 주제에 관한 증폭된 관심은 쉽게 사그라지지 않았던 모양이다. 『맹자』에는 맹자의 성선론과 더불어 인간 본성에 대한 다양한 입장이 기록되어 있다(『맹자』, 「고자 상」 1-10).

"인간 본성은 선하다."라는 맹자의 주장은 다양한 면에서 지극히 황당하게 들린다. 무엇보다도 성선론은 우리가 경험하는 인간 군상과 심각하게 괴리되어 있다. '정녕 인간 본성이 선하다면 나는, 그리고 우리는 왜 이 모양 이 꼴이란 말인가?' 더욱이 맹자 스스로가 대혼란의 시기였던 전국시기의 처참한 상황을 목도하고서도 이러한 주장을 유세하고 다녔다는 사실은 많은 설명을 필요로 한다. 도대체 그는 무슨 생각을 한 것이며, 그 주장의 근거는 무엇일까?

이와 관련하여 맹자의 "유자입정孺子入井"에 주목해 보자. 이는 『맹자』의 「공손추 상」 중의 여섯 번째 항목, 그 가운데 정확히 60자의 한자로 구성된 부분으로 "유자입정", 즉 "어린아이가 장차 우물로 들어가려는 것을 갑자기 본다면"이라는 가상적 상황하에 진행되는 성선론 논증의 일부분이다. 그 분량은 얼마 되지 않지만 '사고실험'으로서의 유자입정은 지난 2천여 년간의 인간 본성에 대한 논의에서 가장 획기적인 전환점 중 하나라고 일컬을 만하다.[2] 그리고 이 사고실험이 갖는 '설득력'을 설명하는 데 있어 임마누엘 칸트Immanuel Kant가 『판단력 비판*Kritik der Urteilskraft*』에서 수행한 아름다움에 관한 분석은 유용한 수단을 제공한다.

주장으로서의 유자입정

인간 본성에 대한 궁금증은 말 그대로 '동서고금을 막론'하는 인류 보편의 현상인 듯하다. 맹자와 그 당시 사람들이 공유한 본성의 의미는 "배움學"이나 "의도적 노력事"으로 습득 가능하지 않은 "천부적인 것天之就"이며, 우리가 임의로 조작하거나 상실하게 할 수 없는 자연발생적으로 "스스로 그러한自然" 것이다(『맹자』, 「진심 상」 15; 『순자』, 「성악」과 「정명」). 이는 영어에서 'human nature'의 'nature'와 의미가 크게 다르지 않다. 우리는 타고난 자연 그대로의 우리의 참모습에 대해 알고 싶어 한다.

그 궁금증의 보편성에 반해 그에 대한 답을 찾으려는 과정은 매우 다양할 뿐 아니라 지난하고, 요원하기까지 하다. 최근 과학계는

2천여 년 동안 철학계가 행사해 온 이 주제에 대한 주도권을 양도할 것을 주장하고 나섰다. 아래 인용문은 2013년 출간된 『인간 본성에 관한 주장*Arguing about Human Nature*』의 서문 중 일부분이다.

> 인간 본성을 이해하는 데 관련된 경험적 관찰들은 흄과 칸트는 물론 다윈이 제시한 것보다 한참 더 체계적이 되었고, 현재 그 관찰은 심리학, 유전학 및 기타 과학적 학문의 실험으로 보완되고 있다. (…) 인간 본성에 관심 있는 철학자들과 다른 이론가들은 더 이상 책상머리에서 인간 본성에 대해 사변할 수 없게 되었다.[3]

그런데 인간 본성에 대한 충분한 과학적 설명이 조만간 이루어지길 기대하기는 어려울 듯하다. 20세기 말, 원숭이 뇌에 진행하던 실험 중 '우연히' 발견되었다고 하는 '거울 신경세포mirror-neurons'는 자신의 행위뿐만 아니라 타인의 행위에 대해서도 동일한 반응을 보인다는 점에서 이타적 반응을 포함한 인간의 공감능력을 설명해 줄 중요한 단서로 각광을 받아 왔다. 그러나 이것이 인간에 관해 무엇을 설명해 줄 수 있을지, 그리고 그것이 신경세포 전체에서 차지하는 비중은 어떠한지 등에 관해서 아직 확실한 것은 없는 듯 보인다.[4]

우리 자신에 관한 물음임에도 현재까지 인간 본성에 대한 논의가 분분할 수밖에 없는 가장 주요한 이유는, 인간 본성이 눈과 귀 등의 감각기관들처럼 틀림없이 우리 안에서 작동되고 있다고 믿어지는 무엇이면서, 다른 한편으로는 감각기관과는 달리 그 자체로 경험을 통해 그 성질을 직접 파악할 수 있는 특정한 독립된 실체가

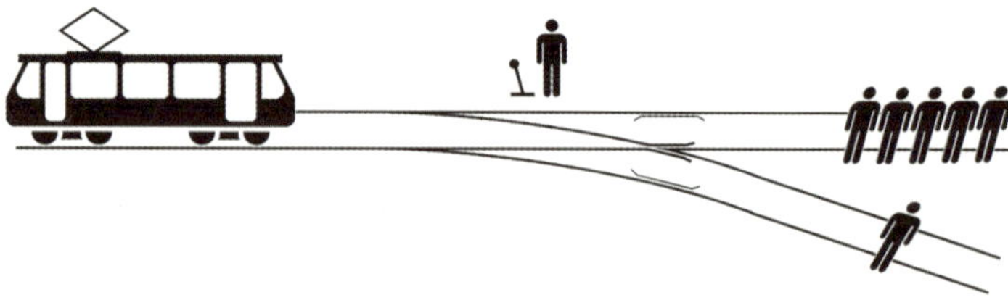

전차 문제: 다섯 사람을 살리기 위해 한 사람을 희생시키는 것은 도덕적으로 정당한가?

아니기 때문이다. 따라서 우리는 특정 상황에 대한 특정 반응과 같은 경험적 '단서'들에 의존하여 그것이 무엇인지 추정할 수 있을 뿐이다.

이 단서들을 포착하기 위한 철학의 대표적인 방법 중 하나가 '사고실험'이다. 필리파 풋Phillipa Foot에 의해 1967년 다른 사고실험들과 함께 처음 고안되었고, 그간 다양한 변형을 거쳐 현재 과학적 도덕심리학에서도 널리 사용되고 있는 '전차 문제Trolley Problem'(혹은 '광차 문제')가 인간 본성과 관련된 가장 잘 알려진 예 가운데 하나이다. 이 사고실험 자체만큼이나 흥미로운 점은 '과학적' 방법론과 기계장치를 동원하더라도 그 결과는 통계수치로 나타날 뿐 절대적으로 객관적인 인간 보편의 본성에 대한 답을 얻을 수 없다는 것이다. 그렇다면 2천 3백여 년 전에 구상된 맹자의 "유자입정"은 어떠할까?

유자입정이 속해 있는 「공손추 상」의 여섯 번째 항목은 "사람들이 모두 남에게 차마 못하는 마음을 가지고 있다."라는 맹자의 짤막한 명제적 언급으로 시작한다. 그리고 바로 이어서 "[통치의 모범인] 선왕들은 [바로 이] 남에게 차마 못하는 마음을 가지고 곧 남에게 차마 못하는 정사政事를 펼치셨으니, (…) [이렇게 한다면] (…) 천하의 [질서를 바로잡는] 통치는 손바닥 위에 놓고 움직이는 것처럼 쉬울 것이다."라는 주장으로 비약한다. 그리고 바로 이어서 "유자입정"이 등장한다.

> 사람들이 모두 남에게 차마 못하는 마음을 가지고 있다고 말하는 근거는 다음과 같다. 만약 지금 사람들이 어린아이가 장차 우물로 들어가려는 것을 '갑자기 본다면乍見' 누구나 '모두' 깜짝 놀라고 측은해하는 마음을 갖게 될 것이다. 이것은 어린아이의 부모와 교분을 맺으려고 해서도 아니며, 동네 사람들과 친구들에게 명예를 구해서도 아니며, [잔인하다는] 비난을 (혹은 [아이의 비명] 소리가) 듣기 싫어서 그러한 것도 아니다.

이 짧은 문구는 다분히 우리의 경험에도 위배되는 인간 본성의 선함을 주장하기 위한 충분한 근거를 제시하기보다는 한 개인의 근거 없는 주장처럼 보이기도 한다. 그 주장이 타당성을 확보하기 위해서는 최소한 다음 문제들에 대한 설명이 요구된다.

유자입정의 일차적 목적은 "사람들이 '모두' 남에게 차마 못하는 마음을 가지고 있다."라는 인간 '보편성'에 대한 입증이다. 그러나 "측은해하는 마음"은 한 개인이 내적이고 독립적으로 느끼는 특수한 감정으로 순수하게 주관적이다. 따라서 이것은 보편성을 뒷받침하기 위한 객관적 근거가 될 수 없다.

보편성과 아울러 이 주장은 '필연성', 즉 어린아이가 장차 우물로 들어가려는 것을 갑자기 보게 되는 상황에서 인간 일반은 필연적으로 "깜짝 놀라고 측은해하는 마음을 갖게 될 것이다."라는 것을 밝혀야 한다. 만약 상황과 반응의 관계가 우연적이거나 상대적이라면 그것을 근거로 무엇인가의 속성이라고 주장할 수 없다.

보다 근본적으로 이 주장은 "깜짝 놀라고 측은해하는 마음"의 성격을 밝혀야 한다. 이 특수한 감정이 그 자체로 선善하다는 근거는 무엇인가? 어떤 특정한 감정이 그 자체로 언제나 무조건적으로 선한 것일 수 없다. "측은해하는 마음"은 때로 과도한 관대함으로 흐를 수도 있다. 그리고 이것이 인간 본성의 성격을 판정할 수 있는 타당한 단서가 될 수 있는 근거는 무엇인가? 이러한 단편적인 경험적 단서가 인간 본성과 필연적이고 직접적인 관계를 갖고 있다고 볼 수 있는 객관적 근거는 없다. 달리 말하면, 그것이 후천적 학습이나 습관의 결과가 아니라는 근거는 무엇인가? 특정한 단서를 인간 본성을 규정하기 위한 결정적 근거로 선택하는 것은 임의적이다. 맹자는 모든 사람이 자신의 주장에 동의할 것은 자명하다고 전제할 뿐, 어떠한 논리적 설명이나 객관적 근거를 제시하지 않는다.

사고실험으로서의 유자입정과 그에 대한 미학적 해설

이제 유자입정을 사고실험으로 재구성해 보자. 이 실험의 가장 두드러진 특징은 그 주장의 타당성을 객관적으로 증명하기보다 독자인 '나'에게 직접 묻고 반성하도록 유도하는 것이다.

> 당신이 "지금 어린아이가 장차 우물로 들어가려는 것을 갑자기 본다"고 가정해 보자. 그렇다면 당신은 "깜짝 놀라고 측은해하는 마음을 갖

게 될 것"이라고 생각하는가?

앞에서 지적한 주장으로서의 유자입정의 한계와 관련하여, 위 물음의 행간에는 다음의 세 가지 물음이 추가로 제시되어야 한다.

당신은 그 마음을 선하다고 생각하는가?
당신은 그것이 당신에게서 필연적으로 그러할 것이라고 생각하는가?
당신은 '사람들이 모두' 그러할 것이라고 생각하는가?

이 실험은 '나'로 하여금 '나'에 대한 부정할 수 없는 '사실'과 직면하게 한다. 만약 내가 위의 질문들에 모두 망설임 없이 즉각 긍정으로 답한다면, 그리고 반성적이고 이성적인 사고를 통해서라도 부정할 수 없다면 이것은 '나'에 대해 무엇을 말해 주는가? 또한 이는 '인간' 일반에 대해 '나'에게 무엇을 말해 주는가?

유자입정의 뒤쪽 절반 30자는 "측은해하는 마음"이 "명예"를 획득하거나 "비난"을 피하고자 하는 등의 일체의 사적 동기와 무관함을 기술하는 데 할애되어 있다. 이 사고실험에서는 순진무구한 어린아이가 우물에 빠지기 직전, 어떠한 다른 조건도 개입될 수 없는 그 찰나에 그 상황을 "갑자기 목도한" 자신을 상상하게 한다. 이 무관함이란 일체의 사적인 "이해관심으로부터 자유로운"(칸트, 『판단력 비판』, V 210) '나'를 의미한다.[5]

맹자는 궁극적으로 이 "깜짝 놀라고 측은해하는 마음"을 '인仁'한 인간 본성, 그리고 종국에 '선善'한 인간 본성을 증명하는 근거로 제시한다. 여기에는 몇 단계의 비약이 섞여 있다. 이 특정한 마음은

"남에게 차마 못하는 마음"의 예시이다. 그리고 맹자에게 "남에게 차마 못하는 마음"이란 "타인을 해치고자 하는 욕구가 없음"(『맹자』, 「진심 하」 31)은 물론이거니와 굶주림이나 죽음의 위협과 같이 위험한 상태에 있는 사람과 생명체에 대해 무관심하거나 방관하지 못하는 마음(『맹자』, 「양혜왕 상」 7)이다. 다시 이 "남에게 차마 못하는 마음"은 바로 인간다움仁의 특정한 상태이고, 인간다움은 곧 선善의 가장 본질적인 성질로 취급된다.

사고실험 내에서 이러한 논리적 비약의 문제는 논외이다. 중요한 것은 이 실험에 참여한 '나'는 그 특정한 마음을 즉각적으로 부정할 수 없는 선함의 한 예시로 받아들이는가이다. 만약 이를 긍정한다면 '나'는 '나'에 대해 자기중심적인 성향으로만은 설명할 수 없는 이타적인 무엇이 '내' 안에서 작동하고 있음을 인정해야만 한다.[6] 이 사실은 사적 동기와 무관할 뿐 아니라 개인적 이해관계와 완전히 무관한 타인에 대해, 마치 그의 안녕이 나의 이해와 관련된 것처럼, 무조건적인 염려와 관심의 반응을 보이는 '나'를 의미한다. 여기에는 선에 대한 객관적 정의, 그리고 그 정의와 "깜짝 놀라고 측은해하는 마음"의 관련성 등에 대한 객관적 근거나 논리적 타당성은 필요하지 않다. 이는 전적으로 주관의 특정한 마음에 대한 주관의 직관적 도덕판단에 근거한다. 그것이 직관적이고 즉각적인만큼 그것의 본성과의 관련성은 증가한다. 유자입정은 이 특수한 감정을 통해 보편의 선함이 무엇이어야 할지를 자각할 수 있도록 하는 그 직관적 경험 자체에 주목할 수 있는 계기를 마련해 준다.

이 지점에서 유자입정은 아름다움에 대한 칸트의 분석을 상기시킨다. 칸트에 따르면 한 개인이 어떤 대상을 '아름답다'고 언급하는 것은, 마치 그 아름다움이 객관적 "대상의 성질"인 것처럼 말하는 것일 뿐(V 211), 그러한 아름다움의 판단이란 "쾌快, pleasure"[7]와 같은 특수한 감정에 의한 주관적 판단일 뿐이다. 그러나 그 개인은 자신의 주관적 경험을 마치 객관적이고 필연적이며 보편적인 것으로 여기고, 이것을 '공통감common sense'으로 간주하는 주관적 근거로 삼는다. 이는 유자입정에서 "측은해하는 마음"이라는 특수한 주관적 감정으로부터 인간 본성의 선함이라는 '사실'로 비약하는 과정과 상당히 유사하다. 이 점은 필연성과 보편성에 대해서도 마찬가지이다.

'내'가 "측은해하는 마음"이 발생하는 것의 '필연성'을 받아들인다는 것은 그 마음을 '나'의 본성을 구명하는 '단서'로 받아들인다는 것을 의미한다. 이 마음은 사적 동기와 무관하게 발생한다. 그리고 이 마음은 순수하게 타인의 안녕에 관한 것이다. 그렇다면 내 안에는 이 타인을 배려하고자 하는 동기가 발생하는 하나의 근원 혹은 원인이 있을 수 있다. 이것의 필연성은 한 개인 안에서 그 근원 혹은 원인에 일정한 원리가 있음을 인정하는 것이다. 이 "측은해하는 마음"이 다분히 가변적이고 우연적인 현상이라면 그것을 단서로 하여 무엇인가를 그 발생 근원이나 원인으로 특정하기 어려울 것이다. 따라서 이 필연성은 최소한 나는 내 안에 어떤 기제mechanism가 법칙에 따라 작동하고 있다는 것을 믿을 수 있는 주관적 근거가 된다. 최소한 나에게 있어 본성은 이러한 "주관적 원리"이다(V 238). 그리고 이러한 상태에서 드러난 결과로서의 "측은해하는 마음"은, 비록 직접적 관계를 객관적으로 증명할 길은 없으나, 최소한 '나'에게는 인간 본성 자체의 성격을 구명하는 직접적인 '단서'로 받아들여질 수 있는 타당한 자격을 갖는다. 이 필연성은 객관적 방식으로 입증 가능한 것도, 인간 본성의 개념 정의에 근거하여 규정할 수 있는 것도 아니라는 점에서 "주관적 필연성"이다(V 236-237).

"주관적 필연성"과 결합된 일체의 "이해관심으로부터 자유로운"(V 210) 주관의 상태는 '보편성'을 주장하기 위한 기초를 마련해 준다. 단순하게 분석하면, 한 개인은 두 요소로 분석 가능하다. 하나는 타고난 기질, 개인적 경험, 후천적 학습처럼 타인과 구별되는 개인적 특수성을 구성하는 부분이다. 다른 하나는 한 개인이 인류의 구성원으로서 갖는 동질성이다. 따라서, 적어도 이론적으로는 사적 조건들로부터 완전하게 자유로운 상태에 있는 한 사람은 곧 인류 전체를 대표하는 자격을 갖는다. 그리고 그러한 상태에서 그 한 사람은 자신이 느끼는 주관의 특수한 감정에 대해 '사람들이 모두 (~)한 마음을 가지고 있다고 말하는 근거'를 마련할 수 있다. 이것은 '나' 자신이 일체의 사적 조건들로부터 자유로운 상태에 있다는 것을 객관적으로 증명할 수 있기 때문에 가능한 것이 아니다. 그리고 자유로운 상태에서 느끼는 이 감정의 보편성이 객관적으로 증명되었기 때문도 아니다. 그것은 "그가 다른 모든 사람들에게서도 전제할 수 있는 것에 기초되어 있는 것이라고 간주할 수밖에 없고, 따라서 그는 누구에게서나" 동일한 감정을 "기대할 근거를 가지고 있다고 믿을 수밖에 없기 때문이다"(V 211). 달리 말하면, 이러한 보편성에 대한 주장은 "여러 번 그의 판단과 일치하는 것을"(V 213) 경험적으로 확인하였거나 객관적 근거에 의해 입증되었기 때문이 아니다(V 215). 단지, 일체의 "이해관심으로부터 자유로운" 상태에서 한 개인은 타인 모두가 동일하게 그러한 감정을 필연적으로 갖게 될 것이라고 "그렇게 믿을 수밖에 없기 때문"에 그 보편성을 "요구주장"한다. 따라서 이러한 보편성의 주장은 객관적 타당성에 기초한 보편성과 구분하여 "주관적 보편타당성subjective universal validity"이라 부를 수 있다(V 215).

필연성과 보편성에 대한 주관적 확신은 '나'로 하여금 "측은해하는 마음"을 선한 '인간' 본성을 구명하는 '단서'로 받아들이기 위한 최소한의 주관적 타당성을 마련해 준다. 그리고 '내'가 '나'의 본성에 대한 필연성과 보편성을 주장한다는 것은 비록 그것을 객관적으로 증명할 수 없다고 할지라도, 최소한 '나'는 "[인간] 마음의 동질성心之所同然"(『맹자』, 「고자 상」 7) 혹은 "공통감"(V 238), 그리고 그것의 근원적 작동원리로서의 '인간' 본성 혹은 "인간성의 초감성적 기체the supersensible substratum of humanity"(V 340)를 상정하고 있다는 것을 의미한다.[8] 달리 말하면, 공통감과 인간 본성을 상정하지 않고 주관의 감정이 타인에게서도 필연적이고 보편적으로 그러한 것이라고 주장하는 것은 논리적으로 불가능하다.

인간 보편성과 보편적 인간성

맹자의 성선론이 가지는 역사적 의의를 정당하게 판정하기 위해서는 이것이 축적된 역사적 경험과 인간 본성에 대해 정의하고자 한 동시대의 다양한 시도들과의 논쟁을 밑거름으로 탄생했다는 점을 이해할 필요가 있다. 『맹자』에는 성선론 이외의 세 가지 이견들이 정리되어 있다(『맹자』, 「고자 상」 6). 그 하나는 높은 곳에 고여 있는 물은 어디로 흘러가게 하느냐에 따라 동쪽으로 흐를 수도 있고 서쪽으로 흐를 수도 있는 것처럼, 인간의 본성은 외적 조건에 따라 선하게 될 수도 있고 불선不善하게 될 수도 있는 잠재성을 모두 갖추고 있다는 시각이다(『맹자』, 「고자 상」 2).[9] 따라서 선악의 차이란 인간 본성이 아니라 외적 환경에 의해 결정되는 결과적인 것이다. 전쟁과 기근 같은 외적 조건이 열악한 상황에서 인간의 도덕성은 시험받게 될 것이며, 이를 자율적으로 극복하고 도덕적 가치를 실현할 가능성은 현저히 낮아진다고 보는 것은 경험적으로 충분히 타당해 보인다. 맹자도 외적 환경의 중요성에는 동의한다. 다만 그는 이러한 경험적 근거들이 과연 인간 본성의 보편성과 필연성을 설명하는 충분한 근거가 될 수 있는가를 반문한다(『맹자』, 「고자 상」 7과 8).

또 다른 입장은 인간 중에는 선한 본성을 갖고 태어나는 자도 있고 그 반대의 경우도 있다는 것이다. 이에 따르면 한 개인이 가지고 태어나는 도덕적 자질은 환경적 요인이나 유전적 요인, 인과적 필연성으로 설명할 수 없는 우연성과 개별성을 갖는다. 이 주장은 개인 간의 차이를 설명하는 데 상당한 설득력을 갖는다. 그러나 이는 '성性'이란 용어를 개인의 선천적 자질의 의미로 사용한 것으로, 인간 보편성에 관한 입장이 아니다. 따라서 상기의 두 입장은 모두 현상으로서의 인간을 설명하고자 하는 것으로, '인간 보편의 본성'을 선과 악으로 규정할 수 없다는 점에서는 동일하다. 따라서 이 둘은 인간 본성론 논의에서 제외되어야 한다.

마지막은 맹자의 논적인 고자告子의 입장으로, 인간 본성에는 선함도 불선함도 없다는 주장이다. 즉 본성이란 식욕과 색욕처럼 가지고 태어나고生 자연적으로 발생되어生 우리의 마음心으로 드러난다는 주장이다(『맹자』, 「고자 상」 3과 4). 이 입장에 따르면 이러한 본성은 선악으로 규정될 수 없다. 식욕의 예를 들어 보자. 배가 고플

맹자는 인간 본성의 핵심적 성질을 인간다움[仁]으로 상정했다.

때 음식을 섭취하려는 욕구는 그 자체로 도덕적 판단의 대상이기 이전에 거부할 수 없는 자연성의 일부이다. 그런데 한편으로 식욕은 생명 가치 및 그 유지 의무와 연관되어 있다는 점에서 선한 기능을 한다고 볼 수 있다. 다른 한편으로 이는 그 충족과 생명 유지의 범위가 개인을 벗어나지 못하는 자기중심적 욕구이기도 하다. 순자荀子의 성악설性惡說도 바로 이 주장에서 파생되었다. 그리고 앞에서 확인한 것처럼 이 주장은 본성의 일반적인 정의에 기반함과 동시에 '心'과 '生' 두 요소로 구성되어 있는 '性'자의 일차적 의미에도 충실한 정의이다.

특히 세 번째 정의는 맹자 당시는 물론 현재도 널리 받아들여지고 있는 가장 일반적인 시각이기도 하다. 맹자의 주장이 이 입장과 결정적으로 다른 점은 그가 '본성'이란 말을 '인간은 모두 (~)이다(하다)'라는 포괄적 의미 대신, '(~)한 것이 인간이다'라는 한정적 의미로 사용한 데 있다. 그의 관심은 "개의 본성", "소의 본성"과 차별되는 "인간의 본성"(『맹자』, 「고자 상」 3), 즉 그것으로써 인간이 인간답게 되는 차별적 본성이 무엇인가를 밝히는 데 있다. 유자입정에서 보이듯, 이는 맹자가 인간 본성의 가장 핵심적 성질을 인간다움仁으로 상정한 것과 관련된다. 달리 말하자면, 포괄적 접근에 따르면 '인간은 모두 (~)이다(하다)'라는 명제의 빈칸에 선천적이고 자연발생적인 인간의 보편적 특성들human universals 일반을 열거할 수 있다. 여기에는 기본적인 욕구, 감정, 호오好惡 판단의 경향성 등 인간 일반이 공유하고 있다고 믿어지는 다양한 속성과 정신 및 신체의 기능 등을 열거할 수 있을 것이다. 아울러 맹자가 매우 특정한 단서에 의지한다는 점과 비교하면, 이러한 접근은 기본 정의에 충실할 뿐만 아니라 인간 보편성에 대해 훨씬 더 풍부한 설명을 제공한다.

맹자도 이러한 감각적 보편성들이 본성의 성질로서 자격을 갖는다는 것을 부정하지 않으며, 이를 인간 선함의 보편성을 유추하는 근거로 사용하기도 한다(『맹자』, 「고자 상」 7과 10). 그러나 맹자가 명확히 하는 바는 이러한 도덕성이 제거된 생물학적·감각적 정의에서의 인간은 "금수禽獸와 차이가 크지 않다."라는 점이다(『맹자』, 「고자 상」 3과 8, 「등문공 상」 4). 맹자에게 본성이란 자연발생성 등 본성 일반의 성질과 동시에 그것으로써 인간을 금수와 구별하게 하는 인간만의 특성이고, 그것으로써 인간다운 인간이 될 수 있는 그 무엇이다. 과도한 단순화를 잠시 허용한다면, 두 입장의 분기점은 인간 본성을 인간 보편성human universals과 보편적 인간성universal humanity 중 어떠한 관점에서 바라볼 것이냐의 차이에 있다.

맹자는 이러한 관점을 성인聖人에 대한 설명에도 일관되게 적용한다. 일반적으로 말해, 비록 신과 같은 초월적 대상은 아닐지라도 성인은 보통 인간과는 비견될 수 없는 숭배와 존경의 대상이다. 공자는 성인에 대해서 자신이 범접할 수 없는 그 무엇이라고 재차 강조한다(『논어』, 「옹야」 28, 「술이」 25와 33, 「자한」 6).

이에 반해 맹자는 성인의 초월성을 재차 부정한다. 그에 따르면 "성인은 나와 동일한 종류聖人與我同類者"이다. 그리고 그 동질성의 기반은 바로 인간 본성이다. 그 차이는 발생하는 것이지 본질적이지 않다. 선한 인간이 되고자 하는 노력은 다름 아니라 이 선한 본성을 인위적 "조장助長" 없이 올바르게 "확충擴充"하는 것(『맹자』, 「고자 상」 11, 「공손추 상」 2와 6)이다. 개인 간의 차이는 후천적으로 결정될 뿐만 아니라 노력에 따라 그 결과가 뒤바뀔 수 있다. 그리고 이 모든 것의 시작은 참된 인간 본성의 보편적 동질성我心之所同然에 대한 "자각知"이다(『맹자』, 「고자 상」 7). 즉 개인 간에 보이는 차이는 본성이나 환경과 같은 주어진 내적·외적 조건에 의해 필연적으로 결정되는 것이 아니라, '나' 자신이 금수와도 공유하는 "하찮은 부분小體"과 성인과도 공유하는 인간다움의 "위대한 부분大體" 중에서 과연 '나' 자신이 무엇을 '나'의 본질로 받아들이고, 무엇을 따를 것이냐에 따라 결정된다(『맹자』, 「고자 상」 10과 15).

'나'에 대한 하나의 '사실' 깨닫기

유자입정이 갖는 직관적 설득력과 그 이론적 타당성 사이에는 큰 괴리가 있다. 더욱이 그 설득력이 "주관적 보편타당성"에 기대는 만큼 그 사고실험과 그것을 기반으로 한 맹자의 성선론은 태생적으로 한계를 가질 수밖에 없다. 미학적 해석에 따르면 유자입정의 사고실험은 인간 본성의 선악 판정과 관련하여 최소한 두 가지를 명확히 해준다. 즉 인간 본성은 최소한 '부분적으로나마' 선하다는 것이고, 따라서 인간 본성은 전적으로 악하다거나 선하지 않다는 주장은 타당할 수 없다는 점이다. 다른 한편으로, 인간 본성이 '전적으로' 선하다는 주장은 이로부터 유추할 수 없다. 더욱이 이 사고실험은 매우 제한적인 조건하에서, 그것도 매우 특수한 주관의 감정적 반응을 근거로 한다. 따라서 이 제한된 실험은 인간 본성 그 자체의 선함을 입증하기에는 주관적 보편타당성의 근거로서도 불충분하다.

더 나아가 이론으로서 맹자의 성선론 전체도 극복할 수 없는 한계를 갖는다. 앞에서도 밝힌 것처럼, 특정한 단서를 선별하여 그것으로 인간 본성의 성격을 규정하려는 시도는 임의적이라는 혐의에서 벗어날 수 없다. 마찬가지로 본성 일반을 "하찮은 부분"과 "위대한 부분"으로 양분하는 기준 또한 객관적 '사실'에 근거한 것이 아니라 주관의 가치와 당위의 투영, 후천적 학습의 결과일 가능성이 다분하다. 또한 맹자의 제자가 이미 의문을 제기하고 있듯이, 사실로서의 "인간의 동질성"을 가지고 개인 간의 차이를 설명할 수는 없다(『맹자』, 「고자 상」 15). "하찮은 부분"과 "위대한 부분" 사이의 '선택'의 문제 또한 당위를 배제한 인간 보편의 사실로는 설명할 수 없다. 이 차이를 사실로 설명하려는 시도가 앞에서도 보았던 선천적 자질의 차이를 인정하려는 입장이다. 그러나 이 경험적 접근은 인간 보편의 본성 자체를 부인하거나 "하찮은 부분"으로 그 성격을 규정하는 입장과 연관된다.

이러한 이론적 한계로 인해, 동아시아에서 인간 본성에 대한 이론적 탐구의 시원인 맹자의 성선론은 '정설orthodox'로 받아들여지기까지 1천 5백여 년의 세월을 필요로 했다. 그것도 그대로가 아니라 중국 송宋대 성리학자들에 의해 이 주장을 뒷받침할 형이상학적 체계가 수립됨으로 해서 가능했다.[10] 그러나 성리학의 형이상학 체계도 성선론이 갖는 복잡하고 다양한 문제를 완전히 해소하지 못했기에 이후로도 끊임없이 세밀한 재해석과 복잡한 논쟁들이 재생산되었다.[11] 그리고 성선론은 인간 본성의 선함에 대한 과도한 신념으로 흘러 오히려 도덕적 방종을 조장한다는 우려를 낳기도 했고, 내 안에 있다는 그 선한 본성을 하나의 실체로 여기고 도덕적 실천을 방기한 채 그것과의 합일에 골몰하게 만드는 문제도 야기했다.[12] 아마도 성선론은 형이상학적 체계나 종교적 신념체계에 기대지 않는 한, 현대 과학도 해결할 수 없는 선천적 결함을 가지는 주장에 불과한 듯하다.

이 지점에서 다시 유자입정의 사고실험으로 돌아가 보자. 특히 이 실험은 이타적 동기의 발생이 나의 본성 가운데 일부분이라는 점을 어떠한 근거로도 부정할 수 없는 '사실'로 받아들이도록 한다는 점에 주목해 보자. 이는 자기중심적인 이익의 추구를 본성이라는 이름하에 합리화하는 것이 "스스로에 대한 폭력과 스스로에 대한 방기自暴自棄"(『맹자』, 「이루 상」 10)라는 점을 명확히 해준다. 유자입정의 특징 중 하나는 바로 사고의 개입을 최소화하고 사고가 개입되기 이전의 자기 자신을 직시하도록 유도하는 데 있다. 이 상황에서 나 개인에게 어떠한 이해관계도 얽히지 않은 그 대상에 대해, 나 자신은 그와 물리적으로 분리되어 있음에도 불구하고, 그 단절을 넘어서 서로 연결되어 있음을 느끼는 자신을 상상하고 그것을 자신에 대한 하나의 사실로 받아들이도록 한다. 그리고 그 필연성은 타인에게 평가받거나 인정받아야 하는 것이 아니며, 그 보편성은 경험적으로 타인에게 확인받아야 할 무엇이 아니다. 이 사고실험은 일종의 나 자신에 대한 신념의 생성 과정이다.

맹자에 따르면 그러한 '나'에 대한 자각은 도리道에 맞게 가장 타당한 문화적 형식을 완성하도록 추동하고, "인간다운 정치仁政"를 구현하는 결정적 계기가 된다(『맹자』, 「등문공 상」 5와 「양혜왕 상」 7). 아울러 유자입정은 '과연 당신은 이를 부정할 수 있겠는가?'라는 질문과 동시에 '과연 누가 이를 부정할 수 있겠는가?'와 '과연 이를 부정한다면 당신은 이자를 사람이라고 여길 것인가?', '당신은 과연 그러한 자와 함께 살아갈 수 있겠는가?'라는 물음을 동반한다. 맹자는 유자입정을 인의예지仁義禮智 전체로 확장시키기 위해 "측은함, 부끄러워함, 사양함, 시비를 가림"의 "마음이 없으면 사람이 아니다無~之心非人也"로 연결 짓는다. 동아시아 최초의 인간 본성의 보편적 선함에 대한 논증은 일면 최초의 '사이코패스 테스트'이기도 했다.

1. "인간은 본성상 대체로 동질적이다. 개인 간의 차이가 벌어지는 이유는 습관[과 같은 후천적인 요인] 때문이다."라는 공자의 말과 함께, 이 주제에 대해 스승으로부터 들은 바가 없다는 그의 제자들의 볼멘소리가 『논어』에 전한다(『논어』, 「양화」 2와 「공야장」 12).

2. 중국 사상사에서 맹자 사고실험의 선례를 찾는다면, 묵자(墨子)가 겸애(兼愛)의 타당성을 논증하기 위해 고안한 "두 선비의 선택"을 꼽을 수 있다(『묵자』, 「겸애 하」 16). 양자의 차이점을 결론적으로 간략하게 밝히자면, 맹자의 실험은 자기 자신에 대한 직관을 유도하도록 고안된 데 반해, 묵자의 실험은 논리적 타당성 설득을 목적으로 한다.

3. Stephen Downes and Edouard Machery, "Introduction", *Arguing about Human Nature: Contemporary Debates*, ed. by Stephen M. Downes and Edouard Machery (New York: Routledge, 2013), p. xiii.

4. 라마찬드란(V. S. Ramachandran)은 거울 신경세포의 신경세포 내 비중을 대략 10-20퍼센트 정도로 추산하고 있다. Jason Marsh, "Do Mirror Neurons Give Us Empathy?", *Great Good Magazine* (The Greater Good Science Center at UC Berkeley, 2012).

5. 임마누엘 칸트, 『판단력 비판』(백종현 옮김, 아카넷, 2009). 『판단력 비판』의 직간접 인용은 본문 괄호 안에 장 번호와 베를린 학술원판의 면수를 밝힌다.

6. 여기서 '이타적'이란 말은 타인의 이익을 자신의 이익에 우선시하거나 순수하게 타인의 이익만을 고려하는 자기희생적인 적극적 의미가 아니라, 자신의 이익과 직접적 관계가 없는 타인의 이익에 대한 관심으로 사용한다는 점을 밝혀 둔다.

7. 통상 '쾌(快)'로 번역되는 'pleasure'를 맹자의 어휘로 바꾼다면 즐거울 '열(悅)' 자로 대체하는 것이 가장 타당할 것이다(『맹자』, 「고자 상」 4와 7).

8. 맹자는 입과 맛, 눈과 형태와 색깔, 귀와 소리의 관계에서 "천하의 동질성(天下之(~)相似)", 즉 감관판단의 공통감으로부터 마음의 동질성으로서의 공통감과 그 작동원리로서의 본성을 유추하기도 한다(『맹자』, 「고자 상」 7).

9. 『맹자』에는 '악(惡)' 대신 '불선(不善)'이라 되어 있다. 아마도 맹자는 악의 근원은 상정할 수 없다는 의미에서 '불선'이란 말을 사용한 듯하다. 그러나 이 글에서는 편의상 순자의 용례를 따라 '불선'을 '악'으로 대체하여 사용함을 밝혀 둔다.

10. 이에 관해 Junghwan Lee, "ZHU

Xi's Metaphysical Theory of Human Nature", *Dao Companion to ZHU Xi's Philosophy*, ed. by Kai-chiu Ng and Yong Huang (New York: Springer, 2020) 참고.

11. 16세기 중국 명(明)대의 양명학과 조선의 이황(李滉)과 기대승(奇大升) 사이에 전개된 사단칠정(四端七情) 논쟁이 그 대표적인 예이다. 이에 관해 이정환, 「四七論辨에서의 渾淪과 分開: 胡宏의 "同體而異用·同行而異情"에 대한 朱子의 비판과의 대비를 중심으로」, 『퇴계학보』 133집(퇴계학연구원, 2013), 39-78쪽; 이정환, 「退溪「天命圖說」과 〈天命圖〉에 대한 철학적·도상적 재검토」, 『퇴계학보』 135집(퇴계학연구원, 2014), 5-53쪽 참고.

12. 이와 관련하여 이정환, 「"作用是性": 朱熹의 性論 정립을 위한 반명제」, 『중국학보』 61집(한국중국학회, 2010), 373-397쪽 참고.

무엇이 인간을 인간답게 하는가
— 도덕적 존재의 조건

이석재

우리는 스스로를 도덕적 존재로 이해한다. 자신의 이익을 위해 거짓말을 하는 사람을 비난하고, 심각한 불이익에도 불구하고 바른 말을 하는 사람을 칭송한다. 이러한 비난이나 칭송은 도덕적인 비난이나 칭송이며, 그는 키가 크다거나 그녀는 물만두를 좋아한다 같은 묘사와는 그 성격이 근본적으로 다르다. 이렇게 도덕적 칭송이나 비난을 하고, 보다 넓게는 타인에 대해 도덕적인 태도를 취할 수 있는 이유는 상대를 도덕적 존재로 여기고 있기 때문이다. 너무나 당연한 이야기이다. 그러나 어떤 사실이 당연하다고 해서 생각해 볼 여지가 없는 것은 아니다. 우리가 지금 살고 있는 세상을 보면 우리가 과연 도덕적 존재인가라는 생각이 들 때가 많다. 그렇다면 이렇게 자신과 다른 사람을 도덕적 존재로 여기는 일이 합당한가 하는 의문도 든다. 노래를 못 부르는 사람을 몇 차례 만나게 되면 한국 사람은 모두 노래를 잘 부른다는 판단을 의심하게 되는 것처럼 말이다.

세상에 존재하는 모든 대상이 도덕적인 존재인 것도 아니다. 이 점을 고려해 봐도 우리가 스스로를 도덕적 존재로 여기는 일을 너무 당연하게만 생각해서는 안 될 것 같다. 도덕적 존재이기 위한 조건이 나름 있다. 아무리 훌륭하고 멋진 존재라 하더라도 그 훌륭함이나 멋짐으로 인해 무조건적으로 도덕적 존재의 반열에 오를 수 있는 것은 아니다. 예컨대 아름다운 제주도 비자림이 제아무리 도덕적 존재가 되고자 하더라도 도덕적 존재로 존중받기는 어렵다. 비자림이 도덕적 존재가 되려고 한다는 말 자체가 이상할 뿐만 아니라, 설사 내가 비자림을 도덕적 존재로 여겨지게끔 하려고 해도 성공하기는 힘들 것이다. 너무나 아름답고 여러 가지 점에서 훌륭한 비자림을 보호하고 오랫동안 우리 자손들이 누릴 수 있도록 하자는 의견에 많은 사람이 동의할 것이다. 그러나 그렇다고 이들이 비자림의 울창한 나무가 주변 목장을 침범했다고 비자림에 책임을 묻지는 않을 것이며, 그 숲에서 큰 위안을 받았다고 하여 인간을 위하는 마음이 돈독하다고 비자림을 칭송하지도 않을 것이다. 따라서 이 글에서는 어떤 조건이 만족되어야 도덕적 존재일 수 있는지를 생각해 보고자 한다.[1]

이 글이 가지는 '초보적인 성찰'의 의미에 대해서도 밝혀 두어야 할 것 같다. 첫째로, 이 글을 쓰면서 나름 고민은 했지만 내세울 만한 독창적인 통찰이 없어서이다. 그래서 초보적인 수준에서 나 자신의 고민을 공유할 뿐, 유서 깊은 이 철학적 논의에 깊은 방식으로 기여할 바가 없었다.[2] 이런 기여에 대한 기대를 가지고 글을 읽고 계신 독자께 사과드린다. 둘째로, 이 글의 예상 독자는 철학자가 아니다. 인문학에 관심이 있는 일반 독자나 다른 전공의 인문학자와 함께 이 문제를 고민하기 위해 가장 기초적인 사안부터 다루겠다는 의미이기도 하다. 그렇다고 철학 밖의 인문학자나 대중은 초보적인 형태의 고민만을 감당할 수 있다는 생각은 아니다. 깊은 통찰은 오히려 밖에서 오는 경우가 많다. 같이 이야기의 실마리를 삼을 수 있는, 철학적 지식을 전제하지 않고 논의할 수 있는 출발점에서 시작하고자 한다는 뜻이다.

자유의지와 도덕성

도덕적 존재의 조건으로 가장 먼저 떠오르는 것은 아마도 자유의지가 아닐까. 도덕적 칭송이나 비난은 행위의 주체가 자유롭게 행동함을 전제해야 한다는 생각이다. 달리 얘기해서, 행위의 주체가 특정한 방식으로 행동할 수밖에 없었다면(이를테면 그렇게 행동하도록 결정되어 있었다면) 그의 행위를 나무라거나 칭찬할 수 없다는 생각이다. 자유의지는 많은 철학자들이 오랫동안 논의해 온 주제이자 여전히 철학에서 뜨겁게 논의되고 있는 주제이다. 우리가 자유의지라고 할 때 무엇을 의미하는지, 우리에게 과연 이러한 자유의지가 있는지, 자유의지가 있다면 그러한 사실을 과연 보여 줄 수 있는지, 현재의 과학적 지식과 자유의지는 양립 가능한지 등이 지속적으로 논의되고 있다.

논란은 여기서 그치지 않는다. 심지어 행위가 도덕적으로 비난받기 위해서는 그 행위가 자발적이어야 한다는 생각마저 의심하는 입장도 등장한다.[3] 자발적으로 한 행위가 아닌데 어찌 비난을 받을 수 있는가 하는 의문이 들 수 있지만, 이와 관련하여 다음의 예를 고려해 보자. 살다 보면 우리는 상황에 맞지 않게 화를 내는 경우를 때때로 목격한다.[4] 우리 스스로가 이런 경험을 하기도 한다. 그렇게 화를 낼 일이 아닌데 엄청나게 화를 표출하는 경우이다. 즉 화를 참으려 해도 잘 참아지지 않아서 민망할 정도로 화를 내고는 후회하고 상대에게 사과하고 용서를 구한다. 그러나 이때 이렇게 화를 냈을 때, 과연 참을 수 있었겠는가? 참을 수 있었다면 자발적으로 화를 낸 것이라 할 수 있을 텐데, 과연 그때 자발적으로 화를 낸 것인가? 아무리 생각해 봐도 의지력을 발휘해서 화내는 것을 참을 수 있었을 것 같지 않다. 보통 자발적이라 할 때 이는 그 행위가 내 통제력 아래에 있다는 것을 의미한다. 역으로 통제력이 없다고 하면 자발적이지 않은 행위이다.

화를 내고 싶은데 화가 나지 않는 경험도 이러한 감정이 내 통제력하에 있지 않다는 것을 말해 준다. 누군가 나를 모욕적으로 대했을 때 화를 내고 싶지만, 마음같이 화가 나지 않아 서글펐던 경험도 드물지 않다. 화내는 것을 참을 수 없었다면, 또 화를 마음대로 낼 수 없다면 화내는 일은 자발적이지 않다. 말하자면 자발적이지 않은 죄를 저지를 수 있다는 것이다.

물론 화내는 것을 참을 수 있다는 직관도 가능하다. 그리고 그 직관 때문에, 참을 수 있었는데 참지 않아서 내가 잘못했다고 생각할 수 있다. 그러나 꼭 이렇게 생각할 필요는 없다. 똑같은 상황이 반복되더라도 나는 화를 참을 자신이 없고, 아마도 역시 화를 낼 것이라고 인정하면서도 화를 내서 미안하고 사과를 할 수 있다는 것이다. 대체로 격정적인 감정에 휩싸일 때 우리는 통제력을 잃고 과도한 행위를 하게 되는데, 그 과도함에 불가항력적으로 화를 낸다고 해도 책임감이나 죄책감을 느낄 수 있다는 입장이다. 이 입장이 설득력 있다면 도덕적 존재의 조건으로 자유의지나 자발성이 필요 없을지도 모르는 일이다.

특이한 전략일지는 몰라도 철학자들이 이러한 생각을 하게 된 데에는 나름 이유가 있다. 인간에게 자유의지나 자발성이 있는지 확인하기 어려울 수 있고, 자유의지가 있다고 믿기 어려운 이유들이 도사리고 있기 때문이다. 만약 도덕의 가능성이 자유의지에 달려 있다면, 자유의지를 확보하지 못한 순간 도덕의 가능성마저 흔들리게 된다. 자유의지 혹은 자발성이 없다 해도 도덕은 포기할 수 없다면, 도덕성의 조건과 자유의지 유무를 분리시키는 전략을 취할 충분한 동기가 제공된다.

자유의지를 위협하는 논의로는 어떤 것이 있을까? 이 글에서는 지면 관계상 자세히 다룰 수 없지만, 일반적으로 큰 도전을 제시하는 논의는 자연과학의 발전과 관련이 있다. 자연과학의 법칙이 모든 자연현상을 완벽하게 결정론적으로 설명하게 되면, 이러한 결정론적 설명은 자유의지와 양립 불가능하다는 지적이 있다.[5] 결정론을 받아들이지 않고 양자역학에 기반한 불확정성을 받아들여도 상황이 나아지지 않을 수 있다. 자유의지에 근거해 결정을 내리는 상황은 내가 결과를 주체적으로 결정하는 상황이지 동전 던지기처럼 확률적으로 결과가 나오는 상황이 아니기 때문이다. 이러한 난관을 극복하고 여전히 자유의지를 확보할 가능성도 있다. 그러나 이 글에서는 자유의지에 관한 논의는 여기서 그치고, 자유의지의 유무와 상관없이 도덕적 존재가 만족해야 할 조건이 있을지 고민해 보고자 한다.

이타주의적 태도

그럼 도덕적 존재의 다른 조건으로 어떤 것이 있을까? 나는 도덕적 존재의 조건으로 이타주의적 태도를 제안하고 싶다. 이때 '이타주의적 태도'란 타인 혹은 타 존재의 안녕이나 이익을 자신의 근원적 목적 중 하나로 삼는 태도로 이해하고자 한다.[6] 그리고 '근원적 목적'은 더 근본적인 가치로 환원되지 않고, 다른 가치를 이루기 위한 방편이 아닌 본원적intrinsic 목적이라 하자.

근원적 목적에 대한 정의가 조금 어려울 수 있다. 그러나 나의 행복이나 안녕을 생각해 보면 쉽게 이해가 된다. 우리는 대체로 자신의 안녕이나 이익을 근원적 목적으로 삼고 있다. 나의 안녕이나 이익보다 더 근본적인 가치는 있기 힘들다. 말하자면 나의 행복이나 안녕은 그보다 더 중요한, 보다 근본적인 목적으로 인해 가치를 얻는 것이 아니라 그 자체로 궁극적인 가치이자 목적이다.

또 나는 때로 고통스럽게 운동을 하며 통증을 감수하기도 하는데, 이때의 고통은 본원적인 가치가 아니라 방편적인 가치이다. 건강이라는 보다 본원적인 가치를 추구하기 위해 근육통이라는 방편적 가치를 추구하는 것이며, 건강이라는 가치도 행복이라는 보다 본원적 가치를 위해 추구하는 것이라고 볼 수 있다. 이렇듯 우리의 가치나 목적은 위계를 가지는데, 근원적 가치는 그 위계상 가장 꼭대기에 위치한다고 할 수 있다. 이타주의적 태도를 가진 주체는 자신의 안녕이나 이익만을 근원적 목적으로 삼지 않고, 다른 존재나 다른 사람의 안녕이나 이익 역시 근원적 목표로 삼는다. 이렇게 특정된 의미의 '이타주의적 태도'를 가질 때, 주체는 도덕적 존재의 지위를 갖게 되는 기본 조건을 갖추었다는 것이 필자의 생각이자 제

이타주의적 태도를 가질 때
주체는 도덕적 존재의
필요조건을 만족시킨다.

안이다.

좀 더 일상적인 용어로 이야기한다면, 자기만을 생각하지 않고 타인이나 다른 존재 역시 생각하는 사람이 이타주의적 태도를 지닌 사람이다. 그리고 이러한 태도를 갖춤으로써 이 사람은 도덕적 존재의 지위를 얻게 될 가능성이 생긴다는 생각이다. 물론 이때 중요한 단서가 있다. 타인을 위할 때 그 이유나 동기가 자신의 안녕이나 이익에 도움이 된다는 사실에 기초한다면 이러한 태도는 앞서 묘사한 이타주의적 태도가 아니다. 이 경우에는 타인의 안녕이나 이익이 그 자체로 근원적 목적이 아니라 방편적 목적이기 때문이다. 저 사람을 지금 도와주면 내게 돌아올 혜택이 더 크기 때문에 돕는다면 이 도움은 방편적인 목적이다. 지하철에서 자리를 양보하는 이유가 타인의 따가운 시선 때문이라면 이 역시 내가 지금 말하는 이타주의적인 태도라 할 수 없다. 다른 사람을 위해서 일어나는 것이어야지, 내 마음이 편하기 위해 일어나는 것이어서는 안 된다. 타인의 안녕이 나의 안녕을 위한 수단이 될 때 나는 타인의 안녕을 근원적 목적으로 삼고 있지 않는 것이다.

또 다른 오해 역시 불식시킬 필요가 있다. 이타주의적 태도를 가진다는 것이 늘상 타인의 안녕이나 이익만을 근원적 목적으로 삼는 것을 의미하지 않는다. 이렇게 전적으로 오로지 남을 생각하는 사람은 물론 칭송과 존경의 대상이며 이타주의적 태도를 지닌 자이다. 하지만 내가 이야기하는 이타주의적 태도는 이렇게 어려운 것이 아니다. 나만을 생각해서는 안 된다는 것이지, 나를 생각해서는 안 된다는 것이 아니다. 물론 나의 이익과 타인의 이익이 상충될 때 내가 규정한 이타주의자는 괴롭다.[7] 그리고 이러한 상황을 자주 겪다 보면 내가 진정 이타주의적 태도를 지녔는지가 드러날 것이다. 갈등의 순간에 늘 나 자신만의 안녕이나 이득을 취한다면 내가 과연 이타주의적 태도를 지녔는지 의심해 볼 만하다.

마지막으로 '이타주의'가 아니라 굳이 '이타주의적 태도'라고 할 이유가 있는가? 태도라고 한 것은 마음가짐을 강조하기 위해서이다. 누군가에게 도움이 되려고 했지만 도움이 되지 못하는 경우를 자주 볼 수 있다. 실제로 도움이 되어야 이타주의가 성립한다면 많은 사람은 그 선한 의도에도 불구하고 이타적이지 않다. 결과만 본다면 돕고자 했음에도 오히려 피해를 입혀 이타적이지 않게 되기 때문이다. 왜 이러한 일이 일어나는가? 우리는 남을 생각보다 잘 모르고 내 위주로 생각하는 경향이 있기 때문이다. 다른 사람에게 실제로 무엇이 도움이 되는지 알지 못해 엉뚱한 것을 해주기도 하고, 때로는 도움으로 시작된 것이 오히려 나쁜 결과를 가져오기도 한다. 여행 경비가 부족한 후배에게 모처럼의 휴가이니 잘 갔다 오라며 경비를 조금 보태 주었는데, 돌아오는 길에 큰 사고를 당했다면 나는 이 후배에게 이타적인 행동을 한 것인가? 내가 돕는다고 한 행동들이 이러한 결과를 가져오지 않는다는 보장이 있는가? 실제 결과만을 고려한다면 내 행동이 과연 이타적인지 아닌지 알 수도 없는 지경이다. 이러한 일들은 모두 인간이 가진 유한함, 특히 앎에서의 유한함으로 인해 일어난다. 이러한 유한함은 쉽사리 극복될 수 없다. 그렇다고 이 유한함을 탄식하며 가만히 있을 수는 없지 않은가. 비록 의도하지 않은 결과를 낳더라도 남을 위하려는 마음 자체는 퇴색하지 않는다. 이러한 불편한 사례들은 소수에 불과하고 대체로 남을 돕겠다는 태도는 좋은 결과를 낳는다는 사실을 고려해 볼 때 실제 결과보다는 남을 돕겠다는 의도나 마음을 중시하고 싶은 것이다.

본론으로 돌아와 이타주의적 태도를 이렇게 중심에 위치시키는 이유가 무엇인지 좀 더 생각해 보자. 이타주의의 핵심에는 타인이 나와 동등한 지위를 가진다는 생각이 깔려 있다. 나의 안녕이나 이익이 중요하다면 그만큼 타인의 안녕과 이익 역시 중요하다는 생각이요, 나의 안녕이나 이익을 특별히 더 중요하게 여길 이유가 없다는 생각이다. 이익이나 안녕이 중요한 것이라면 그것이 내 것이어서 갑자기 더 중요해지는 것은 아니다. 어떤 이익이 나의 이익이라고 해서 이를 보다 중시하고 우선시하는 태도에는 뭔가 석연치 않은, 도덕적 존재에는 어울리지 않는 궁색함이 있다는 생각이다. 도덕적 존재들이 모인 공간에서 본인이 특별하다거나 우선시되어야 한다는 주장이 설 땅이 있겠는가? 이러한 일련의 생각이 이타주의적 태도를 도덕적 존재의 핵심 요소로 보는 이유이다.

이런 생각은 내가 처음 한 것이 결코 아니며, 많은 철학자들이 비슷한 생각을 개진해 왔다. 적어도 필자에게 가장 먼저 떠오르는 철학자는 대철大哲 임마누엘 칸트Immanuel Kant이다. 지금 내가 제시하는 이야기 역시 큰 틀에서 칸트를 쫓아가고 있다. 어떤 점에서 칸트에 의지하고 있는지 보다 명확하게 하기 위해 칸트의 생각을 간략하게 살펴보고 또 이를 통해 어떤 점에서 나의 입장이 칸트와 갈라서는지를 드러내고자 한다.

'목적의 나라'로의 초대

『윤리형이상학 정초*Grundlegung zur Metaphysik der Sitten*』(1785)에는 '목적의 나라Reich der Zwecke'라는 개념이 등장한다. 나는 이 개념을 무척 좋아하는데, 칸트는 '목적의 나라'를 다음과 같이 소개한다.

> 무릇, 이성적 존재자들은 모두, 그들 각자가 자기 자신 및 다른 모든 이들을 결코 한낱 수단으로서가 아니라, 항상 동시에 목적 그 자체로서 취급해야만 한다는 법칙 아래에 종속해 있다. (…) 이로부터 공동의 법칙들에 의한 서로 다른 이성적 존재자들의 체계적 결합이 생긴다.[8]

이 체계적 결합이 바로 '목적의 나라'이다. 그리고 나는 지금 우리가 논의하고 있는 도덕적 존재들이 바로 칸트가 생각했던 목적의 나라 시민들이 아닐까 싶다. 인용문에 등장하는 그 유명한 정언명령의 "인간성의 정식", 곧 인간이면 모두 항상 동시에 목적 그 자체로 취급되어야 한다는 주장이 필자가 주목하고 있는 이타주의적 태도와 맥을 같이하기 때문이다.

칸트의 글은 무척 어렵다. 칸트 글을 읽고 그 글이 줄 수 있는 모든 것을 얻기 위해서는 상당한 노력이 필요하다. 칸트에게 '정언명령'이 무엇인지, 그리고 그가 '이성적 존재자' 혹은 '공동의 법칙'이라고 할 때 그것이 정확히 무엇을 의미하는지 이 짧은 지면에서 다룰 수 없다. 더욱이 이 글은 칸트의 윤리학을 이해하기 위한 것이 아니기에 칸트 철학에 대한 자세한 해설보다는 필자의 논의를 위해 필요한 내용을 추가로 언급하고자 한다.

칸트는 인간인 우리에게 보편적으로 규제력이 있는 도덕원칙이 무엇인지 고민했다. 그 결과 제시하게 된 법칙이 이른바 정언명령이고 이 정언명령을 다양한 방식으로 표현하고자 했다. 그중 두 번째가 지금 막 살펴본 인간성의 정식이다.[9] 우리는 각자 다양한 목표와 꿈을 가지고 살아간다. 이렇게 다른 목표를 가진 인간들이 같이 어울려 도덕적으로 잘 살기 위해서는 이 다양한 부류의 사람들에게 모두 적용될 수 있는, 그들 모두가 자발적으로 받아들여 강제력을 갖는 도덕법칙이 있어야 한다. 칸트는 바로 이 법칙이 무엇인지를 고민한 것이다. 그런데 이런 고민을 하기 위해서 만족되어야 할 중요한 전제가 있다.

앞서 칸트는 인간에게 보편적으로 규제력이 있는 도덕원칙이 무엇인지 고민했다고 했다. 눈치를 챈 독자도 있겠지만, 칸트는 이러한 원칙이 무엇인지를 고민했지, 도대체 이런 보편적 도덕원칙이 있을지 혹은 가능할지를 묻지 않았다. 당연히 있을 테니 찾고야 말겠다는 태도이다. 보편적 도덕원칙의 가능성 자체를 의심하지 않

칸트는 인간에게 보편적으로 규제력이 있는 도덕원칙이 무엇인지 고민했다.

은 이유는 무엇인가? 칸트는 이러한 원칙이 가능하지 않다면 도덕 자체가 가능하지 않다고 생각했던 것 같다. 도덕의 가능성은 바로 보편적 도덕원칙에 있다고 생각했기 때문이다. 그리고 칸트는 도덕이 불가능하다면 우리가 누구를 칭송하고 비난하는 일이 모두 쓸모없는 일이 되는데 그럴 수 없다고 판단했던 것 같다. 확실하게 존재하는 보편적 도덕원칙을 우리가 준수하는지 여부에 따라 도덕성이 결정된다고 생각했던 것이다. 문제는 이 보편적 원칙이 무엇인지 드러나지 않았기 때문에 그것을 찾아내는 일을 자신의 과제로 생각했다.

그런데 이 전제들은 자명하지 않다. 곧 보편적 규제력을 갖는 도덕원칙이 있다는 전제가 자명하지 않다면 도덕이 우리에게 가능하다는 전제 역시 자명하지 않다. 도덕적으로 살아야 할 이유가 없다고 생각하는 이기주의자는 첫 번째 전제에 의문을 표명한다. 모두에게 적용될 수 있는 보편적 규범, 특히 스스로에게 적용되는 보편적 규범이 있는지를 의심한다. 다른 사람에게 적용될 수 있지만 내게 해당되지 않는다고 생각하기 때문이다. 그런 보편적인 규범이 있는지 의심하며, 설사 남들이 지키는 법칙이 있다고 해도 내게도 적용되어야 하는 이유가 무엇인지 의문을 표하는 도덕 회의론의 일례인 것이다. 이러한 도덕 회의론자에게 칸트의 정언명법은 설득력을 갖지 못한다. 보편적인 규범의 가능성 자체를 의심하는 자는 모든 인간이 윤리적으로 동등하게 취급되어야 한다는 기본 원리, 그리하여 모두에게 일관되게 적용되는 보편적 규범의 가능성을 거부한다. 다른 사람들이 따르는 것까지 간섭할 생각은 없지만 내게도 적용이 된다는 주장은 받아들이지 못하겠다는 이기주의자에게 타인을 목적 그 자체로 여기라는 주문은 설득력이 없다.

칸트가 여기서 할 말이 전혀 없는 것은 아니다. 칸트 논의의 핵심에는 이성적(혹은 합리적)이기 위해서 스스로가 보편적인 법칙의 제약하에 있다고 생각해야 한다는 주장이 자리한다. 합리성은 필수적으로 이러한 보편성에 대한 지향을 담지하고 있다는 생각이다. 다르게 얘기해 보면, 자기만 예외라고 생각한다면 이는 합리적이지 못하다는 것을 의미한다. 그런데 인간이면 모두 합리적이며 이성적이기 때문에 모두에게 적용되는 도덕규범에 따라 도덕적으로 살겠다는 다짐을 하기 마련이라고 생각한 것이다.

물론 해볼 수 있는 생각이다. 그러나 이 역시 자명하지는 않다. 반대 의견이 충분히 있을 수 있고, 앞서 언급한 이기주의자는 이러한 칸트의 주장에 왜 합리성이 이러한 보편성을 반드시 포함해야 하느냐고 이의를 제기할 것이다. 나는 내 이익만을 추구하며 충분히 합리적으로 잘 살고 있는데, 이런 내가 어찌해서 비합리적이냐고 반문할 수 있다. 이때 칸트는 이들을 과연 설득시킬 수 있을까? 칸트가 "나의 정의에 따르면 그것은 비합리적인 행동이다"라고 대응한다면, 도덕 회의론자는 "당신의 정의를 따를 이유가 무엇이냐"고 정당하게 되물을 수 있다.

칸트 학자들 사이에 이견이 있지만 다수의 의견은 칸트가 이기주의자와 같은 도덕 회의론자를 설득하고자 하는 목적을 가지고 논의를 개진하고 있지 않다는 것이다.[10] 지금까지 논의했듯이, 칸트는 인간을 이성적인 존재라 보았고 이성적(합리적)이라 하면 보편적 윤리규범 아래 스스로를 종속시키고자 한다는 큰 전제를 받아들이고 논의를 시작한다. 그래서 인간이 도덕적이어야 할 필요가 있는가라는 질문 자체는 칸트에게 낯선 질문이다. 인간이라면 합리적이고, 합리적이면 도덕적이어야 한다는 것은 너무나 당연해서 이를 굳이 설득할 필요가 있을까 하고 칸트는 생각했을 수 있다.

필자는 그러나 이 측면에서 칸트에게 아쉬움을 느낀다.[11] 나도 인간이면 당연히 모두 도덕적이라는 전제가 참이었으면 좋겠다. 인간의 합리성이라는 것 자체가 이러한 보편성에 대한 지향을 내포하고 있다면 얼마나 좋을까. 그러나 우리는 자주 경험한다. 우리 사회에는 도덕적이어야 한다는 전제를 받아들이지 않는 사람이 많다는 사실을. 그리고 앞서 보았듯이 이들을 비합리적이라고 하기도 어렵다. 좋은 것을 지극히 합리적으로 추구하는 사람들로 보이는데, 아쉽게도 그 좋음에 타인의 안녕은 들어와 있지 않다.

도덕적이려고 할 필요가 없다고 말하는 사람에게 도덕적 조건을 이야기한다는 것은 무슨 의미일까? 이것이 필자가 가진 고민이자 칸트에게는 도움을 청하지 못할 문제이다. 이기적인 스스로를 괴로워하는 사람들을 두고 하는 말이 아니다. 이들은 도덕적이고자 노력함에도 실패하는 사람들이다. 이타주의적 태도를 가지기는 하지만 그 태도를 실현하지 못하는 사람은 이미 도덕적 존재의 중요한 요소를 갖추었다. 이들은 이미 '목적의 나라'의 일원이다. 필자가 버거워하는 상대는 이기적인 것이 무슨 문제냐고 반문하는 사람이다. 이들을 접할 때 우리는 답답하고 절망하게 된다.

도덕적 존재의 조건에 대한 논의가 이들을 움직일 수 있을까? 도덕적 존재이기를 원치 않는다면 이러한 논의가 그들에게 무슨 소용이겠는가? 도덕적 존재가 아닌 경우에는 '목적의 나라'의 일원이 아니게 된다고 말할 수 있다. 그러나 '목적의 나라'에 관심이 없다고 솔직히 고백한다면 속수무책이다. 관심이 없다면 더 이상 목적으로 대하지 않겠다, 당신을 도덕적 존재로 여기지 않겠다고 위협할 것인가? 위협이 성공한다고 해서 그렇게 달가워할 일은 아닌 것 같다. 위협에 자극을 받아 이타주의적 태도를 취하게 된다고 하자. 이러한 전환은 우리가 바라는 것이 아니다. 우리는 이타주의적 동기에 근거해 움직이는 이타주의자를 바라는 것이지, 손해를 보기 때문에 이타주의적 태도를 취하는 자를 바라는 것은 아니다. 이타주의적 태도를 취하지 않으면 손해를 보기 때문이라고 생각하는 사람은 이타주의적 태도를 수단으로 취하는 것이고, 이는 진정한 이타주의적 태도가 아니기 때문이다.

이렇듯 '목적의 나라'로의 초대는 쉽지 않다. 가능하면 더 많은 사람이 '목적의 나라'에서 사는 것이 좋다는 생각에는 변함이 없다. 그러니 초대와 설득은 계속될 수밖에 없다. 이유나 근거를 들어서 설득해 보기도 하고, 좋은 본보기를 찾아 감동으로도 변화를 일으켜야 한다. 또 환경과 교육의 변화 등 방법과 수단을 한정할 필요도 없다. 도덕적 존재의 조건을 이 자리에서 따져 보자는 애초의 의도도 '목적의 나라'에의 초대나 이타주의적 태도로의 전환은 철학자만의 몫이 아니라는 생각에서 출발했다. 다른 인문학 분야, 더 넓게는 사회과학, 자연과학 모두가 같이 고민하고 동참할 수 있는 과제가 아닌가 싶다. 이기주의자나 이타주의자가 된 연유는 다양할 수 있기 때문이다. 논리적 설득뿐만 아니라 물리적·사회적 환경, 경제적 여건, 교육, 문화, 역사 등 어떤 요인들이 어떻게 작용하는지 보다 자세히 살펴보아야 할 것이다.

글을 마치기 전에 두 가지만 간단히 짚고자 한다. 먼저 도덕적 존재의 조건이 이타주의적 태도라고 한다면, 더구나 이 태도가 필요조건에 불과하다면 인간이라고 해서 자동적으로 도덕적 존재의 지위를 가지진 않는다는 점이다. 이미 논의한 사항이지만 다시 한 번 강조하고 싶다. 생물학적으로 인간이라고 해서 자동적으로 '목적의 나라'의 일원이 되는 것은 아니다. 두 번째로 이타주의적 태도가 도덕적 존재의 필요조건이라면, 이타주의적 태도 이외에 어떤 추가 조건들이 있을지 생각해 볼 필요가 있다. 생물학적 인간임이 과연 이 조건 가운데 포함되어야 하느냐는 질문도 함께 던져야 할 것이다. 필자는 인간이 아닌 존재라도 그 주체가 이타주의적 태도를 지닌다면 이 존재 역시 '목적의 나라'로 초대할 가능성을 열어두어야 한다는 직관을 가진다. 도덕적 존재의 핵심은 남을 위하는 마음에 있지, 인간이냐 아니냐의 문제는 그리 중요하지 않다는 생각이다. 물론 이러한 생각은 추가적으로 많은 함의를 가진다. 돌고래들이 우리를 위한다는 것을 알게 된다면, 강한 인공지능을 발휘하는 존재들이 등장하여 그 인공지능체들이 우리를 위한다는 것을 알게 되면 '목적의 나라'는 그만큼 확장될 가능성이 있다.

'목적의 나라'로의 초대로 글을 마치려 했는데, 그렇게 하지 못할 것 같다. 대신 도덕적 존재의 조건이 무엇인지, 만약 이타주의적 태도가 그 조건 중 하나라면 어떻게 이 조건을 보다 널리 갖추게 할 수 있는지, 그럼에도 여전히 따져 보아야 할 문제가 무엇인지, 이런 힘든 고민들로의 초대가 있을 뿐이다.

1. 여기서의 조건은 '필요조건'을 의미한다.

2. 이 글에서 논의되고 있는 많은 내용은 필자가 새롭게 만들어 낸 생각이라기보다 철학적 상식에 가깝다는 사실을 분명히 하고 싶다. 윤리나 도덕에 대해 고민할 때 다루게 되는 철학적 상식을 필자의 언어로 표현했을 뿐이다.

3. 일례로 Robert Merrihew Adams, "Involuntary Sins", *The Philosophical Review*, Vol. 94, No. 1 (1985), pp. 3-31 참고. "비자발적인 죄"라는 제목부터 눈에 띈다.

4. Robert Merrihew Adams, "Involuntary Sins", pp. 3-4에서 애덤스는 화남이 우리의 통제력하에 있지 않다는 사실에 주목하고 있다.

5. 물론 결정론과 자유의지가 양립 가능하다고 주장하는 철학자도 있다.

6. 참고로 『스탠퍼드철학사전(*Stanford Encyclopedia of Philosophy*)』의 '이타주의(altruism)' 항목은 다음 문장으로 시작한다. "자신이 아닌 다른 사람에게 도움이 되기 위한 바람이 동기가 될 때 행동은 일반적으로 이타적으로 묘사된다(Behavior is normally described as altruistic when it is motivated by a desire to benefit someone other than oneself for that person's sake)." 필자가 생각하는 이타주의적 태도도 이와 매우 흡사하다.

7. 타인만을 생각하는 사람은 이때 괴로울 것이 없다. 스스로의 이익을 양보하면 그만이기 때문이다. 살신성인(殺身成仁)이다.

8. 임마누엘 칸트, 『윤리형이상학 정초』(백종현 옮김, 아카넷, 2005), 156쪽.

9. 칸트에 따르면 정언명령은 하나인데 이것이 세 가지 다른 방식으로 표현될 수 있다고 한다.

10. 칸트 윤리학과 칸트에 대한 논의를 위해 『스탠퍼드철학사전』의 "Kant's Moral Philosophy"에 많이 의존했음을 밝힌다. 참고로 이 글에 따르면 칸트가 도덕 회의주자들을 설득하려고 했다는 해석도 있다고 한다.

11. 필자뿐 아니라 많은 윤리학자들이 이러한 아쉬움을 느껴 왔다.

법 앞의 인간
─ '법적 주체'와 '사람' 사이

김도균

이런저런 이유로 고국을 탈출한 사람들이 거주하고자 하는 나라에서 '난민'이라는 법적 지위를 인정받지 못하는 한, 이들은 해당 국가의 '법적 주체'로 승인되지 않는다. 불법체류자와 같이 법공동체 외부의 존재로서 법의 보호는 물론이고 법의 규제조차 박탈당한 존재들, 실재하는 '사람'이지만 법적 권리와 의무의 주체가 되지 못하는 존재들, 법의 무대에서는 보이지도 않고, 외치는 그 목소리가 들리지도 않으며, 들리더라도 완전히 무의미한 소음으로 들리는 비가시적인 인간 존재들을 보면서, 우리는 도대체 '사람은 언제 법적 주체(또는 권리주체)가 되는 것일까'라는 의문을 갖게 된다. '법적 주체'와 '사람' 사이의 사상적 연관성은 무엇일까? 법은 '법적 주체'에 관하여 어떤 관념을 가져 왔고, '사람'이면 누구나 법적 주체가 된다는 인식은 어떤 과정을 거쳐서 확립되어 법전에 제도적으로 등록되었을까?

인류의 역사를 법의 관점에서 보면, 사람이면 누구나 권리주체가 될 수 있었던 것은 19세기 이후의 일이고, 실제로 모든 사람이 평등한 권리주체가 되는 것은 20세기 후반에 와서야 가능해졌다.

법에서 신분이나 지위의 높고 낮음과 재산의 많고 적음을 불문하고 평등한 권리주체로 간주하게 된 과정을 고찰하면, 법에서 사람을 어떻게 바라봐 왔는지를 알 수 있을 것이다.

'사람'과 'person'

세계인권선언의 전문前文과 제6조는 각각 다음과 같이 규정하고 있다.

> [전문] 유엔에 속한 여러 인민은 유엔 헌장을 통해 기본적 인권, '인간'의 존엄과 가치, 남녀의 평등한 권리에 대한 신념을 재확인하였으며, 보다 폭넓은 자유 속에서 사회적 진보와 더 나은 생활수준을 증진하기로 다짐하였고, (…)[1]

> [제6조] **모든 사람**은 어디에서나 **법 앞에 '인간'**으로서 인정받을 권리가 있다.[2]

우리말로 옮긴 문헌들에서는 전문의 'human person'은 '인간'으로, 제6조의 'everyone'과 'a person before the law'는 각각 '모든 사람'과 '법 앞에 인간'으로 번역되었다. 한글 용어와 한자 용어라는 점을 제외하고는 우리말에서 '사람'과 '인간'이 어떻게 구별되는지 이해하기 어렵다. 그렇다면 이런 의문이 생긴다. 위 규정에서의 'person' 개념을 어떻게 이해해야 할까? 'person', 'human person', 'human being'은 모두 '사람'을 지칭하는 개념으로서 동일한 내포와 외연을 가지는 것일까?

우리 민법 제3조는 "사람은 생존한 동안 권리와 의무의 주체가 된다."라고 규정하고 있다. 그리고 민법 제1편 총칙 제2장에서 상위 개념으로 '인人'을 설정하고 '사람'의 권리능력에 관하여 정한 후, 제3장에서는 '법인法人'에 관하여 규정한다. 이때 '인'은 독일 민법의 Person을 옮긴 것으로, 우리 민법은 인人, person을 상위 개념으로 하고 '사람'인 '자연인自然人'과 '법인法人, juristische person'을 하위 개념으로 설정한다고 국내 민법학자들은 설명한다. 고대 로마법 이후 중세와 근세를 거쳐 근대의 독일 철학과 법사상에서 person 개념이 어떻게 파악되었는지를 간략하게 살펴봄으로써 법에서 사람을 어떻게 파악하는지를 알아 보기로 하자. 이 글에서는 person을 '인'으로 번역하지 않고 원어 그대로 사용하겠다.

'사람'과 'person'의 구별과 융합

'사람 = person'이라는 관념이 사상적 기초를 얻고 제도적 근거를 얻기까지는 고대 로마법에서 현대 인권선언에 이르기까지 긴 역사적 여정과 고투가 필요했다.

고대 로마법에서의 '사람'과 'person': 법적 개념으로서의 persona

고대 로마법에서는 사람과 person의 관계를 어떻게 파악했을까? 고대 로마법에서는 person은 신분·지위의 관점에서 정의되었다. 주지하듯이 'persona'는 연극에서 일정한 역할을 맡은 배우가 착용하는 가면에서 그 어원을 찾을 수 있는데, 법의 영역에서 persona는 사회에서 인간 개인이 수행하는 신분·지위·역할의 측면에서 파악되었다. 고대 로마법에서는 자유민status libertatis, 정치공동체 구성원인 [로마]시민status civitatis, 가家의 구성원status familiae이라는 신분의 세 축이 법적 주체로서의 persona를 이룬다고 보았다. 모든 사람이 다 완전한 persona를 가졌던 것은 아니어서 어떤 부류(노예)는 사물로 취급되었고, 어떤 부류는 가의 장長, pater familias이 보유하는 persona를 일부 나눠가지는 것으로 간주되었다. 그리하여 persona의 다양한 정도가 인정되었는데, 최하층인 일반 노예부터 완전한 persona를 가진 가의 장에 이르는 위계질서(그 사이 단계에 해방노예, 자유로운 아들, 자유로운 여성, 거류 외국인 등이 다양하게 위치해 있었다)가 법적 개념으로서의 persona에 결부되어 있었다.[3] 이러한 관념은 19세기까지도 유럽의 법질서에서 잔존했던 것으로 여겨진다.

기독교 교리와 법학에서의 '사람'과 'person': Imago Dei

서양 법제사 연구를 참조하자면, 같은 부족이나 민족 집단에 속하지 않는 이방인이라 하더라도 단지 인간이라는 이유만으로 그가 원초적인 권리(살해당하지 않을 권리)를 가지며, 그를 살해하는 것이 범죄행위라는 생각은 고대 그리스나 유다 민족, 중세 게르만 사회에서는 알지 못했던 관념이었다.[4] 이방인은 '사람'이기는 하지만, 윤리적·법적 개념으로서의 '사람'은 아니어서 이들을 살해해서는 안 되는 윤리적·법적 의무는 없었다는 것이다. 모든 사람은 창조주 신의 형상이 담긴 존재imago dei이며 이방인도 사람이므로 살해해서는 안 된다는 인식은 기독교 신학을 통해서 확립되었고, 16-18세기 유럽 계몽주의 시대의 이성법에 의해서 세속적으로도 효력을 얻게 되었다.[5] Person으로서의 지위를 얻기 위한 유일한 전제는 '그냥 사람'이라는 것으로 족할 뿐이며 신앙, 출신, 혈통, 신분, 종

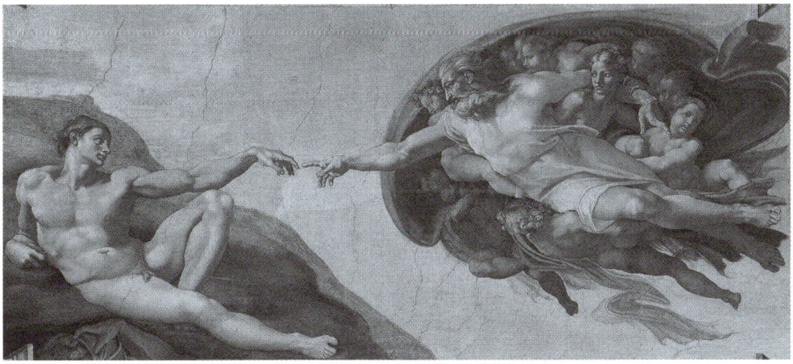

미켈란젤로의 그림 〈아담의 창조〉에서 하느님과 아담의 모습은 마치 거울에 비친 것처럼 닮아 있는데, 이는 "하느님이 자신의 형상을 본떠 인간을 만들었다"라는 성경의 내용을 떠올리게 한다.

족, 국적과 같은 지위 속성은 필요하지 않다는 인식이 법학에서 수용되어 실정법으로 제도화되기까지는 오랜 세월이 필요했다.

전문 연구자들 사이의 정설에 따르면, 성부·성자·성령의 삼위일체 교리를 논증하는 과정에서 person을 철학적으로 명확하게 정의한 이는 기원후 6세기 기독교 교부 철학자 보에티우스Boethius이다. 그의 저서 『에우티케스와 네스토리우스에 대한 반론*Contra Eutychen et Nestorium*』 제3장에는 "persona: 그 본성상 이성적 능력을 타고난 개개의 실체"[6]라는 유명한 정의가 제시되었다. 성부·성자·성령의 삼위일체설을 옹호하고 성자 예수 그리스도의 신성神性을 논증하고자 한 보에티우스는 그리스어 'ὑπόστασις(hypostasis: 무엇 아래 둠, 개별적 실체화)'와 'πρόσωπον(prosōpon: 가면)'이라는 두 개념을 활용하여 라틴어 persona에 새로운 신학적·철학적 의미를 부여했다.[7]

이런 맥락에서 인도 전통철학 연구자인 하인리히 치머Heinlich

Zimmer는 그리스어로 배우의 가면을 지칭했던 persona의 어원을 상기하면서, 사람과 person의 관계에 관한 서구의 인식을 다음과 같이 의미심장하게 말한다.

> 그리스에서 발생하여 기독교 교부철학에서 발전한 서양의 이 개념[persona]은 가면을 쓴 배우와 그 가면 사이의 구별—원래 그 개념에 담겨 있었던—을 없애 버렸다. 말하자면, 배우와 가면이 동일해진 것이다. 연극이 끝나고 나서도 persona는 벗어 버릴 수 없다. 죽음을 거쳐 저승에 가더라도 persona는 달라붙어 있다. 세상이라는 극장 무대 위에 있는 동안에는 자신이 연기했던 그 가면 역할과 완전히 자신을 동일시했던 서양의 배우[서양인 우리]는 그 무대를 떠날 순간이 왔을 때에도 persona를 벗어 버릴 수 없다. 연극이 끝난 후에도 이 배우는 기한도 없이 수천 년 동안, 심지어는 영원히, persona를 쓰고 있게 된다.[8]

자연적인 사람homo naturalis이 세례를 받음으로써 비로소 교회 내에서 persona가 된다는 교리는 고대 로마법상의 관념이 남아 있는 매우 흥미로운 예이다.[9] 보에티우스의 persona 개념은 중세 시대 내내 계승되었고, 토마스 아퀴나스Thomas Aquinas에 이르면 persona 개념은 '자기 스스로 목적을 설정하여 행동할 수 있는 존재'인 행동주체의 자유와 결합되면서 윤리학적 개념으로 변환되었다.[10] 스스로 목적을 수립하여 그에 따라 행동하고 자기 의사에 따른 자기결정능력이 있는 존재로 이해된 윤리학적 persona 개념은 이후의 person 사상에서 확고하게 수용되었다.[11]

신학 및 철학의 영역과 달리 법학 영역에서 persona 개념은 고대 로마법의 영향에서 완전히 벗어나지 못했다. 16세기 말에 칼뱅주의 법학이 등장하면서 철학과 신학에서의 논의를 수용하여 persona 관념을 법적 개념으로 정교화하기 시작한다.[12] 칼뱅주의 법학자들의 작업이 큰 역할을 했다는 것이 관련 연구자들의 통설이다. 가령 대표적인 법학자 위고 도넬루스Hugo Donellus의 견해를 보자.

> 사람 하나하나의 persona 속에 우리 각자 모두에게 속하는 것이 있다. (…) 외적인 사물을 갖지 못하더라도 (…) 자연적으로 사람들 각자에게 주어져 있는 것은 여러 가지이다: 생명, 신체의 온전함, 자유, 평판·명예. (…) 신체의 온전함은 신체의 상해를 입지 않거나 폭행당하지 않는 것이다. 자유는 우리가 하고자 하는 바를 하는 것이다. (…) 평판·명예existimatio는 법률과 사회윤리에 의해 인정된 존엄한 지위가 훼손당하지 않는 것이다.[13]

현대 인권이론의 용어로 표현하자면 생명, 신체 온전함, 자유, 명예는 사람들 각자의 persona에 천부적으로 주어진 개인적 법익들(자연법적 법익들)이다. 이 네 가지 자연법적 법익을 거론하면서도 persona는 여전히 사회 내 신분(지위)과 관련성을 가지는 것으로 파악했던 도넬루스의 '법적 주체론'에는 고대 로마법의 영향이 남아 있었다.[14] 사람은 고대 로마법의 세 가지 신분(자유민, 국가구성원인 시민, 가의 구성원)을 매개로 해서 법적 주체인 person이 되며, 그럼으로써 법공동체의 삶에 참여할 수 있게 된다는 것이다.[15] 다음과 같은 인식이 당대의 칼뱅주의 법학자들의 문헌에서 공유되고 있었다.

> Person은 [민]법상의 지위를 가지는 사람이다. '사람*homo*'이란 용어는 본성과 관련이 있고, person이란 용어는 [민]법과 관련이 있다. 모든 개개의 person은 사람이지만, 모든 개개의 사람이 person인 것은 아니다. 따라서 person은 [민]법상 지위를 가진 사람으로 정의된다. [민]법상 지위는 자유민의 지위, 국가구성원인 시민의 지위, 가의 구성원 지위 세 가지이다. 노예는 이런 지위를 가지지 않으므로 노예는 [민]법상 person으로 간주되지 않는다.[16]

이런 식의 관념은 권리주체로서의 person을 인간이라는 점이 아니라 여전히 신분 보유자라는 점에 의거해서 파악하고 있었음을 나타낸다.

이성을 중시하는 자연법학파

17세기에 상당한 영향력을 발휘했던 이성적 자연법학파는 모든 사람은 '도덕적 person'으로서 원래부터 평등하다는 사상을 옹호하고, person의 존엄과 가치의 근거를 person은 자기 스스로가 자기 행동의 원인이며 그래서 자유롭다는 점에서 찾았다. 또한 이 점이야말로 법적 주체성과 권리주체성의 토대라는 것이 이들 학파의 핵심 주장이었다. 사람은 도덕적 person이며, 권리주체인 '법적 person'이기도 하다는 이 사상적 전통은 칸트에게 이어졌다고 말해진다.[17]

Person으로서의 사람이라는 관념은 사람의 존엄성을 바라보는 당대인들의 인식에도 영향을 미쳤다. 고대와 중세 시기에 '존엄dignitas'이라는 말은 궁정과 교회의 고위직에만 허용되던 것이었는데, 르네상스 초기의 인문주의자들 사이에서 존엄이 '대중화'되기 시작했다. '가면'이라는 어원적 의미에 맞게 'personality'(Persönlichkeit)는 일종의 가면이기는 했지만, 사유라는 정신적 능력을 발휘하여 자연에 관한 과학적 지식을 획득하고 개개인의 존엄성을 함께 나눌 수 있게 해주는 가면이 되었다.[18]

그러나 이들조차도 모든 사람이 person이라는 관념으로까지 나아가지는 못했다. 18세기 독일과 유럽에서 지적 영향력이 컸던 저명한 자연법론자 크리스티안 볼프Christian Wolff의 예는 '사람 = person'이라는 등식이 성립하는 과정에서 나타나는 어려움을 잘 보여 준다. 볼프는 사람이면 누구나 권리보유자라는 견해를 "사람은 의무와 권리의 주체이다."라는 명제로 표현한다.[19]

지위와 신분을 매개로 하여 권리와 의무의 주체를 설명하지 않고 오로지 '사람임'이라는 근거 하나만으로 모든 개개의 사람이 권리와 의무의 주체임을 설파하면서도 볼프 역시 사람homo moralis은 민법상의 '법적 주체'('권리주체': Rechts**person** [**persona** moralis])는 아니라고 말한다. 이런 구분은 무엇을 보여 주는 것일까? 법적 주체(권리주체)는 사회 내의 지위에 따른 특정한 의무들과 권리들gewisse Verbindlichkeiten und Rechte을 보유하는 '사람'이라는 당대의 법적 관념에서 볼프조차도 벗어날 수 없었다는 점을 나타내는 것은 아닐까? 이는 실정법과 법학적 담론에서 여전히 작동하는 전통적 person 관념의 위력이 그만큼 강고했음을 뜻한다. '사람'은 일반적 권리능력을 가지므로, 사람이라면 누구나 person이라는 근대적 등식이 당시까지 사상적으로도 확립되지 않았다.[20]

'모든 사람은 법적 주체'라는 보편적 법적 주체 관념의 정립과 제도화

독일 프로이센 국가에 속하는 모든 주(란트Land)에 공통되게 적용하려는 목적으로 준비되었던 프로이센 일반란트 민법전 초안 과정에서 사람의 권리에 관하여 제안되었던 내용 중 하나에서 시작해보자.

> 개개의 사람은, **사람이기 때문에 이미 [천부적으로] 주어진 권리들과 시민사회의 구성원이기 때문에 부여된 권리**들을 가진다.[21]

이 제안은 '프랑스 혁명의 충격Revolutionsschock'으로 인해 성안 과정에서 변경되어, 1794년의 독일 프로이센 일반란트 민법전 제1조에서는 다음과 같이 규정된다.

> **사람**은 **사회에서 일정한 권리를 향유하는 한에서만** Person으로 명명된다.[22]

이 규정은 법적 주체(권리주체)에 대한 최초의 법률적 정의라고 평가된다. 고대 로마법 이래 고수되어 왔던, 사람의 지위에 의거한 person 개념이 법전화된 것이다. 이 법률적 정의에 따르면, 시민사회 내에서 특정한 권리들을 갖춘 지위status civilis에 있지 않으면 사

Grundlegung
zur
Metaphysik
der Sitten
von
Immanuel Kant.
Riga,
bey Johann Friedrich Hartknoch
1785.

임마누엘 칸트의
『윤리형이상학 정초』 초판본

람은 법적으로 Person으로 간주되지 않았다.[23]

앞에서 간략하게 살펴본 지성사적 논변들이 칸트에게서 집대성 되었는데, 『윤리형이상학 정초*Grundlegung zur Metaphysik der Sitten*』(1785)에서 칸트는 유명한 그의 정언명령인 '목적 정식'을 제시한다.

> 네가 너 자신의 **인격**에서나 다른 모든 사람의 **인격**에서 **인간(성)**을 항상 동시에 목적으로 대하고, 결코 한낱 수단으로 대하지 않도록, 그렇게 행위하라.[24]

이 정언명령의 정식에서 칸트는 'Menschheit'와 'Person'을 달리 사용하는데, 통상 국역본에서는 각각 '인간(성)'과 '인격'으로 번역된다. 당대 서구의, 독일의 지적 전통 속에서 Person과 Mensch

가 구별될 수 있는 개념이라는 점을 알지 못한다면, 위의 '목적 정식'의 핵심 사상을 이해하기 어렵다. 물론 'Mensch'는 이성 외에도 욕구와 정념, 비합리적 충동, 신체와 같은 요소를 가진 현실 인간의 부분(또는 속성)으로, 'Person'은 인간의 속성 중 이성적 속성을 지칭하는 것으로 이해할 수는 있겠다.

칸트의 『이성의 한계 내에서의 종교*Die Religion innerhalb der Grenzen der bloßen Vernunft*』(이하 『종교론』)를 활용하여 이를 간략하게나마 설명하고자 한다. 『종교론』에서 칸트가 사람 속에 있는 '근본악radical evil'을 규명하는 과정에서 사람의 세 가지 생래적 소질Anlage을 언급한다. 칸트에 따르면 사람에게는 ① 동물성 소질die Anlage für die Tierheit im Menschen, ② 사회적 상호작용 속에서 타인과 비교하여 자신이 불행하다거나 행복하다는 가치판단을 내리는 사람의 소질die Anlage für die Menschheit(자기애, 질투, 경쟁심, 적의, 배은망덕, 타인의 불행을 기뻐하는 마음 등), ③ 이성적 주체로서의 소질die Anlage für die Persönlichkeit(도덕법칙을 존중하고 도덕법칙 아래에서 자유의지에 기해 자신의 목적을 수립하고 행동규칙을 설정하려는 마음가짐과 의지)이 있다.[25] 도덕적인 주체인 Person과 대비되는 사람의 속성은 다음과 같다.

> 인간이 갖고 있는 동물성의 소질은 물리적이며 순전히 기계적인 자기애自己愛, 즉 이성을 필요로 하지 않는 자기애이다. 이 동물성의 소질에는 세 종류가 있다. 자기보존의 욕구, 성적 충동을 통해 자신의 종을 번식하려는 욕구 및 자신의 후손을 보존하려는 욕구, 다른 사람들과 공동체를 형성해 살아가려는 욕구이다. (…) 사람Menschheit의 소질은 [동물성과 마찬가지로] 물리적인 자기애를 포함하지만, 남과 비

교하는 자기애(여기에는 이성이 필요하다)이다. 타인과의 비교에 의해서만 자기가 행복한지 또는 불행한지를 판단하는 것이다. (…) 질투와 경쟁심 위에 타인을 향한 은밀한 적대감이나 공공연한 적대감이라는 악덕이 접목된다. (…) 타인에 대한 우월성을 가지려는 경쟁 심리를 자연은 오로지 문화를 향한 자극으로만 사용하기를 바란다. 이런 경쟁심 경향 위에 접목되는 악덕을 문화적 악덕이라 부를 수 있다. 이 문화적 악덕들이 최대한으로 사악한 정도에 이를 때, 즉 시기, 배은망덕, 타인의 불행을 기뻐하는 일 등에 이를 때, 악마적 악덕이라고 부른다.[26]

이로부터 Person과 사람Menschheit의 차이를 짐작할 수 있지 않을까 싶다. 칸트의 『윤리형이상학*Die Metaphysik der Sitten*』(1797)에서 정교화된 Person 개념은 다음과 같다.

Person이란 자신의 행위들에 대해 책임질 능력이 있는 주체이다. 그러므로 도덕법칙들 아래에 있는 이성적 존재자의 자유가 바로 도덕적 Person의 속성이다. (…) Person은 (홀로든 또는 동시에 다른 Person들과 함께든) 그 스스로가 자신에게 설정한 법칙들 외의 그 어떤 법칙들에는 복종하지 않는다.[27]

이로써 당대의 법학자들의 눈에는 시민적 자유와 Person 개념은 상호 결합되었고, 법에 있어서 사람의 위상에 관한 철학적 정의가 완성된 것으로 보였다.[28] 이에 따라 당시 독일의 법학자들은 "보편화 가능한 원칙들에 따라 행동할 수 있는 능력, 규칙들을 떠올려서 원인과 결과 사이의 관계를 결정할 수 있는 능력인 의사(의지)"가 Person의 핵심이라고 파악하였다.[29] 의사능력意思能力과 자신의 행동에 책임을 질 수 있는 주체로서 사람의 책임능력이 Person 개념의 기초라는 칸트의 견해를 오스트리아 일반민법전(ABGB) 편찬 책임자였던 프란츠 폰 차일러Franz von Zeiller는 다음과 같이 정리한다.

> 스스로 목적을 수립하고, 이 목적을 자유롭게 수행할 수 있고, 그리하여 자신들 스스로를 위해 존재하는(스스로가 목적임: Selbstzweck) 능력을 가지는 한에서, 이런 이성적인 존재들을 우리는 Person이라고 명명한다. (…) 사람은 스스로를 자유로운 존재로, 즉 Person으로 반드시 생각하기 마련이다.[30]

이성을 사용할 수 있는 잠재성이 Person의 기초이므로, 현실의 사람이라면 누구나 Person이라는 사상에 입각해서 차일러는 "태아, 미성년자, 지적 장애인"도 "완전한 최고선과 윤리와 행복을 달성하도록 [창조주 신에 의해] 부름받았기berufen sind 때문에 Person으로 존중되어야 하고 이들에게도 법적인 권리들이 마땅히 인정되어야 한다."라고 역설한다.[31] 이런 사상들이 결합되어 오스트리아 일반민법전 제16조는 다음과 같이 규정한다.

> 각각의 사람은 이성을 통해 밝혀진 천부적 권리들[자연권]을 가지며, 그렇기에 Person으로 여겨진다. 노예제나 농노제, 그리고 이런 제도와 결부된 권력 행사는 허용되지 않는다.[32]

독일 민법학의 시조라고 높이 평가받는 프리드리히 카를 폰 사비니Friedrich Carl von Savigny는 이런 관념을 수용하여 'Person'과 '사람'의 관련성을 다음과 같이 파악한다.

> 모든 법률관계는 한 Person이 다른 Person과 맺는 관계이다. 좀 더 상세한 고찰을 필요로 하는 이 관계의 첫 번째 구성 부분은 서로를 향해서 법률관계를 형성할 수 있는 능력 있는 Person의 속성이다. 여기서 다음의 물음에 대해 답할 수 있다. 누가 법률관계의 수행자 또는 주체일 수 있는가? **이 물음은 '권리들을 가질 수 있음' 또는 '권리능력'과 관련된 물음이다.** (…) **개개의 사람에게 본래부터 내장되어 있는 도덕적 자유를** 위해서 권리는 존재한다. 그러므로 **'Person' 또는 '법적 주체'(권리주체: Rechtsperson)라는 종래의 개념은 이로써 '사람'의 개념과 일치**되어야만 할 것이다. 그리하여 이 두 개념의 동일성은 다음의 정식으로 표현될 수 있다. **각각의 사람 하나하나는, 그리고 오로지 개별 사람[개인]만이, 권리능력이 있다.**[33]

Person의 속성을 권리능력Rechtsfähigkeit으로 파악하고, 권리능력의 기초를 사람에게 본래부터 내장된 도덕적 자유에서 찾음으로써 '사람은 누구나 Person'이라는 근대 독일의 민법학 근본 도식이 확립되었다. 사비니의 학문적 권위에 의해 확립된 이 개인주의적 인간상은 '사적 자치私的自治'라는 근본 이념으로 정착되어 독일 민법질서와 법질서의 근저에 놓이게 된다. 물론 사비니가 현실의 법제도를 설명할 때는 전통적인 신분론의 영향을 완전히 벗어던지지 못하고 신분에 따른 권리능력의 제한을 인정하면서, '사람'이 일반적 권리능력을 가진 법적 주체(권리주체)가 되려면 실정법상의 규정에 의해서만 가능하다는 점을 강조하기는 하지만 말이다.[34]

사람이면 누구나 일반적으로 동등하게 권리능력을 갖는다는 인식은 독일 사회와 법학계에서 적어도 관념의 차원에서는 자명하게 여겨지기 시작했고, 독일 민법전은 Person 개념을 오스트리아 민법전처럼 법률로 정의 내리지는 않았지만 암묵적 대전제로 삼았다. 어쩌면 당대의 독일 민법전 입법자들은 Person 개념을 둘러싼 지성사적 복잡함에 관여하거나 Person 개념에 관한 철학적 논쟁에 휘말리기보다는, Person 개념에 관해 어떤 철학적 입장을 취하더라도 받아들일 수 있는 사상적 기초 위에 실용적 차원에서 '사람'의 권리주체성을 입법화하고자 했는지도 모른다.[35] 이리하여 독일 민법학에서는 Person 개념보다는 권리능력 개념을 중심으로 법리가 발전되기 시작했다.

법적 인간상의 한계와 새로운 여정

한때는 위대한 해방의 이념이었던 사상일지라도 시간이 지나면 사람들을 옥죄는 질곡으로 변하며, 새로운 도전 이념에 의해 해체되거나 재구성되기 마련이다. 보편적 법적 주체person의 이념도 마찬가지이다. 아래에서는 보편적 법적 주체 이념의 한계를 간략하게 살펴보겠다.

보편적 법적 주체, homo oeconomicus, 원자론적 개인관

'사람은 누구나 person으로서 법적 주체이다'라는 법적 관념의 현실적 기초는 무엇일까? 독일 민법학과 민법전에서 염두에 둔, 권리능력 있는 '사람'의 실제 모습은 무엇이었을까? 그러니까 도대체 어떤 유형의 사람들을 염두에 두고 전형적인 '법적 인간'을 상정했을까?

찰스 테일러Charles Taylor는 근대적 주체의 정체성 원류源流들을 탐구한 『자아의 원천들*Sources of the Self*』에서 사회사와 지성사 연구에 근거하여 근대적 주체의 형성에 영향을 미친 요인들을 여러 측면에서 제시한다. 그중에서 테일러가 강조하는 바는, 수도사와 전사와 귀족의 덕목 대신에 '부드러운 상업le doux commerce'[36]과 일상적 노동의 덕목이 높게 평가되고[37] 합리적 계산을 바탕으로 한 노동·소유·거래의 주체가 사회적 주체로 등장하게 되는 환경, (독신의 수도사 생활 대신에) 결혼에 기반을 둔 일상적 가족생활의 신성함과 규율 잡히고 합리적인 노동과 소비를 강조하는 의식의 확산은 청교도주의에 기인한 바가 크다는 것이다.[38] 이렇게 형성된 부르주아 윤리는 평등의 이상과 보편적 권리의식, 노동윤리, 성애와 가족의 찬양으로 무장하고 근대의 자유주의 사회를 이루는 데 매우 중요한 역할을 했다고 테일러는 설명한다.[39]

'일상적 삶의 긍정'으로 표현되는 19세기의 시대정신과 이를 수행하는 현실의 사람들이야말로 당대 독일 민법전이 상정하고 있던 Person, 법적 소통과 거래에 참여할 권리능력 있는 '사람'이었을 것이다. 타인의 권리를 침해하지 않는다면, 원하는 것의 내용에 대한 제한 없이 스스로 목적을 설정하고 추구하는 능력을 발휘할 수 있다는 개인주의적 법적 주체 관념은 이제 상인의 상과 결합되어 구체적 모습을 갖추게 된다.

이런 점을 이미 20세기 초엽에 꿰뚫어 본 독일의 법철학자 구스

타프 라드브루흐Gustav Radbruch는 1929년 "법에서의 인간"이라는 제목의 하이델베르크 법과대학 교수 취임 강연에서 독일의 근대법이 상정하며 모든 법규정들의 토대가 되는 인간상das Bild des Menschen im Recht을 고찰하면서 새로운 인간상 모색의 필요성을 역설한 바 있다.[40] 라드브루흐는 중세 시대의 법적 인간상이 의무 및 공동체와 결합된 인간상이었다면, 르네상스와 종교개혁과 로마법 계수를 통해서 공동체로부터 해방되어 의무가 아니라 이익에 의해 지배되는 개인을 법의 출발점으로 만들었는데, 사실 이런 전환 과정은 상인계층의 필요에 의해 추진되었다고 지적한다. 새로 확립된 법적 인간상은 이윤 추구와 경제적 타산打算으로 일관되게 사유하고 행동하는 상인상das Bild des Kaufmanns을 따라 조형된 것으로, 그 이후 법에서 모든 사람을 상인으로 보는 인간상이 확립되었다는 것이다.[41] 이런 지적과 함께 라드브루흐는 이미 당시의 공법과 노동법, 경제법 등에서 등장하고 있는 새로운 인간상의 요소들을 부각시키면서 사회적 연대성에 입각한 관계적 인간상(사람이 처한 구체적 관계와 역량의 현실을 고려하는 인간상)을 제시하고 이런 인간상을 입법과 사법, 법학의 토대로 삼자고 제안한 바 있다.[42]

'사람 = person' 관념의 가치

우리 자신을 person으로 파악하는 자기이해(자아상)는 허구이며 낡아 빠진 연장통에 불과할까? 사람의 몸과 두뇌와 신경에 관한 심리학적 탐구, 자연과학적 탐구, 의학적 탐구가 새로운 단계에 접어들었고, 진화론의 영향 아래 사람의 감정과 사회적 감정과 도덕성에 관한 연구들이 눈부시게 쏟아지는 현시점에서 전통적인 person관은 비과학적인 것으로 더 이상 쓸모가 없을까? 유전공학적 유전자 조작 및 개량으로 사람의 능력을 강화한다는 프로젝트에 대해 저명한 사상가들은 우려를 표한다. 우리 자신에 관한 저 오래된 이해를 무너뜨리게 되면, 사람의 근본적 평등이라는 믿음도 붕괴하여 '선택'에 따라 분류된 '우수한 인간들'과 '열등한 인간들'로 불평등한 위계질서가 확고하게 자리 잡게 될 것이라는 우려이다.

"유전학이 평결을 내리면 우리는 그에 따라 우리 민족의 삶을 정하고 입법을 한다."라고 선언했던 히틀러 유겐트Hitler Jugend 지침[43]의 근저에는 사람에 대한 이해는 유전공학과 같은 과학이 해결할 일이며, 법은 이런 과학이 제시하는 인간상에 복종해야 한다는 관념이 놓여 있지 않았을까? 그렇다면 나치체제는 과거의 특이한 사건으로 끝나지만은 않을 것 같다. 이 등식에 담긴 사상과 자기이해는 우리 자신의 실제 모습을 부분적이기는 하지만 핵심적으로 반영하기도 하고, 동시에 마땅히 그래야 할 모습으로 지향해야 할 규범적 이상이기도 할 것이다.

"전체주의의 지배로 향하는 첫걸음은 바로 사람에게서 법적 주체성을 살해하는 것이다."[44]라는 한나 아렌트Hannah Arendt의 통찰력은 '사람 = person'이라는 등식이 가지는 가치가 관념적인 수사만은 아니라는 점을 웅변해 준다. 특정한 인종적 속성이나 특정 신조와 교리를 갖추어야만 법적 주체로 인정하겠다는 법질서의 예들을 보면 '그냥 사람 = person'이라는 등식의 사상적·현실적 의의를 실감하게 된다. 그저 장식의 선언으로, 아름다운 수사로 무심코 넘길 것은 아니라는 것이다. 현대의 자유민주주의 사회나 입헌민주주의 사회에서도 특정 속성을 기준으로 삼아 '우리'와 '타자'를 구별하려는 지적 움직임과 법적 시도가 끊임없이 행해지고 있다. 아렌트가 지적하듯이, '사람 = person'의 등식이 관념상에서 부정되면 소련이나 독일 나치체제처럼 일군의 사람들 부류를 법의 보호 밖에 두게 되고 국민의 지위를 박탈함으로써, 사회는 무법의 상황이 지배하는 전체주의로 나아가게 된다.[45]

사람 이외의 존재들도 person일 수 있음을 인정하고, 인간종 중심주의에 빠지지 않으면서도 '사람 = person' 등식에 집약된 인류의 오랜 염원과 고투를 보존하고 발전시키는 작업은 여전히 가치 있는 것으로 보인다.

1. 원문은 다음과 같다. "Whereas the peoples of the United Nations have in the Charter reaffirmed their faith in fundamental human rights, in the dignity and worth of the **human person** and in the equal rights of men and women and have determined to promote social progress and better standards of life in larger freedom, (…)"(강조-필자)

2. 원문은 다음과 같다. "**Everyone** has the right to recognition everywhere as a **person before the law.**"(강조-필자)

3. 최병조, 『로마법강의』(박영사, 2006), 277쪽 이하 참조.

4. 한스 하텐하우어, 「민법의 기본개념: 학설사적 개론」(서을오 옮김), 『법학논집』 제14권 2호(이화여자대학교 법학연구소, 2009), 353쪽 이하 참조.

5. C. Hattenhauer, "Der Mensch als solcher rechtsfähig"—Von der Person zur Rechtsperson, E. Klein/C. Menke (hrsg.), *Der Mensch als Person und Rechtsperson* (Berlin: Berliner Wissenschafts-Verlag, 2011), S. 41 이하.

6. "Personae est definio: naturae rationabilis individua substantia." 한스 하텐하우어, 「민법의 기본개념」, 351쪽에서 재인용.

7. J. Marenbon, *The Cambridge Companion to Boethius* (Cambridge: Cambridge University Press, 2009), p. 105 이하 참조. 또한 persona 개념과 삼위일체론의 관계에 관해서는 루카스 마태오 세코, 『삼위일체론』(윤주현 옮김, 가톨릭출판사, 2017), 237쪽 이하; 로베르트 슈패만, 『왜 인격들에 대해 말하는가』(박종대·김용해·김형수 옮김, 서광사, 2019), 38쪽 이하 참고.

8. H. Zimmer, *Philosophies of India* (Delhi: Motilal Banarsidass, 1951), pp. 236-237.

9. 알랭 쉬피오, 『법률적 인간의 출현』(박제성 외 옮김, 글항아리, 2015), 70쪽.

10. M. Lutz-Bachmann, "Der Mensch als Person. Überlegungen zur Geschichte des Begriffs der 'moralischen Person' und der Rechtsperson", E. Klein/C. Menke (hrsg.), *"Der Mensch als Person und Rechtsperson"*, S. 112.

11. 아퀴나스의 person 관념의 수용되는 발전되는 지성사적 과정에 관해서는 M. Lutz-Bachmann, "Der Mensch als Person. Überlegungen zur Geschichte des Begriffs der 'moralischen Person' und der Rechtsperson", S. 113 이하.

12. C. Hattenhauer, "Der Mensch als

solcher Rechtsfähig", S. 41 이하 참고.

13. C. Hattenhauer, "Der Mensch als solcher Rechtsfähig", S. 42.

14. C. Hattenhauer, "Der Mensch als solcher Rechtsfähig", S. 45.

15. 칼뱅 역시 모든 개인은 창조주 신의 피조물로서 자연적으로는 평등하지만, 현실 사회의 신분제는 창조주가 원했던 것으로 파악했다. C. Hattenhauer, "Der Mensch als solcher Rechtsfähig", S. 47 참고.

16. H. Vulteus, *In Institutiones juris civilis a Iustiniano compositas commentarius* (1598), ad I1, 2, 12 (C. Hattenhauer, "Der Mensch als solcher rechtsfähig", S. 47에서 재인용). 또한 "Person", J. Ritter (hrsg.), *Historisches Wörterbuch der Philosophie*, Band 7 (Basel/Stuttgart: Schwabe & Co AG, 1989), S. 322. 이런 점에서 칼뱅주의 신학자이자 법학자였던 요하네스 알투지우스(Johannes Althusius)의 견해도 흥미롭다: "*Persona est homo, iuris commercium habens*"(Person은 통상권(通商權)[가령: 계약의 권리, 재산을 취득/양도할 권리 —옮긴이]이 있는 사람이다). 당대의 법학자들은 사람이라면 누구나 person이 된다는 견해까지는 나아가지 못하고, 여전히 신분론에 의거해서 person을 파악했다고 보인다. 따라서 아동, 노예 등은 민법 질서에 참여할 수가 없었다. 이로부터 당대의 일반적 인식이 어떠했는지를 짐작할 수 있을 것이다. 이에 관해서는 한스 하텐하우어,「민법의 기본개념」, 359쪽 참조.

17. C. Hattenhauer, "Der Mensch als solcher Rechtsfähig", S. 50 이하; M. Lutz-Bachmann, "Der Mensch als Person. Überlegungen zur Geschichte des Begriffs der 'moralischen Person' und der Rechtsperson", S. 114 이하 참고.

18. 알랭 쉬피오,『법률적 인간의 출현』, 71쪽.

19. "Homo moralis est subjectum obligationum et jurium." C. Hattenhauer, "Der Mensch als solcher Rechtsfähig", S. 51에서 재인용.

20. C. Hattenhauer, "Der Mensch als solcher Rechtsfähig", S. 52.

21. 당시 프로이센 일반란트 민법전 준비 과정에 주도적인 역할을 했던 법률가 칼 고트리프 슈바르츠(Carl Gottlieb Svarez)가 제안했던 것으로, 원문은 다음과 같다. "Jeder Mensch hat Rechte, die ihm schon als Menschen, und solche, die ihm als einem Mitglieder der

bürgerlichen Gesellschaft zukommen." C. Hattenhauer, "Der Mensch als solcher Rechtsfähig", S. 54에서 재인용.

22. 원문은 다음과 같다. "**Der Mensch** wird, **insofern er gewisse Rechte in der bürgerliche Gesellschaft genießt, eine Person** genannt."(강조-필자)

23. C. Hattenhauer, "Der Mensch als solcher Rechtsfähig", S. 55.

24. 임마누엘 칸트, 『윤리형이상학 정초』(백종현 옮김, 아카넷, 2005), 148쪽.

25. I. Kant, *Die Religion innerhalb der Grenzen der bloßen Vernunft* (1793), in *Kant's gesammelte Schriften hrsg. von der Königlich-Preußischen Akademie der Wissenschaften* Band VI (Berlin: Reimer, 1914), S. 26-28.

26. I. Kant, *Die Religion innerhalb der Grenzen der bloßen Vernunft*, S. 26-27 참고.

27. I. Kant, *Die Metaphysik der Sitten* (1797), in *Kant's gesammelte Schriften hrsg. von der Königlich-Preußischen Akademie der Wissenschaften Band* VI (Berlin: Reimer, 1914), S. 223. 본문과 다른 국역은 『윤리형이상학』(백종현 옮김, 아카넷, 2012), 140쪽 참고.

28. 한스 하텐하우어, 「민법의 기본개념」, 362쪽.

29. J. Binder, *Das Problem der juristischen Persönlichkeit* (Leipzig, 1907), S. 42 이하.

30. F. von Zeiller, *Das Natürliche Privatrecht* (1802), 3. Aufl. (Wien: Gerold, 1819), §2.

31. F. von Zeiller, *Das Natürliche Privatrecht*, §41.

32. 원문은 다음과 같다. "**Jeder 'Mensch' hat angeborene**, schon **durch die Vernunft einleuchtende Rechte**, und ist daher als **eine 'Person'** zu betrachten. Sclaverey oder Leibeigenschaft, und die Ausübung einer darauf sich beziehenden Macht wird in diesen Ländern nicht gestattet."(강조-필자)

33. F. C. von Savigny, *System des heutigen Römischen Rechts*, Bd. II (Berlin: Veit, 1840), § 60, S. 1-2.

34. C. Hattenhauer, "Der Mensch als solcher Rechtsfähig", S. 61.

35. 한스 하텐하우어, 「민법의 기본개념」, 364쪽 이하.

36. 찰스 테일러, 『자아의 원천들』(권기돈·

하주영 옮김, 새물결, 2015), 429, 584쪽.

37. "모든 사람에게는 특별한 소명, 하느님이 요구하는 특정한 형태의 노동이 있다. 가톨릭 문화에서 '소명'이라는 표현은 보통 사제나 수도사적 삶과 관련해서 발생한 반면, 청교도들은 가장 미천한 일도 인류에게 유용하고 신에 이용되기 위한 것이라면 소명으로 생각했다. 이런 의미에서 모든 소명은 사회적 위계에서 차지하는 지위나 인간 능력의 위계에 대한 우리의 관점과 상관없이 동등하다. (…) '당신의 노동이 비록 비천할지라도 그러한 노동을 통해 주님을 섬기는 것은 비천하지 않다.' (…)" 찰스 테일러, 『자아의 원천들』, 447쪽.

38. 찰스 테일러, 『자아의 원천들』 제3부(일상적 삶에 대한 긍정) 중 특히 제13절 참조.

39. 찰스 테일러, 『자아의 원천들』, 429쪽.

40. G. Radbruch, *Der Mensch im Recht* (Göttingen: Vandenhoeck & Ruprecht, 1957), S. 9 이하 참고.

41. G. Radbruch, *Der Mensch im Recht*, S. 11.

42. G. Radbruch, *Der Mensch im Recht*, S. 17 이하.

43. Fritz Brennecke, *The Nazi Primer: Official Handbook for Schooling the Hitler Youth* (New York and London: Harper & Brothers, 1938)에 실린 내용으로 Hannah Arendt, *The Origins of Totalitarianism* (London: A&U, 1967), p. 350에서 재인용하였다.

44. "The first essential step on the road to total domination is **to kill the juridical person in man.**" Hannah Arendt, *The Origins of Totalitarianism*, p. 447.

45. Hannah Arendt, *The Origins of Totalitarianism*, p. 447.

언어를 통해 본
인간의 창조성

권재일

이 글은 언어 변화 현상을 통해서 인간 또는 인간다움을 구성하는 여러 본성 가운데 하나인, 인간의 창조하는 본성을 살피고자 한다. 즉 언어 현상, 구체적으로는 언어 변화 현상을 통해 창조하는 인간의 본성을 확인하고자 한다.

언어는 왜 변화하는가

어떤 성질이나 상태가 어느 한 시점에서 그 다음의 다른 한 시점에 이르는 동안 바뀌는 현상을 변화라고 한다. 변화가 점진적일 때는 그 한가운데 있으면 변화를 알아채지 못하지만, 변화가 급진적일 때는 충분히 알아챌 수 있다. 언어 변화는 점진적일 경우 적어도 한 세대가 지나야 그 변화를 감지할 수 있다. 지금까지의 언어 변화는 대체로 점진적이었는데, 최근 우리의 언어 상황을 보면 이미 세대 간 의사소통에 어려움이 있을 정도로 언어 변화가 급진적인 양상을 보인다. 이러한 언어의 변화는 기존의 형태나 의미가 없어지는 것, 새로운 형태나 의미가 생겨나는 것, 또는 기존의 형태와 의미가 새롭게 바뀌는 것을 모두 포함한다.

최근 우리 사회에서 갑자기 사용 빈도가 매우 높아진, 새롭게 쓰이는 두 단어를 우선 살펴보자. 몇 해 사이 음식 방송의 영향으로 '식감食感'이라는 단어의 쓰임이 폭발적으로 늘어났다. 적어도 2010년대 이전에 구어에서 이 단어가 쓰인 예는 거의 없었다. 기록을 검색해 보면 1984년에 한 번, 그 뒤 몇 년 만에 한 번 신문에 나타날 정도이다.[1] 물론 국립국어원의 『표준국어대사전』에 이 단어는 표제어로 아직 등재되어 있지 않다. 그 대신 이용자가 직접 참여하는 새로운 개념의 개방사전인 국립국어원의 『우리말샘』에서는 '음식을 먹거나 씹을 때 입안에서 느껴지는 느낌'이라 풀이하였다.[2]

'식감' 못지않게 최근에 생겨나 일상생활에서 높은 빈도로 사용되는 단어는 '가성비價性比'이다. 역시 『표준국어대사전』에는 표제어로 아직 등재되어 있지 않다. 『우리말샘』에서는 '가격 대비 성능의 비율을 줄여 이르는 말, 어떤 품목이나 상품에 대하여 정해진 시장 가격에서 기대할 수 있는 성능이나 효율의 정도'라고 풀이하였다. 이 단어는 『연합뉴스』에서 2010년 이전에는 검색되지 않고 2011년부터 나타난다.[3]

이렇듯 새로운 단어는 우리 일상생활 가운데 갑자기 나타나 자연스럽게 자리 잡기도 한다. 그리고 형태는 그대로이되, 의미가 변화하기도 한다. 예를 들어 보면 『춘향전』에서 '인정人情'은 '뇌물'을, '방송放送'은 '석방'을 의미했었다. 지금 우리가 알고 쓰는 의미와는 전혀 다르다. 같은 시대 안에서도 이러한 변화가 있다. 남의 부인을 높여 부르는 말 '영부인令夫人'이 어느새 '대통령 부인'을 의미하게 되었고(여기서 令은 아름답다는 뜻), 예술과 관련한 능력을 가리키던 '예능'이 방송에서는 웃고 떠드는 '오락'이 되어 버렸다.

그렇다면 언어는 왜 변화하는가? 세상 만물은 시간의 흐름에 따라 끊임없이 변화하며, 언어도 예외일 수 없다. 언어는 의사전달의 도구이기 때문에 아무나 약속된 체계를 바꿀 수 없다. 그러나 실제 언어는 고정되어 있지 않고 끊임없이 변화를 겪어, 오랜 세월이 쌓이면 상당히 변화한 모습을 드러낸다. 앞서 말했듯이 언어는 바뀌기도 하고, 없어지기도 하고, 새로 생겨나기도 한다. 이와 같은 변화는 음운, 의미, 문법, 화법 등 모든 언어 구조에서 일어난다.

예를 들어 ‘가을’을 옛말에서는 ‘ᄀᆞᅀᆞᆯ’이라고 했다. 여기서 한국어의 음운이 역사적으로 변화했음을 알 수 있다. /ᅀ, ᆞ/와 같은 음운이 지금은 사라졌다. 음운뿐만 아니라 의미도 역사적으로 변화한다. ‘어리다’는 옛말에서 ‘어리석다’라는 뜻이었는데 지금은 ‘나이가 적다’라는 뜻으로 쓰인다. ‘어엿브다’는 원래 ‘불쌍하다’라는 뜻이었는데 지금은 ‘아름답다’라는 뜻으로 쓰인다. 옛 문헌에서는 ‘온百’, ‘즈믄千’, ‘ᄀᆞᄅᆞᆷ江’, ‘미르龍’, ‘언마幾’, ‘ᄆᆡᇰᄀᆞᆯ다作’, ‘하다多’ 등 현대 한국어에서 잘 쓰이지 않는 많은 고유어를 찾아볼 수 있다.

문법도 변화한다. 물음말의 존재 여부에 따라 의문문이 ‘-아’ 계통의 어미와 ‘-오’ 계통의 어미로 달리 표현되는 것이 중세 한국어의 특징이었다. ‘-아’는 물음말이 없는 의문문에 사용되고, ‘-오’는 물음말이 있는 의문문에 사용되었다. 그리고 의문어미 가운데 ‘-ㄴ가’, ‘-ㄴ고’, ‘-ㄹ가’, ‘-ㄹ고’ 등은 주어가 1인칭이나 3인칭일 때 사용되었고, ‘-ㄴ다’는 주어가 2인칭일 때 사용되었다. ‘西京은 편안ᄒᆞᆫ가 몯ᄒᆞᆫ가?’라는 문장에는 물음말이 없기 때문에 ‘-아’ 계통인 ‘-ㄴ가’가 쓰였고, ‘故園ᄋᆞᆫ 이제 엇더ᄒᆞᆫ고?’라는 문장에는 ‘엇더’라는 물음말이 있기 때문에 ‘-오’ 계통인 ‘-ㄴ고’가 쓰였다. ‘네 엇데 안다?'라는 문장에서는 주어가 2인칭이기 때문에 '-ㄴ다'가 쓰였다. 그러나 현대 한국어에서는 의문문에 물음말이 있든 없든, 주어의 인칭이 어떠하든, 의문어미를 구분하지 않게 되었다. 문법 형태가 새로이 생겨나거나 용법이 확대되기도 한다. 예를 들어 주격 조사로는 원래 '-이'만 쓰였으나, 나중에 '-가'가 사용되기 시작하여 오늘날에는 '-이'와 '-가'가 함께 사용된다.

화법도 마찬가지로 변한다. 현대로 올수록 감사 표현과 사과 표현이 훨씬 더 많이 쓰이고 있으며, 요청 표현과 부탁 표현도 직접적으로 표현하기보다는 간접적으로 표현하는 쪽으로 변화해 가고 있다.

그러면 언어는 왜 변화하는 것일까? 이 문제에 답하기는 쉽지 않지만, 언어의 '본질'과 '기능'의 관점에서 대답을 찾아볼 수 있다. 먼저 언어의 본질이라는 관점에서 살펴보자. 언어의 본질은 자의적恣意的, arbitrary 기호 체계이다. 언어 기호의 두 요소인 말소리와 뜻이 맺어진 관계는 필연적인 관계가 아니라 자의적인 관계이다. 말소리와 뜻이 자의적인 관계로 맺어져 있기 때문에, 어떤 조건만 주어지면 그 관계는 바뀔 수 있다. 그 조건이란 바로 시간과 공간이다. 따라서 시간의 흐름에 따라 말소리와 뜻이 맺어진 관계가 바뀌면 언어는 변화하는 것이다. 만약 말소리와 뜻이 필연적인 관계로 맺어져 있다면, 아무리 시간이 흐르더라도 결코 언어는 변화하지 않을 것이다.

이번에는 언어의 기능이라는 관점에서 살펴보자. 언어의 기능은 의사전달의 도구라고 하였다. 무엇보다도 도구는 사용하기에 편리해야 한다. 어떠한 도구든 사용하기에 불편하면 새롭게 도구를 다듬어 사용하기 마련이다. 언어라는 의사전달의 도구도 마찬가지이다. 따라서 표현하고 이해하기에 편리한 방향으로 언어는 변화한다. 이것이 언어 도구의 경제성이다. 표현의 편리함을 위해서는 조음 작용을 간결하게 하려 하고(조음 작용의 경제성), 이해의 편리함을 위해서는 청취 작용을 분명하게 하려 한다(청취 작용의 경제성). 그런데 이 두 방향은 서로 상충될 수 있어, 두 방향이 조화를 이루고 타협하면서 언어는 변화한다. 그래서 언어의 음운, 어휘, 문법이 간결한 체계로 변화하기도 하고, 반대로 오히려 복잡한 체계로 변화하기도 한다.[4]

말소리와 뜻이 자의적인 관계로 맺어진 언어의 본질은 인간이 언어라는 의사소통의 도구를 표현하거나 이해하기에 편리하도록 변화할 수 있게 하였다. 표현의 경제성, 이해의 경제성을 위해 필요하다면 더 나은 방향으로 변화하게 하였으니, 이것이 바로 언어의 발전이다. 따라서 언어의 본질, 즉 자의성은 언어를 사용하기 편리하도록 발전하게 하였다.

그러나 언어는 구속성을 가진다. 말소리와 뜻이 자의적인 관계로 맺어졌다고 해서 아무나 이것을 마음대로 고치거나, 없애거나, 새로 만들어 낼 수 있는 것은 아니다. 일단 이 관계가 맺어져 그 언어 사회의 모든 구성원에게 공감을 받아 쓰이게 되면, 구성원은 이를 받아들여야 한다. 그렇다면 언어 변화는 어떻게 일어날까? 처음 출발은 개인에서 시작된다. 그것이 공감을 받게 되면 어떤 작은 집단으로 퍼져 가고, 다음에는 좀 더 큰 집단으로, 나아가서는 그 언어 사회 전체로 확산되어 변화가 이루어진다. '갑질'이란 말이 어떤 작은 집단에서 처음 생겨나 점차 언어 사회 전체로 확산되어 이제

'갑질'이란 말은 이제 우리 언어 사회에서 새로운 어휘로 자연스럽게 자리잡았다.
출처: 국민권익위원회 블로그

는 우리 언어 사회에서 새로운 어휘로 자리 잡은 경우라면, 북한의 '얼음보숭이'는 새로운 어휘로 제시되었지만 언어 사회 전체로 확산되지 못한 채 폐기된 경우라 하겠다.[5]

인간의 여러 본성 가운데 창조하는 본성이 있다. 언어의 발전은 이와 같은 인간의 창조하는 본성에 바탕을 둔 것이라 하겠다. 더 경제적인 표현과 더 경제적인 이해를 위하여 인간은 언어라는 도구를 새로운 방향으로 창조해 가는 것이다.

필요하면 언어는 변화한다

표현과 이해를 위해 필요한 상황이면 인간은 언어 변화를 통해 새로운 의사소통의 도구를 만든다. 기존에 있던 것을 활용하기도 하고 전혀 새로운 것을 만들기도 하는 것이다.

최근 한국어 높임법에서 청자높임을 강화하려는 변화가 보인다. 청자를 높여야 하는 상황에서 기존 문법으로는 부족하다고 느낄 때 기존에 있던 다른 문법 장치를 활용하려 하는 것이다. 이 역시 필요에 의한 언어 변화의 한 예라고 할 수 있다. 이러한 변화는 이미 근대 한국어 시기에 똑같은 사례를 찾을 수 있는데, 이를 먼저 살펴보자.

화자(말하는이)가 어떤 대상에 대하여 높임의 의향을 가지고 언어 내용을 표현하는 문법범주가 높임법이다. 흔히 한국어의 특징을 말할 때 높임법이 발달되어 있는 점을 들 정도로, 높임법은 한국어의 특징적인 문법범주이다. 15세기 한국어 문장 ①에서는 강조 표시된 선어말어미가 각각 높임법을 실현한다.

① 世尊하 摩耶夫人이 엇던 功德을 닷ᄀᆞ시며 엇던 因緣ᄋᆞ로 如來ᄅᆞᆯ 나ᄊᆞᄫᆞ시니잇고[낳-ᄉᆞᄫ-ᄋᆞ시-니-잇-고] (『석보상절』 11:24)

문장 ①에서 청자(말듣는이)인 '世尊'에 대한 높임의 의향을 실현하기 위하여 '-잇-'[-으이-]이 나타나 있고(청자높임법), 주어인 '摩耶夫人'에 대한 높임의 의향을 실현하기 위해서는 '-ᄋᆞ시-'[-으시-](주체높임법), 목적어인 '如來'에 대한 높임의 의향을 실현하기 위해서는 '-ᄉᆞᄫ-'[-습-]이 나타나 있다(객체높임법). 이와 같이 15세기 한국어는 높임의 의향을 실현하기 위하여 각각 선어말어미를 서술어에 결합한다. 그런데 이러한 선어말어미 가운데 '-으시-'만 현대 한국어로 이어지고, 나머지는 모두 소멸했다. 높임법의 실현 방법이 역사적으로 변화한 것이다.

그런데 이러한 높임법 변화 가운데 한 예를 들면, 객체높임법이

15세기 한국어의 음운, 어휘, 문법 자료를 고스란히 품고 있는 귀중한 문헌인 『석보상절』

소멸하고 청자높임법이 강화되는 변화를 볼 수 있다. 객체높임의 선어말어미 '-숩-'은 음운 조건에 따라 그 형태가 다양하게 변이하여 한 범주를 실현하기에 적당하지 않은 데다가, 또 객체의 영역도 목적어, 부사어 등에 걸쳐 있어 객체라는 개념을 정의하기가 매우 어렵게 되었다. 이런 까닭으로 17세기 이후에는 점차 '-숩-'의 기능이 불분명하게 되어, 주체높임법을 실현하는 데에도 나타나고 청자높임법을 실현하는 데에도 나타나게 되었다. 즉 객체의 개념이 모호해지면서 '-숩-'은 본래 기능을 잃고, 그 흔적을 다른 높임법에 넘겨주게 되었다.

17세기 한국어를 반영하는 『인조대왕행장仁祖大王行狀』에서 '-숩-'이 다음과 같은 세 가지 기능을 하고 있음을 볼 수 있다. 다음 문장에서 '-ᄌᆞ오-, -ᄉᆞ오-, -오-'로 나타난 '-숩-'이 문장 ②에서는 객체높임법을, ③에서는 주체높임법을, ④에서는 청자높임법을 실현한다.[6]

② a. 졔궁이 대가롤 좃ᄌᆞ와[좃-ᄌᆞ오-아]

b. 내 일즙 엄친을 일-ᄉᆞᆸ-고 편모만 밋ᄌᆞ와더니[밋-ᄌᆞ오-아-더-니]

③ a. 혼궁의 가오셔 곡님ᄒᆞ려 ᄒᆞ오시거놀[ᄒᆞ-오-시-거-놀]

b. 샹이 하늘히 삼기신 텬ᄌᆡ 만ᄉᆞ오샤[만-ᄉᆞ오-샤]

④ a. 대비 명ᄒᆞ야 드-오-쇼셔 ᄒᆞ고

b. 대비 그치-오-쇼셔 ᄒᆞ여

이렇게 하여 '-ᄉᆞᆸ-'과 다양한 변이형들(-ᄉᆞ오-, -ᄌᆞ오-, -ᄋᆞ오-, -오오-, -오-)은 점차 주체높임법 또는 청자높임법을 실현하는 기능으로 바뀌었으며, 현대 한국어에 이르면서 객체높임어미 '-ᄉᆞᆸ-'은 소멸하였다. '-ᄉᆞᆸ-'과 다양한 변이형들이 주로 청자높임을 실현하는 기능으로 변화한 것은, 높임의 대상 가운데 가장 현실성이 강한 청자에 대한 높임법을 보강하려는 의식에서 일어난 것으로 보인다. 특히 청자와 객체가 같은 사람인 상황에서 이러한 변화가 먼저 일어났다.

좀 더 구체적으로 살펴보자. 청자높임의 선어말어미 '-으이-'[-으잇-]는 16세기 문헌에서부터 '-으이-'[-으잇-]로 나타나기 시작하여 두 형태가 공존한다.

⑤ a. 고렷 짜호로 가노-이-다 (『번역박통사』 상 8)

b. 날회여 말호리-이-다 (『번역박통사』 상 59)

⑥ a. 령공하 왕오 왓ᄂᆞ-이-다 (『번역박통사』 상 59)

b. ᄉᆡᇰ심이나 그러ᄒᆞ리-잇-가 (『번역박통사』 상 58)

그러나 17세기에 이르러서는 '-ㆁ이-'[-ㆁ잇-]를 거쳐 '-으이-'[-으잇-]로 굳어진다.

⑦ a. 御 慇懃ᄒᆞ신 말솜 겻티 도로혀 붓그럽ᄉᆞ왕이다 (『첩해신어』 6:10)

b. 엇디 얼현히 ᄒᆞ링잇가 (『첩해신어』 5:22)

이렇게 보면 '-으이-'는 이미 16세기부터 불안정하기 시작하여 17세기에 이르러서는 '-으이-'가 자주 생략되면서 그 기능도 약화되었다. 이것은 청자높임법 실현의 변화를 예고하는 것이다. 청자는 항상 화자의 눈앞에 있기 때문에 청자높임법은 다른 어떤 높임법보다 현실성이 강하다. 따라서 형태가 불안정해지고 기능이 약화되는 것을 그대로 둘 수 없게 된다. 여기서 청자높임법의 수단을 강화할 필요가 생겨났는데, 그 결과 청자높임법의 실현은 다른 데에 의지하려는 경향이 일어나게 되었다. 바로 여기에 관여하게 된 것이 객체높임의 선어말어미 '-숩-'이다. 이때 '-숩-'은 주체높임을 높이는 데에도 나타나기는 했지만, 주체높임의 선어말어미 '-으시-'가 확고한 형태를 유지하고 있었기 때문에 더 강화할 필요가 절실하지 않았다. 그래서 '-숩-'은 주로 청자높임법 강화에 관여한 것이다. 그 결과, 17세기 한국어에는 청자높임법을 실현하는 형태가 문장 ⑧과 같이 '-으이-', 문장 ⑨와 같이 '-숩-', 문장 ⑩과 같이 '-숩-'과 '-으이-'의 세 가지 유형으로 공존하게 되었다. 다음은 『첩해신어捷解新語』에 나타난 각각의 예이다.

⑧ a. 自由히 너기옵신가 민망ᄒᆞ여-이-다 (『첩해신어』 3:9)

b. 싱심이나 어이 남기고 머그리-잇-가 (『첩해신어』 3:11)

⑨ a. 므슴 ᄇᆡ 어이ᄒᆞ여 ᄣᅥ뎐-ᄉᆞᆸ-ᄂᆞᆫ-고 (『첩해신어』 1:11)

b. 수이홀 양으로 ᄒᆞ옵소 (『첩해신어』 1:26)

⑩ a. 하 젓소이 너기ᄋᆞ와 다 먹-ᄉᆞᆸ-ᄂᆞ-이-다 (『첩해신어』 2:7)

b. 病이 더 重홀까 너기옵닝이다 (『첩해신어』 2:5)

그런데 위의 셋째 유형은 첫째 유형이나 둘째 유형보다는 청자높임의 정도를 더 높게 해준다. 그 결과 이러한 형태, 즉 '-ᄉᆞᆸ-ᄂᆞ-이-다, 옵닝이다' 등은 근대 한국어 말기에 '-습니다' 형태(현대 한국어에서 청자를 가장 높이는 어말어미)로 발전하게 되었다.

앞에서 최근에 청자높임법과 관련한 변화가 있다고 하였다. 즉 다음 예에서 보는 바와 같이, 사람이 아니라 사물이 주어인 서술어에 주체높임의 선어말어미 '-으시-'를 남용한다. 최근 사회적으로 널리 퍼져 나가는 다음과 같은 표현, 즉 사람이 아닌 상품이나 상품의 가격 등을 높이는 표현이 그 예이다.

⑪ (판매사원이 청자인 손님에게) 결제 도와드릴게요. 모두 만 오천 원이세요.

⑫ (판매사원이 청자인 손님에게) 바로 이 블라우스가 방금 신상품으로 나오신 거예요.

물론 규범문법과 교육문법에서는 이를 허용하지 않는다. 그래서 바른말 쓰기인 언어 순화라는 측면에서 이런 표현을 쓰지 못하게 교육하고 있다. 학교, 방송, 언어정책기관, 시민단체 등에서도 이를 바로잡으려고 교육에 무던히 힘쓰고 있다. 물론 당연히 그렇게 교육해야 할 것이다. 그러나 필요에 의해서 언어 변화가 일어나는 것을 인위적으로 막기란 쉽지 않다. 언어 현장에서 이러한 변화의 속도는 바른말 쓰기 교육의 속도를 훨씬 앞서가기 때문이다. 이러한 언어 사용은 앞으로의 언어 변화를 예고하는 것이다. 비록 지금 단계에서는 규범이 아니지만 이러한 변이가 쌓이고 쌓여 고착되고 언어 사회에서 채택되면 변화가 이루어지는 것이다.[7]

실제로 언어정책기관에서 유통업체 인사교육 담당자들에게 판매직원들의 이런 표현 사용을 바로잡기 위해 협조를 요청한 일이 있었다. 즉 ⑪과 ⑫의 문장을 '만 오천 원이에요, 신상품으로 나온 거예요'로 쓰라고 말이다. 그러나 바로 실패했다는 결과를 듣게 되었다고 한다. 상품이나 가격에 '-시-'를 쓰지 않은 표현을 들은 고객들이 제대로 대접을 못 받았다는 표정으로 불쾌해했다는 것이 그 이유였다. 언어 순화도 좋지만 영업을 망칠 수 없다는 것이었다.

이러한 표현을 사용하는 판매사원들의 의식에는 상품이나 가격을 높일 의향은 전혀 없다. 오직 기존의 청자높임 방식으로는 고객들을 예우하기에 무엇인가 좀 부족한 것으로 느껴, 좀 더 강하게 청자를 높이려는 의향이었다. 그래서 주체높임의 선어말어미 '-시-'를 통해서 청자높임의 기능을 보강하게 된 셈이다. 마치 앞에서 살펴본 근대 한국어에서 객체높임의 선어말어미 '-숩-'으로 청자높임을 강화하여 실현하려던 것처럼 말이다.

이처럼 표현과 이해를 위해 필요하면 인간은 언어 변화를 통해 새로운 의사소통의 도구를 사용한다. 전혀 새로운 도구를 만들기도 하고, 위의 청자높임법의 예처럼 기존에 있던 도구를 활용하기도 한다. 인간은 필요에 따라 언어를 변화시키는 것이다.

언어를 통한 인류의 발전

앞에서 변화란 어떤 성질이나 상태가 어느 한 시점에서 그 다음의 다른 한 시점에 이르는 동안 바뀌는 현상이라고 하였다. 그러한 변화는 그 결과가 부정적일 수도 있고 긍정적일 수도 있지만, 일반적으로 어떤 성질이나 상태를 발전시킨다. 그래서 인간이 의도적이든 의도적이지 않든 변화를 이끈다. 앞에서 살펴본 언어 변화를 통해 살펴보면 인간은 창조하는 본성을 가졌음을 확인할 수 있다.

또 다른 한편, 인류의 발전은 언어를 통한 계기적 협력이 큰 근간이 되었음을 확인할 수 있다.[8] 인간이 다른 동물과 구별되는 특질은 여러 가지가 있을 것이나, 그 가운데 가장 중요한 특질은 인간은 서로 협력할 수 있다는 점이다. 물론 다른 동물, 특히 개미나 벌의 사회에서도 상당히 조직적인 협력이 존재한다. 그러나 그들의 협력 방식은 매우 간단하고 단순한 것이어서, 인간의 협력 방식에 비할 만한 것이 되지 못한다. 그들의 협력은 본능적이고 물질적인 방식에 의한다. 이에 비해서 인간의 협력은 매우 복잡한 일을 이루어 낼 수 있다.

인간은 상호 협력으로 혼자서는 도저히 이루어 내지 못할 일을 이루어 낼 수 있다. 예를 들어 성곽을 쌓아 올린다거나, 피라미드와 같은 거창한 것을 만드는 데에는 많은 사람의 동시적 협력이 필요하다. 그러나 이러한 방식은 개미가 협력해서 무거운 물건을 나르는 것과 근본적으로 다를 바 없다.

그러나 인간은 이러한 동시적 협력 이외에 또한 계기적인 협력이 가능하다. 즉 인간은 한 사람이 학습하고 습득한 기술이나 경험을 다른 사람에게 전수할 수 있는 능력을 가졌다. 그러나 동물들은 몇 세대가 지나더라도 일정한 기술의 한계를 넘어서기란 거의 불가능하다. 이것은 한 개체가 습득한 기술이나 경험을 다른 개체 또는 다음 세대에 전수하는 힘이 거의 없기 때문이다. 그러나 인간은 한 개인이 습득한 기술이나 경험을 다른 개인 또는 다음 세대에 전수할 수 있는 힘을 가졌다. 그래서 다른 개인이나 다음 세대는 앞사람이 경험한 일을 토대로, 여기에 새로운 기술이나 경험을 더 쌓아 올리게 되는 것이다.

그런데 이러한 기술이나 경험을 전수할 수 있는 것은 오로지 인간만이 말을 할 수 있기 때문이다. 인간에게 말할 수 있는 특질이 부여되지 않았더라면 인간은 지식의 교환과 전수가 불가능했을 것이고, 오늘날과 같이 다른 동물 사회에서 도저히 볼 수 없는 고도로 발달된 문화 체계는 성취되지 못했을 것이다. 이렇게 인간은 말을 통해서 상호작용을 할 수 있게 되고 협력하게 된다. 인간이 다른 동물과 구별되는 근본은 말할 수 있는 특질로서 동시적 협력이 가능한 이외에, 계기적 협력이 가능하게 된 데 있다. 오늘날의 인류 문화와 인류 문명의 발전은 바로 언어를 통한 계기적 협력의 결실이라 하겠다.

1. "빛깔이 곱고 표면에 보글보글 구멍이 균일하게 생기며 **식감**이 좋은 것이 샘표 핫케익가루의 특징입니다."(『동아일보』, 1984. 3. 26.)
"'○○'은 메밀과 감자 전분을 넣어 만든 가늘면서도 쫄깃한 '건면'이며 시중의 냉면 전문점의 면질을 그대로 재현한 제품으로 **식감**이 매우 뛰어나다고 ○○은 설명했다."(『연합뉴스』, 1996. 5. 3.)
"소스를 준비할 때 양파와 마늘을 갈아서 넣으면 고기의 누린내를 제거해 줄 뿐만 아니라 고기의 육질을 부드럽게 하여 **식감**을 부드럽게 해준다."(『파이낸셜뉴스』, 2003. 5. 22.)

2. '네이버 일본어사전'에 'しょっかん[食感]'이라는 표제어가 올라 있다. '(씹는 맛, 감칠맛, 목 넘김 등) 음식물을 입속에 넣었을 때 입안이나 목 등에서 받는 느낌'이라고 풀이되어 있고, 용례는 다음과 같다. サクサクとした食感しょっかんのパイ(바삭바삭한 식감의 파이). みずみずしい食感しょっかんや味あじわいで、大人おとなから子供こどもまで人気にんきが高たかい(신선한 식감과 맛으로 어른부터 아이들에게까지 인기가 높다).

3. "M4는 이미 SATA 6Gbps 지원하는 SSD중 **가성비**(해외가격기준)를 고려하면 가장 우수한 제품으로 유저들에게 호평이 나 있으며, 국내 출시 이전부터 많은 유저로부터 관심이 집중된 바 있다."(『연합뉴스』, 2011. 6. 20.)
"대용량 화장품의 인기가 높은 이유는 **가성비**가 높기 때문이나."(『스포츠한국』, 2012. 4. 16.)

4. 로마를 대표하는 문법서 『라틴어(*De Lingua Latina*)』를 쓴 바로(Marcus Terentius Varro)는 언어 변화가 일어나는 대표적인 두 가지 동기로 유용성의 추구와 아름다움의 추구를 제시한 바 있다. 모든 발화 행위가 유용성을 목적으로 한다면, 그것이 명백하고 간략해야 그 목적이 달성된다는 것이다. 발화의 이해를 돕기 위해서는 명백해야 하고, 신속한 파악을 돕기 위해서는 간략해야 한다는 것이다. 또한 아름다움의 추구가 언어를 변화시킨다고 하였다.
실생활의 예를 들어 우리가 옷을 입는 까닭은 추위를 몰아내기 위해서(유용성)와 아름답게 보이기 위해서(장식성)라는 두 가지 동기로 파악했다. 권재일, 『언어학사강의』(박이정, 2016), 62-64쪽.

5. 국립국어원의 『우리말샘』에는 '갑질'이 '상대적으로 우위에 있는 자가 상대방에게 오만무례하게 행동하거나 이래라저래라 하며 제멋대로 구는 짓'으로 풀이되어 있다. 첫 용례는 2013년부터 나타난다.
한편 남한 사람들에게 북한에서 아이스크림을 무엇이라 하는지 아는지 물으면 대부분이 '얼음보숭이'라고 대답한다. 그러나 그렇지 않다. 북한에서 외래어를 고유어로 다듬으면서 '얼음보숭이'를 제시한 바 있지만,

언어생활에서는 한 번도 쓰이지 않았다고 한다. 북한에서 다음은 말로만 제시되었던 것이 남한 사회에 어쩌다가 널리 알려진, 잘못된 정보였다. 북한에서는 아이스크림을 주로 '에스키모'라 한다.

6. 이러한 변화는 이미 16세기 말부터 나타난다. 다음에 제시된 (A)의 '-ᄉᆞᆸ-'은 청자높임법을 실현하고 있다. 오히려 객체높임의 대상임에도 불구하고 (B)에는 '-ᄉᆞᆸ-'이 나타나 있지 않았다.

(A) 문안ᄒᆞ옵고 요ᄉᆞ이ᄂᆞᆫ 엇디ᄒᆞ신고 온 후의ᄂᆞᆫ 긔별 **몰라ᄒᆞ-옵-뇌이다** … 약갑ᄉᆞᆫ ᄉᆞᆯ와건마ᄂᆞᆫ 보내신디 몰라 **ᄒᆞ-옵-쇠** (『청주간찰』 191)

(B) 남진 겨집븨 화동호미 집븨 됴홀 ᄲᅮᆫ 아니라 진실로 어버싀 ᄆᆞ ᄉᆞ ᄆᆞᆯ 깃길거시로다 (『정속언해』 6)

7. 장소원도 다음과 같은 견해를 밝힌 바 있다. "오류에 의한 언어의 변화가 아무리 크다고 해도 인간은 시대에 따라 변화하는 언어를 사용하여 의사소통을 하고 협력 관계를 형성하며 추상적이고 논리적인 사고를 하면서 오늘날의 찬란한 문명을 이룩할 수 있었다. 그러니 내가 배운 말만 정확하고 이대로 유지되어야 한다고 주장할 필요는 없다. 앞으로 얼마나 더 새롭고 잘못된(?) 말들이 많이 만들어질 것인지 궁금하다." 장소원, 「마음을 다스리는 말, 말을 다스리는 사람들」, 『한글새소식』 568호(한글학회, 2019), 2-3쪽.

8. 허웅, 『언어학개론』(정음사, 1963) 참고.

그림 출처

p.27　AP Images(http://www.apimages.com)
p.34　유니버설 픽처스(https://www.universalpictures.com)
p.48　위키피디아_프랑스(https://fr.wikipedia.org)
p.52　위키피디아_프랑스(https://fr.wikipedia.org)
p.59　화엄종조사회전(華嚴宗祖師繪傳)
p.65　화엄종조사회전(華嚴宗祖師繪傳)
p.74　위키미디어 커먼스(https://commons.wikimedia.org)
p.82　위키피디아(https://en.wikipedia.org)
p.95　위키피디아(https://en.wikipedia.org)
p.102　위키피디아(https://en.wikipedia.org)
p.114　위키피디아(https://en.wikipedia.org)
p.125　위키피디아(https://en.wikipedia.org)
p.137　http://trounin.ru/chernyshevsky63/
p.143　위키피디아(https://en.wikipedia.org)
p.157　위키백과(https://ko.wikipedia.org)
p.164　위키아트(https://www.wikiart.org)
p.166　위키백과(https://ko.wikipedia.org)
p.175　위키피디아(https://en.wikipedia.org)
p.180　위키미디어 커먼스(https://commons.wikimedia.org)
p.187　위키미디어 커먼스(https://commons.wikimedia.org)
p.192　위키피디아(https://en.wikipedia.org)
p.204　위키피디아(https://en.wikipedia.org)
p.220　위키피디아(https://en.wikipedia.org)
p.229　위키피디아(https://en.wikipedia.org)
p.243　게티이미지코리아(https://rfpro.gettyimageskorea.com)
p.248　위키피디아(https://en.wikipedia.org)
p.259　위키피디아(https://en.wikipedia.org)
p.265　위키피디아(https://en.wikipedia.org)
p.284　국민권익위원회 블로그(http://blog.daum.net/loveacrc/)
p.286　문화재청 국가문화포털(http://www.heritage.go.kr)

찾아보기

ㄱ

감성의 젠더화 201
계몽주의 13, 49, 69-74, 79, 80, 83, 85, 106, 193, 199, 200, 258
고리대금업 17, 75, 162, 163
공자(孔子) 217, 231
공통감 225, 227
교종(教宗) 67
교회 밖의 신비주의 103
권리능력 269
권리주체 263, 264, 269, 270
권리주체성 262, 270
기계학습 29, 31
기계학습 인공지능 30, 32
기독교 16, 17, 70-72, 78-80, 103, 258
꿈 14-16, 132-135, 140, 145-148
꿈의 사회학 135
꿈의 인간학 135

ㄴ

나사로형 가난 156
나폴레옹 전쟁 131, 132
농노해방령 15, 131, 132, 135, 141, 143
높임법 285, 286

ㄷ

다트머스 회의 26
대승불교 12, 58, 61-64
대양적인 느낌(oceanic feeling) 100
데카르트(Descartes, René) 8, 11, 44-47, 50, 51
데코룸(decorum) 181, 183
도덕성 18, 19, 206, 209, 228, 230, 239, 241, 249
도덕 회의론자 250
도스토옙스키(Достоевский, Фёдор) 131-133, 137, 141, 142, 146, 147
동물-기계론 44, 45, 47, 50
동아시아불교 56, 61, 63
뒤러(Dürer, Albrecht) 191
디드로(Diderot, Denis) 49
딥블루(Deep Blue) 27-29, 35, 36
딥소트(Deep Thought) 26, 27

ㄹ

라메트리(La Mettrie) 50, 51
레싱(Lessing, Gotthold Ephraim) 70
로마법 257, 260, 261
르네상스 미술 174
리플리컨트(replicant) 43

ㅁ

맹자(孟子) 217, 218, 220, 222-225, 227-234
멘델스존(Mendelssohn, Moses) 70, 71, 74

멜랑콜리 191-194, 200, 202, 209-211
멘첼(Mälzel, Johann Nepomuk) 52
모어(More, Thomas) 166, 167
목적의 나라 246, 247, 251-253
『무엇을 할 것인가』 131, 133, 135, 138, 141, 146
무종교의 종교(religion of no religion) 105
미켈란젤로(Michelangelo) 177-179, 185

ㅂ
반셈주의(Antisemitismus) 80, 81
범부(凡夫) 63, 64
법인(法人) 257
법적 주체 18-20, 255, 258, 262-264
법적 주체론 261
법적 주체성 262
『법화경』 60
베드로형 가난 156
보살(菩薩) 62-64
보살행(菩薩行) 63, 66
보캉송(Vaucanson, Jacques) 47-49, 51
보편성 19, 85, 199, 221, 228, 234
보편적 도덕원칙 248
보편적 법적 주체 264, 270
보편적 인간성 227, 231
복제인간 43
볼프(Wolff, Christian) 263
부르주아 윤리 271
부파불교(部派佛教) 57, 62
불교 12, 13, 55-57, 61, 63, 96, 103
붓다(Buddha) 56, 57, 61, 62
비이기심(unselfishness) 211
빈곤의 실천 156
빈민정책 166, 167

ㅅ
사고실험 218, 220, 222, 231
사비니(Savigny, Friedrich Carl von) 269
사악한 빈민 155, 158
사적 자치 269
새로운 인간 131, 136, 139-141, 144, 148
성문(聲聞) 62
성선론(性善論) 217, 218, 227, 232, 233
성스러운 빈곤 155
성악설(性惡說) 229
성인(聖人) 62, 64, 173, 231
세속적 신비주의 94, 101, 103-107
세속적 신비주의 체험 106
셸리(Shelley, Mary) 25, 200
순자(荀子) 229
스노우(Snow, C. P.) 25, 26
신비적 합일 체험 97, 98, 100, 104, 106, 107
신비주의 97, 98, 101, 104, 105, 172
신성(神性) 96, 108, 259
실천적 몽상가 144
심층심리학 107
심층학습 39

ㅇ
아라한(Arahan) 57
아빌라의 테레사(Teresa of Ávila) 94, 96, 172

알고리듬 29-33, 35, 38
알렉사(Alexa) 34, 35
알파고(AlphaGo) 20, 43, 53
알파제로(AlphaZero) 30, 37
『알케스티스』 118
어시디어(acedia) 212
언어 구사 능력 51
언어 변화 현상 279
에로스 191, 194, 198, 200, 209-211
에우리피데스(Euripidēs) 120, 122
에크하르트(Eckhart, Meister) 96, 101
엘 그레코(El Greco) 171-179, 181-186, 188
엘뤼시온 117
연각(緣覺) 62
연옥 164, 165, 169
『열반경』 58, 63
영성 105
〈예수 부활〉 186, 187
『오뒷세이아』 115
울스턴크래프트(Wollstonecraft, Mary) 199-202, 210
원자론적 개인관 270
원효(元曉) 58-61, 63-65, 67
유대인 개선론 70, 74, 76, 83
유대인 계몽주의 71
유대인 문제의 최종 해결안(Endlösung der Judenfrage) 84
유대인 민족주의 85
유대인 시온주의 85
유대인 증오(Judenhass) 80
유대인 해방운동 73
『유마경(維摩經)』 61
유자입정(孺子入井) 218, 220-225, 230, 232-234
유정(有情) 61
유토피아적 꿈 145
『윤리형이상학 정초』 246, 265
의사능력 268
이세돌 28, 29, 36, 37
이타적 인간관 64, 65
이타주의적 태도 242-246, 251, 252
인간 보편성 221, 227, 228, 230, 231
인간의 종교성 93, 106
인간중심주의 28, 35
인간해방 140
인공신경망 29, 30, 39
인공지능 10, 25, 26, 28-38
인체 누드 171, 174-177, 181, 184
『일리아스』 111
일심(一心) 64-66
일천제(一闡提) 63

ㅈ

자동인형 44, 46-48, 51
자발적 빈곤 155
자연법학파 262
자유의지 239, 241, 242
잔혹한 낙관주의 194
장자(莊子) 147
장주지몽(莊周之夢) 146, 147
저개발의 모더니즘 145
전차 문제(Trolley Problem) 220
정동 소외자(affect alien) 18, 195, 196, 199, 200
정동적 소외 198, 211
정언명령 246, 247
정직한 빈민 155-158

정토신앙 66
종교적 신비주의 94, 98
종교성 105
종교화(宗教畵) 81
주관적 보편타당성 227, 232
주체높임법 285-287
중국몽(中國夢) 131, 135
중생(衆生) 56, 61-65
중생심(衆生心) 65
중생제도 64, 66
『지킬 박사와 하이드 씨의 이상한 사례』 203
『지하로부터의 수기』 131-133, 137, 141-143

ㅊ
책임능력 268
챗봇 32, 34
청자높임법 285-289, 291
체르니솁스키(Чернышевский, Николай) 131-133, 138, 139, 141, 144, 146
초월심리학 107

ㅋ
카스파로프(Kasparov, Garry) 27-29, 35, 36
칸트(Kant, Immanuel) 218, 224, 246-251, 265
칼뱅주의 법학 261
켐펠렌(Kempelen, Wolfgang von) 51
콕스헤드(Coxhead, Nona) 104

ㅌ
타나토스 120
탁발승단(托鉢僧團) 156
튜링(Turing, Alan) 33
튜링 테스트 33
트리엔트 공의회 182

ㅍ
『파이돈』 124
폭력 197, 198, 209
프랑스 대혁명 13, 69, 75, 77, 86
프로이트(Freud, Sigmund) 100, 193
프쉬케(psukhē) 111, 113, 115, 116, 120, 125, 128, 129

ㅎ
하데스 111-113, 116, 117, 121-123, 125
하디(Hardy, Alister) 92, 93, 98
하스칼라(Haskalah) 71
합리적 이기주의 137, 139
행복론 18, 192, 198
행복이데올로기 196
행위시학 136, 139
헤시오도스(Hēsiodos) 112
혐오 13, 81, 196-199, 205, 207, 209
호메로스(Homēros) 111-113, 116, 117, 123-127
혼백(魂魄) 111-113, 116, 117, 119-124
혼합결혼(Mischehe) 78, 82
화법 281, 282

저자 소개(가나다순)

권재일

서울대학교 언어학과 명예교수. 일반언어학 이론을 바탕으로 한국어 문법론과 문법사를 연구해 오고 있다. 주요 저서로 『한국어 문법론』, 『한국어 문법사』, 『언어학사강의』, 『세계 언어의 이모저모』, 『남북 언어의 문법 표준화』, 『중앙아시아 고려말의 문법』 등이 있다.

김도균

서울대학교 법학전문대학원 교수. 저서와 역서로는 『권리의 문법』, 『합법성과 정당성』, 『차이의 정치와 정의』 등이 있다. 법의 규범적 토대로서 자유, 평등, 정의, 공공선, 인간 존엄에 관하여 연구하고 있다.

김 헌

서울대학교 인문학연구원 교수. 서양 고대 그리스의 문학과 신화, 고전기 아테네의 수사학과 철학을 연구하고 강의한다.
저서로는 『인문학의 뿌리를 읽다』, 『그리스 문학의 신화적 상상력』, 『천년의 수업』, 역서로는 플루타르코스의 『두 정치연설가의 생애』, 이소크라테스의 『'어떤 철학'의 변명』 등이 있다.

나수호(Charles La Shure)

서울대학교 국어국문학과 교수. 한국고전문학 중 한국구비문학이 주전공이다. 한국 설화를 연구하고 있으나 정보화 시대의 구비문학 혹은 민속학에 대해서도 관심이 있다.

남동신

서울대학교 국사학과 교수. 한국 고중세 불교의 역사와 문화에 관심을 가지고 연구하고 있다.

박정호

서울대학교 고고미술사학과 교수. 전공은 서양 근세 미술사로, 16, 17세기 스페인과 이탈리아의 회화와 조각이 주된 연구 분야이다. 저서로는 *Men in Armor: El Greco and Pulzone Face to Face*, 최근 논문으로는 “In Emulation of Apelles and Michelangelo” 등이 있다. 현재 17세기 스페인 채색 조각에 대한 연구를 진행하고 있다.

변현태

서울대학교 노어노문학과 교수. 주요 연구 분야는 고대 러시아 문학과 러시아 문학이론이다. 저서로는 『다시 소설이론을 읽는다』(공저), 『소설을 생각한다』(공저) 등이 있고, 역서로는 『고대 러시아 문학의 시학』(공역) 등이 있다. 최근에는 20세기 러시아 아방가르드에 대한 연구를 진행하고 있다.

성해영

서울대학교 종교학과 교수. 종교심리학과 신비주의의 비교 연구가 세부 전공이다. 특히 비일상적 의식 상태에서 발생하는 다양한 종교 체험과 현대에 새롭게 등장하고 있는 영성(spirituality) 연구에 큰 관심이 있다. 저서로는 『수운 최제우의 종교 체험과 신비주의』 등이 있다.

손영주

서울대학교 영어영문학과 교수. 현대 영국 문학이 주요 연구 분야이다. 저서로 *Here and Now: The Politics of Social Space in D. H. Lawrence and Virginia Woolf*, 역서로 『사랑에 빠진 여인들』이 있다. 최근에는 모더니즘과 젠더, 정동에 관한 연구를 진행하고 있다.

이석재

서울대학교 철학과 교수. 서양근대철학을 주요 연구 분야로 삼고 있으며, 특히 인과 문제에 관심을 가지고 있다. 현재 일반인을 위한 철학 소개서를 집필 중이며 "Leibniz on Divine Concurrence" 등 다수의 논문이 있다.

이영목

서울대학교 불어불문학과 교수. 프랑스 계몽주의 시대의 사상과 문학, 특히 유물론과 정치사상, 글쓰기의 관계를 주된 연구 영역으로 삼고 있으며, 프랑스어권 아프리카문학에도 관심을 가지고 있다. 저서로 『검은 그러나 어둡지 않은 아프리카』(공저) 등이 있다.

이정환

서울대학교 미학과 교수. 주전공은 전근대 동아시아 미학과 성리학이다. 세부 연구 주제는 주자朱子를 중심으로 한 성리학과 소식蘇軾을 중심으로 한 중국 송대宋代 예술사상 및 철학이며, 동서비교미학으로 그 연구 범위를 조금씩 확장하고 있다.

주경철

서울대학교 서양사학과 교수. 근대가 태동하는 순간부터 대항해시대를 거쳐 오늘에 이르기까지, 특히 바다와 해양문명을 통한 전 지구적 통합 과정을 밀도 있게 연구하고 있다. 저서로 『대항해시대』, 『크리스토퍼 콜럼버스』, 『히스토리아』, 『문명과 바다』, 『역사의 기억, 역사의 상상』, 『문화로 읽는 세계사』 등이 있다.

최윤영

서울대학교 독어독문학과 교수. 이민문학, 소수자 문학, 문화학이 주요 연구 분야이며, 저서로 『카프카 유대인 몸』, 『민족의 통일과 다문화사회의 갈등』, 『엑소포니, 다와다 요코의 글쓰기』 등이 있다. 현재 유대인 문학의 성격과 의미에 대한 연구를 진행하고 있다.

편집책임

정병설

서울대학교 국어국문학과 교수. 한국고전문학, 특히 조선시대 소설이 주전공이며, 저서로 『조선시대 소설의 생산과 유통』, 『권력과 인간-사도세자의 죽음과 조선왕실』 등이 있다. 현재 한국문화의 위상과 성격에 대한 연구를 진행하고 있다.